워크플로우툴 (재피어, 메이크) 활용 방법 수록

자동화에 미친 마케터가 알려주는
AI를 활용한 블로그 자동화의 모든 것

네이버 블로그
AI  자동화 마케팅

with 챗GPT + Zapier + Make

| 조영빈 저 |

챗GPT로 쉽고 빠르게 블로그 자동화

키워드로 블로그 자동화 및 최적화

| 만든 사람들 |
기획 IT·CG기획부 | **진행** 양종엽, 정은진 | **집필** 조영빈
표지디자인 원은영 | **편집디자인** 이기숙

| 책 내용 문의 |
도서 내용에 대해 궁금한 사항이 있으시면
저자의 홈페이지나 디지털북스 홈페이지의 게시판을 통해서 해결하실 수 있습니다.
디지털북스 홈페이지 digitalbooks.co.kr
디지털북스 페이스북 facebook.com/ithinkbook
디지털북스 인스타그램 instagram.com/digitalbooks1999
디지털북스 유튜브 유튜브에서 [디지털북스] 검색
디지털북스 이메일 djibooks@naver.com
저자 이메일 passionvip@naver.com

| 각종 문의 |
영업관련 digital1999@naver.com
기획관련 djibooks@naver.com
전화번호 (02) 447-3157~8

※ 잘못된 책은 구입하신 서점에서 교환해 드립니다.
※ 이 책의 일부 혹은 전체 내용에 대한 무단 복사, 복제, 전재는 저작권법에 저촉됩니다.
※ 유튜브 [디지털북스] 채널에 오시면 저자 인터뷰 및 도서 소개 영상을 감상하실 수 있습니다.

프롤로그

네 번째 책을 집필하게 된 지금, 책의 내용을 한참 정리한 뒤에서야 비로소 이 글을 쓰고 있습니다. 사실 저는 책을 쓸 때마다 가장 마지막에 프롤로그를 작성하는 습관이 있습니다. 독자님들이 책에서 가장 먼저 마주하게 될 페이지인 만큼, 여기에는 책 전체의 분위기와 방향성, 그리고 저의 생각과 바람이 잘 드러나야 한다고 믿기 때문입니다. 어찌 보면 가장 앞에 위치하지만, 책의 모든 내용을 아우르고 요약하는 글이기도 하니 고민을 많이 하게 됩니다.

이번 책은 2025년 1월에 초고가 완성되었고, 원고를 수정·보완하는 동안 벌써 몇 달이 흘러 2025년 4월이 되었습니다. 이처럼 책을 준비하는 과정은 생각보다 긴 시간이 걸리고, 그사이 세상의 변화는 예측을 뛰어넘을 정도로 빠르게 진행되고 있습니다. 특히 인공지능(AI) 분야를 둘러싼 진보가 더욱 그렇습니다. 불과 작년까지만 해도 '자동화 툴'로 유명했던 재피어(Zapier)나 메이크(Make)는 이제 스스로를 '워크플로우 툴'이라고 부르며, 자동화의 개념을 더욱 광범위하고 유연하게 확장하고 있습니다. 동시에 "AI 에이전트"라는 용어가 대중화되면서, 이젠 누구나 일상적으로 AI를 업무나 개인 프로젝트에 활용할 수 있는 시대가 열렸습니다.

세상의 변화, AI의 변화가 너무나도 빠르다는 것을 체감하고 있습니다. 불과 몇 달 전만 해도 재피어와 메이크를 '사용할 줄 아는 것'만으로도 능력 있는 마케터로 인정을 받는 분위기였는데, 지금은 이 툴들이 워크플로우 툴로 '전락'해 버렸습니다. AI 에이전트 툴이 나오면서 훨씬 더 많은 부분을 훨씬 더 정교하게 '자동화'를 할 수 있게 되었기 때문입니다. 이제 마케터에게 어렵게만 느껴졌던 재피어나 메이크와 같은 워크플로우 툴은 무조건 다뤄야만 하는 필수 툴, 기본기가 되어 버렸고, 지금은 AI 에이전트를 다룬다는 사실만으로도 능력 있는 마케터로 인정을 받지만, 또 몇 달 뒤면 다시 '기본기'가 되지 않을까 하는 걱정과 알 수 없는 기대감이 따라옵니다. 세상이 빠르게 바뀌면서 마케터에게 요구하는 능력이 많아졌지만, 그만큼 마케터의 능력도 수직 상승할 수 있게 되었습니다.

특히 이 책에서 중점적으로 다루는 네이버 블로그 자동화는, 국내 온라인 마케팅 환경에서 굉장히 중요한 위치를 차지합니다. "네이버"라는 거대한 생태계 안에서 블로그가 차지하는 비중은 아직도 무시할 수 없기에, AI가 블로그 운영 방식에 미치는 영향은 앞으로 더욱 커질 것입니다. 실제로 책을 준비하면서 여러 가지 AI 툴과 블로그를 연동하는 실험을 해보았을 때, 이전에는 상상도 못 했던 방법으로 콘텐츠를 생산하고, 독자님들과 커뮤니케이션할 수 있음을 확인할 수 있었습니다.

그리고 가장 중요한 것은, 대부분의 독자님들은 AI가 작성한 글과 사람이 직접 작성한 글에서의 큰 차이를 느끼지 못한다는 것입니다. 이러한 현상은 앞으로 더 강해지겠죠. 정말 구분이 불가능할 수준까지 다가오는 데에 1년도 걸리지 않을 것입니다.

제가 처음 이 책을 구상할 때는, 독자님들께 "네이버 블로그를 자동화해서 업무를 효율화하세요!"라는 메시지를 전하고 싶었습니다. 그런데 글을 쓰다 보니, 이것이 단순한 '자동화'의 문제가 아니라, 'AI 시대에 맞춘 새로운 소통 전략'을 수립하는 문제라는 사실을 깨닫게 되었습니다. GPT를 비롯한 AI 에이전트는 훌륭한 조력자가 될 수 있으나, 결국 그들을 어떻게 '가이드'하고, 어떤 방향성으로 활용하느냐는 각자의 선택에 달려 있습니다. 이 책에서 제시하는 다양한 사례와 팁은, 여러분이 최적의 선택을 하는 데 있어 작은 이정표가 되기를 바랍니다.

남의 글을 훔치는 나쁜 짓은 하지 마시기 바랍니다. 제 책의 예시의 일부분으로 들어가 있기는 하지만, 절대로 남의 글을 훔치라는 의미에서 보여드린 예시가 아닙니다. AI를 통한 네이버 블로그 자동화 방법을 여러분께 쉽게 이해시켜드리기 위한 설명의 '도구'로 활용했을 뿐, 이 도구로 다른 사람을 아프게 하는 일은 없었으면 합니다.

최근 네이버의 동향이 심상치 않습니다. 조만간 어필리에이트 기능이 출시될 것으로 생각이 됩니다. AI 도구를 활용해서 블로그 포스팅을 빠르게 작성해서 수익화를 쉽게 해내는 것 또한 머지 않은 미래가 되었습니다.

이 책을 통해 당신의 비즈니스가, 브랜딩이, 수익화가 조금 더 쉽고 빠르게 나아갈 수 있도록 도움이 되었으면 좋겠습니다.

- 저자 **조영빈**

최근의 마케팅 트렌드 - 네이버 블로그 마케팅 자동화

최근 몇 년 사이에 마케팅 환경은 엄청나게 빠른 속도로 변하고 있습니다. 특히 네이버 블로그 마케팅 분야에서는 지난 10~20년 동안 계속 유지되던 방식들이 급속도로 변하고 있죠. 바로 그 변화의 중심에 있는 키워드가 '마케팅 자동화'입니다.

네이버 블로그 운영자라면 누구나 상위노출, 조회수 증가, 이웃 증가 등 다양한 목표를 가지고 블로그를 운영하고 있을 겁니다. 하지만 이를 꾸준히 유지하는 건 정말 쉽지 않죠. 하루 이틀은 가능할지 몰라도, 수개월에서 수년 이상 콘텐츠 품질을 유지하며 지속적으로 운영하는 것은 굉장히 어려운 일이기 때문입니다.

이 문제를 해결하기 위해 등장한 것이 바로 마케팅 자동화, 특히 'AI 기반 블로그 자동화'입니다.

01. 네이버 블로그 마케팅 자동화가 필요한 이유

많은 블로거들이 블로그를 통해 얻고 싶은 궁극적인 목표는 수익화입니다. 광고 수익, 협찬, 원고료, 부업 콘텐츠 등 수익화 방법은 다양합니다. 그런데 여기서 가장 큰 걸림돌은 바로 지속성입니다.

블로그 마케팅의 기본은 꾸준함입니다. 좋은 키워드를 발굴하고, 꾸준히 포스팅을 하며, 트렌드를 놓치지 않아야 합니다. 그런데 실제로 이를 오랜 기간 유지하는 건 쉽지 않습니다. 시간과 에너지의 한계가 있기 때문이죠. 이때 필요한 것이 바로 자동화 시스템입니다.

마케팅 자동화를 활용하면 이런 과정들이 시스템에 의해 자동으로 이뤄지기 때문에 여러분은 시간과 에너지를 전략적인 영역에 더욱 집중할 수 있습니다.

02. AI 기반 네이버 블로그 자동화의 핵심

최근 마케팅 자동화의 핵심은 역시 AI의 활용입니다. 챗GPT와 같은 인공지능(AI) 서비스 이용하면 콘텐츠 기획, 키워드 발굴, 글쓰기 등 모든 과정에서 자동화 또는 반자동화가 가능합니다.

① 키워드 발굴의 자동화

이전까지는 키워드를 찾으려면 직접 네이버 키워드 도구나 블랙키위와 같은 툴에서 하나하나 분석해야 했습니다. 그러나 AI를 활용하면 내가 원하는 카테고리의 키워드를 자동으로 추천받을 수 있는 것은 물론 수많은 키워드의 데이터 정리를 너무 쉽게 처리할 수 있게 되었습니다. 이는 단순히 시간을 절약해 줄 뿐 아니라, 직접 찾기 힘든 고가치의 틈새 키워드까지 발굴해 주기 때문에 더욱 유용합니다.

예를 들어, '봄 제주도 여행'이라는 키워드를 입력하면 AI가 계절, 여행 스타일, 여행 목적 등에 따라 세부 키워드를 자동으로 뽑아 줍니다. 이렇게 나온 키워드를 기반으로 글을 작성하면, 정확히 타겟층이 원하는 콘텐츠로 빠르게 상위노출이 가능합니다.

② **블로그 콘텐츠 작성의 자동화**
가장 많은 시간과 노력을 필요로 하는 게 바로 콘텐츠 작성입니다. AI를 활용하면 블로그 포스팅 작성 과정도 상당 부분 자동화할 수 있습니다. 단순한 제품 소개글이나 후기, 여행지 소개 등은 AI가 이미 충분히 작성해 줄 수 있는 수준이 되었습니다.

AI가 작성한 초안을 사람이 마지막에 간단히 수정하는 형태로 작업을 진행하면, 콘텐츠 제작 시간을 크게 단축할 수 있습니다. 이렇게 남는 시간을 퀄리티 높은 글을 작성하거나, 신규 콘텐츠 기획과 같은 전략적 업무에 투자할 수 있습니다.

03. 실제로 효과적인 블로그 마케팅 자동화 사례

제가 직접 운영하는 블로그에서 경험한 사례를 하나 소개하겠습니다. 저 역시 처음엔 모든 것을 수동으로 했습니다. 키워드를 찾고, 내용을 작성하고, 이미지를 찍고 올리는 모든 과정이 수동이었죠. 하지만 AI를 도입하고 자동화를 시작한 이후, 업무 효율은 90% 이상 올라갔고 블로그의 운영의 효율성이 급격히 상승했습니다.

특히 제가 직접 겪은 놀라운 효과는 다음과 같습니다.

① **시간 절약**
기존의 방식대로 포스팅 한 건당 약 2~3시간이 소요됐지만, 자동화 시스템 도입 후에는 약 10~30분 안에 모든 과정이 완료되었습니다.

> 최근의 마케팅 트렌드 - 네이버 블로그 마케팅 자동화

② 상위노출 증가
AI가 발굴해 주는 트렌디한 최적의 키워드를 사용했더니 블로그 포스팅이 네이버 스마트블록에 자주 노출되기 시작했고, 이 덕분에 전체 방문자 수와 상위노출률도 현저히 증가했습니다.

③ 소재 발굴
블로그를 운영할 때 두 번째로 많은 시간이 드는 것은 다름 아닌 소재 발굴, 콘텐츠 기획이라고 생각합니다. AI를 활용해서 소재 기획에 대한 아이디어를 얻고 이를 발전시켜 나가면 내 블로그에 적합한 콘텐츠 기획을 너무 쉽게 할 수 있게 되었습니다.

04. 블로그 자동화 툴의 현재와 미래

지금 가장 대표적인 마케팅 자동화 툴은 재피어(Zapier), 메이크(Make), 그리고 챗GPT 기반의 다양한 서비스들입니다. 이 툴들은 이미 블로그 포스팅 예약 발행, 키워드 추출 자동화, 블로그 콘텐츠 생성 자동화 등을 지원합니다.

네이버에서도 스마트스토어 운영자를 위한 다양한 자동화 서비스(커머스솔루션마켓)를 내놓고 있는 만큼, 향후 블로그 운영자들을 위한 다양한 자동화 솔루션이 더욱 확대될 것으로 보입니다.

현재는 사람이 관리하는 '반자동' 수준에 가깝지만, 앞으로는 거의 모든 프로세스가 AI를 통해 '완전 자동화'될 것으로 전망됩니다. 실제로 제가 책을 집필하는 이 순간에도, 블로그 마케팅 자동화를 위한 다양한 AI 솔루션들이 개발 중이며 빠르게 시장에 출시되고 있습니다.

05. 마케팅 자동화 도입 시 주의할 점

물론 모든 것이 장점만 있는 건 아닙니다. 블로그 마케팅 자동화를 도입할 때 몇 가지 주의할 점이 있습니다.

① 콘텐츠의 품질 관리
AI가 자동으로 작성한 콘텐츠라도 마지막 점검은 반드시 사람이 해야 합니다. AI는 아직까지 브랜드의 감성이나 독자의 미묘한 감정을 완벽히 반영하기 어렵습니다.

② 개성 있는 콘텐츠 유지

AI 콘텐츠는 빠르고 편리하지만 개성이나 독특한 스토리가 약할 수 있습니다. 여러분만의 개성을 유지하려면, 주요 콘텐츠는 직접 작성하는 것이 좋습니다.

③ 최신 트렌드 확인

자동화 시스템을 운영하더라도 최신 키워드 트렌드, 네이버 알고리즘 변화 등은 사람이 꾸준히 점검하고 조정해야 합니다. 완전 자동화를 하더라도 사람이 개입해 전략을 업데이트하는 과정은 필수입니다.

이제 마케팅 자동화는 단순한 유행을 넘어 시대의 흐름이 되었습니다. 네이버 블로그 마케팅에서 이 자동화의 흐름을 얼마나 잘 활용하느냐가 여러분의 블로그 성공과 수익화를 좌우할 것입니다.

다른 사람들은 벌써 AI를 활용해서 1개의 블로그 포스팅을 하는 데에 30분 안에 끝내고 있는데, 나는 아직도 2~3시간의 시간이 소요가 된다면 당연히 블로그 운영에 있어서 뒤쳐질 수밖에 없을 것입니다. 모든 글을 AI를 통해 생성해 낼 순 없겠지만, 빠르게 처리할 수 있는 글들은 AI를 활용해서 빠르게 처리할 줄 알아야 '레드오션'인 블로그 시장에서 효과적으로 살아남을 수 있을 것입니다.

목차

프롤로그 ··· 04

최근의 마케팅 트렌드 - 네이버 블로그 마케팅 자동화 ··· 06

PART 01 키워드로 만드는 최적화 블로그

CHAPTER 01 50개의 포스팅은 버리는 포스팅? ··· 15
- 1-1. 블로그 초반에 너무 힘주지 말아야 하는 이유? ··· 15
- 1-2. 투데이 300 전까지의 '가벼운 포스팅' 전략 ··· 16

CHAPTER 02 거인의 어깨 위에 올라타기 ··· 17
- 2-1. 블로그 카테고리, 주제 정하기 ··· 17
- 2-2. 브랜드·맛집 키워드로 초기 트래픽 확보 ··· 21
- 2-3. 최적화를 위한 2가지 조건 ··· 23

CHAPTER 03 키워드 랭크픽으로 좋은 키워드 소상하기 ··· 26
- 3-1. 투데이 300 먼저 만들기 ··· 26
- 3-2. 좋은 키워드 선점하기: 거인의 어깨 위에 올라타기 ··· 28
- 3-3. 네이버 검색량과 경쟁도 분석 방법 ··· 32
- 3-4. 키워드 엑셀 관리의 필요성 ··· 35
- 3-5. 키워드 엑셀 만들기 ··· 37

CHAPTER 04 네이버가 좋아하는 원고 작성법 ··· 47
- 4-1. 알고리즘이 좋아하는 글쓰기 ··· 47
- 4-2. 블로그할 때 가져야 하는 습관 ··· 54

GPT를 활용해서 키워드 소싱하고 블로그 작성하기

CHAPTER 05 · AI 툴을 활용해서 네이버 블로그 95% 자동화하기 ·· 59
- 5-1. 챗GPT 등 생성형 AI를 통한 키워드 아이디어 ··· 59
- 5-2. 효과적인 프롬프트 작성 방법 ··· 63

CHAPTER 06 · GPT를 활용해서 연관 키워드 붙이기 ·············· 69
- 6-1. 키워드 조회수 및 블로그 경쟁 강도 파악하기 ··· 69
- 6-2. GPT를 활용해서 주제 및 키워드 추천받기 ··· 73
- 6-3. GPT를 활용해서 연관 키워드 붙이기 ··· 76

CHAPTER 07 · 네이버 Cue:를 활용해서 블로그 초안 작성하기 ······· 88
- 7-1. 네이버 Cue:를 활용해서 블로그 초안 작성하기 ··· 88

CHAPTER 08 · 수집 자료와 Cue:로 만든 초안으로 GPT 블로그 문서 작성하기 ·············· 91
- 8-1. Cue:에서 만든 초안 VS GPT 보완 ··· 91
- 8-2. 전문성·체류 시간·가독성 고려한 글 완성 ··· 94

목차

PART 03 생성형 AI를 활용해서 블로그 자동화하기1- 재피어 편

CHAPTER 09 생성형 AI를 활용해서 이미지 만들기 ········· 101
- 9-1. 챗GPT로 이미지 생성하기 ··· 101
- 9-2. 미드저니로 이미지 생성하기 ··· 103
- 9-3. 직접 찍은 사진과 AI 이미지 혼합 활용 시 이점 ··· 105

CHAPTER 10 노코드 툴로 100% 블로그 자동화하기 ········· 107
- 10-1. 재피어를 활용해서 100% 블로그 자동화하는 방법 ··· 107
- 10-2. 챗GPT를 이용한 게시물 자동화 ··· 120
- 10-3. 재피어로 블로그 문서 OSMU 자동화하기 ··· 128

PART 04 생성형 AI를 활용해서 블로그 자동화하기2- 메이크 편

CHAPTER 11 메이크로 블로그 자동화하기 ········· 145
- 11-1. 메이크 시나리오 살펴보기 ··· 145
- 11-2. 메이크로 하는 OSMU 자동화 방법 ··· 150

CHAPTER 12 자신이 작성하지 않은 글로 자동화하기 ················ 167

 12-1. 시나리오 구성 방법 ⋯ 167
 12-2. 시나리오 구성 준비 ⋯ 169
 12-3. 메이크 시나리오 작성 ⋯ 172

PART 05 부록

CHAPTER 13 조영빈 강사가 사용하는 자동화 툴, AI 리스트 ······ 185

CHAPTER 14 조영빈 강사가 추천하는 생성형 AI를 효과적으로
사용하는 프롬프트 모음집 ································ 200

 에필로그 ⋯ 206

PART 01

키워드로 만드는
최적화 블로그

CHAPTER 01   50개의 포스팅은 버리는 포스팅?
CHAPTER 02   거인의 어깨 위에 올라타기
CHAPTER 03   키워드 랭크픽으로 좋은 키워드 소싱하기
CHAPTER 04   네이버가 좋아하는 원고 작성법

CHAPTER 01

50개의 포스팅은 버리는 포스팅?

1-1 블로그 초반에 너무 힘주지 말아야 하는 이유?

여러분은 어떠한 목표를 가지고 이 책을 구매했을까요? 어떤 분은 블로그를 통한 수익화를 만들어 내기 위해서, 어떤 분은 블로그 자동화 시스템을 통해 블로그를 쉽고 간편하게 운영하기 위해서, 어떤 분은 블로그를 통한 브랜드 콘텐츠 제작을 빠르게 하기 위해서 등 다양한 이유가 있을 것 같습니다.

그리고 각기 다른 이러한 목표들을 관통하는 최후의 종결점은 역시 '최적화 블로그 만들기'이지 않을까 합니다. 2025년을 기준으로 저는 15년차 마케터가 되었습니다. 그리고 17년차 블로거이기도 합니다. 제 이름으로 직접 운영한 블로그만 10개가 넘고, 이 중에는 최적화 블로그도 있고 저품질 블로그로 폐쇄시킨 블로그도 있습니다. 17년 동안 정말 성실하게, 꾸준히 블로그를 운영하면서 투데이 1만이 넘는 블로그도 운영해 본 적이 있고, 저품질 블로그에 걸려 본 적도 있습니다. 지금은 1개의 최적화 블로그만을 운영하면서 소소하게 부업 포스팅도 하고 있고, 저의 지식 판매 채널로도 활용하고 있으며, '여기가 포토존'이라는 여행 광고 대행 사업에서 관광지 홍보를 하기 위한 수단으로도 활용하고 있습니다.

제 블로그는 마케팅과 여행 카테고리에 최적화가 되어 있습니다. 덕분에 웬만한 마케팅, 여행 관련 키워드는 상위노출을 놓치는 경우가 거의 없습니다. 이런 최적화 블로그를 운영하면 좋은 점은 역시 키워드에 제한이 없다는 사실입니다. 원하는 키워드의 상위노출이 80% 이상 되기 때문에 원하는 키워드의 상위노출을 위해 검색량을 알아보고 경쟁 강도를 파악할 필요가 없습니다.

저는 하나의 최적화 블로그 덕분에 '단순하게' 블로그를 마케팅 채널로 활용해 오고 있습니다.

그래서 'AI를 활용한 블로그 자동화'에 대한 이야기를 하기 이전에 최적화 블로그에 대한 저의 생각과 노하우를 담고 싶었습니다. 가장 먼저 말하고 싶은 내용은 "처음부터 블로그 자동화 시스템을 갖추지 마세요."입니다. 최소한 투데이 300 이상을 넘긴 이후부터 자동화 시스템을 만들어 나가는 것을 추천하고 싶습니다.

1-2 투데이 300 전까지의 '가벼운 포스팅' 전략

블로그를 운영하는 목표는 당연히 상위노출입니다. 노출이 안 되는 좋은 글은 그저 좋은 글일 뿐, 나에게 아무런 이득을 가져다 주지 못합니다. 오랜 시간 동안 블로그 운영을 도전했지만 포기하거나 실패한 분들의 주된 공통점은 '처음부터 너무 노력한다'입니다. 열심히 노력하는 것은 당연히 성공으로 가는 지름길입니다만, 네이버 블로그의 시스템은, 아니 네이버 전체의 알고리즘은 'Creator' 점수, 즉 콘텐츠 생산자의 점수가 매우 높습니다. 즉, 노출이 잘 되는 문서를 만들기 위해서는 Creator 점수를 높여야 한다는 뜻입니다. 네이버에게 신뢰받을 수 있는 콘텐츠 생산자로서 먼저 인정을 받아야 원하는 키워드의 노출이 가능합니다.

이로 인해 처음부터 고 퀄리티의 블로그 포스팅을 발행했는데도 노출이 되지 않고, 최적화가 이뤄지지 않아서 포기하는 경우들을 너무 많이 봤습니다. 제가 여러분께 전하고 싶은 블로그 운영 노하우에 대한 첫 번째 포인트는 "처음 50개의 포스팅은 버리는 포스팅이다!"입니다.

처음 작성하는 50개 정도의 블로그 포스팅은 블로그를 잘 해야 한다는 부담감, 블로그를 열심히 해야 한다는 의무감을 조금 내려 놓고 '가볍게' 포스팅하는 것을 추천합니다.

블로그를 처음 개설하고 포스팅을 한다면, 제가 추천하는 주제는 일상과 후기입니다. 특히 식당 리뷰나 브랜드 제품 리뷰 등을 가장 추천합니다. 평소에 쉽게 이미지를 촬영할 수 있고, 나의 경험담을 담은 콘텐츠를 발행할 수 있기 때문에 네이버가 추구하는 콘텐츠와 부합하기도 합니다.

그리고 무엇보다, 최적화를 위한 첫 번째 조건은 '깨끗한 이미지'입니다. 다른 사람이 사용하지 않은, 유사문서에 전혀 문제 없는 이미지의 활용이 최적화를 위한 첫 번째 조건이라고 생각합니다. 나중에 최적화가 된 이후에는 어떤 이미지를 가져다가 사용해도 크게 문제가 안 됩니다. 이미 네이버가 신뢰하는 'Creator'가 되었기 때문입니다.

투데이가 최소 300~500 이상이 되기 전까지는 가벼운 일상글, 제품/서비스의 후기 리뷰를 작성해서 포스팅해 주세요. 물론 하나하나 열심히 작성할 필요 없습니다. 제가 앞으로 설명할 방법대로 AI를 통해 블로그 문서를 생성해서 포스팅해도 상관 없습니다!

CHAPTER 02

거인의 어깨 위에 올라타기

2-1 블로그 카테고리, 주제 정하기

최적화 블로그를 만들 때 가장 먼저 할 일은 카테고리를 정하는 일입니다. 카테고리는 네이버 인플루언서 사이트(https://in.naver.com/discover)에 접속해서 추천 주제에 있는 키워드 중 1~2개를 고르면 됩니다.

▲ 네이버 인플루언서 사이트

그럼 지금부터 제가 추천한 귀족 카테고리와 특징, 추천하는 이유, 수익화 방법에 대해 설명하겠습니다.

01. 디지털/IT

'디지털/IT' 카테고리의 주 수익원은 원고료+협찬건 리셀입니다. 비싼 원고료를 받고 작성하는 포스팅과 더불어 고가의 디지털/IT 제품을 협찬받은 후 사용후기를 포스팅해 리셀(재판매)을 하는 형태로 수익화를 할 수 있습니다.

디지털/IT 카테고리는 비싼 제품들을 다루는 카테고리이다 보니 협찬의 스케일부터 다른 카테고리와는 비교가 되지 않습니다. 가히 귀족 중의 귀족이라 할 수 있습니다. 브랜드에서 신상이 나오면 출시 전에 블로거들에게 기자단 원고나 체험단을 진행하는데, 이때 엄청난 원고료와 더불어 비싼 제품의 협찬이 진행됩니다. 포스팅 하나로 100만 원 이상의 수익을 만들어 낼 수도 있습니다.

엄청난 장점을 가지고 있는 디지털/IT 카테고리도 단점은 존재합니다. 다른 카테고리도 비슷하겠지만, 이미 너무 잘 하는 블로거분들이 많아서 소위 '고여 있습니다'. '고인물'이 많기 때문에 진입 장벽이 매우 높고, 기존의 디지털/IT 블로거분들의 실력도 상당합니다. 만약 특정 블로거를 벤치마킹해서 케이스 스터디를 할 예정이라면 디지털/IT 블로거분들을 벤치마킹할 것을 추천하고 싶습니다. 웬만한 마케터보다 네이버 알고리즘에 잘 대응하는 것은 물론 고퀄리티의 문서 생성, 선수급의 키워드 활용도를 보여줍니다.

02. 여행

여행 카테고리 블로그의 주 수익원은 여행지 관련 협찬과 원고료입니다. 여행 카테고리는 블로그 최적화를 가장 쉽고 단순하게 만들어 낼 수 있는 카테고리라고 생각합니다. 일상 속에 포함되는 여행 키워드를 활용하면 되기 때문에 평소 예쁜 카페나 여행지를 가는 취미가 있다면 여행 카테고리의 최적화를 쉽고 빠르게 만들 수 있습니다. 여행 카테고리에서 최적화가 되면, 여행지의 주요 펜션과 맛집의 협찬을 받을 수 있으며, 경우에 따라 원고료도 받을 수 있습니다.

제 블로그도 마케팅과 더불어 여행 카테고리에 최적화가 되어 있습니다. 저는 '여기가포토존'이라는 사업을 운영하면서 여행지/관광지의 홍보를 수주받아서 수익을 실현합니다. 대체로 정부 지원 사업, B2G 기반의 사업 아이템이기 때문에 당연히 수백에서 수천 만 원 단위의 계약을 따냅니다. 제가 블로그를 통해 수익을 실현하는 가장 큰 방법이죠.

하지만, 일반적인 여행 블로거들의 경우 배보다 배꼽이 더 큽니다. 펜션을 협찬받는다면, 그 외의 다른 여행 경비 지출이 생기게 됩니다. 매일 협찬을 받으며 놀러 다니는, 겉으로는 가장 화려한 카테고리이지만, 실질적으로 많은 돈을 버는 구조의 카테고리는 아닙니다. 만약 여행 카테고리에서의 수익화가 목적이라면 서브 카테고리 정도로의 추천하며, 더불어 다른 SNS도 함께 활용할 것을 권장합니다.

03. 자동차

자동차 카테고리의 주요 수익원은 원고료와 체험입니다. 자동차 카테고리의 가장 큰 장점은 자동차를 주제로 한 블로거가 그리 많지 않다는 점입니다. 그리고 작성하는 글의 주제나 내용도 어느 정도 정해져 있는 편이어서 원고의 소스를 얻는 게 크게 어렵지 않습니다. 주로 신차의 사양 및 정보 안내, 모터쇼 소개/후기 등의 콘텐츠가 주를 이룹니다. 자동차의 종류가 워낙 많기도 하고, 그에 따라 검색량도 높습니다. 또한, 고관여 제품이기 때문에 체류 시간도 높습니다.

하지만, 콘텐츠가 정해져 있다 보니 몇 개 되지 않는 키워드에 경쟁이 상당합니다. 자동차와 관련된 칼럼이나 정보 제공만으로도 충분하지만, 더 높은 성장을 원한다면 모터쇼와 같은 오프라인 행사 콘텐츠도 다뤄야 합니다.

04. 경제/비즈니스

경제/비즈니스 카테고리의 수익화 방법은 퍼스널 브랜딩입니다. 요즘 유행하는 지식 판매 및 퍼스널 브랜딩에 가장 적합한 카테고리입니다. '나'라는 사람의 콘텐츠를 세일즈하는 것이죠. 퍼스널 브랜딩에 성공하면, 블로그뿐 아니라 다른 SNS에서도 구독자/이웃분들의 트래픽 덕분에 남들보다 빠르게 성장할 수 있습니다. 저는 마케팅 분야에서의 최적화를 달성한 이후 제 사업에 블로그를 보다 더 적극적으로 활용하기 위해서 여행 카테고리의 최적화를 추가로 달성했습니다.

경제/비즈니스 카테고리에서의 최적화를 만들어 내면서 가장 힘들었던 점은 전문성 있는 글, 칼럼을 주기적으로 발행해야 한다는 점입니다. 요즘이야 워낙 좋은 정보들이 많고, AI를 통해서 콘텐츠를 가공하는 일이 쉬워서 전문성 있는 원고를 만드는 일이 어렵지 않지만, 제가 최적화를 달성했던 5~10년 전에는 온전히 머리로 기획하고 손으로 작성해야만 했습니다. 특정 분야의 전문가가 아니라면 쉽게 접근하기 어려운 카테고리였죠.

▲ 운영하는 블로그의 최적화 지수

저는 블로그에 그리 자주 포스팅을 하지 않습니다. 적을 때는 1개월에 1번 올릴 때도 있습니다. 이게 최적화의 장점 중 하나입니다. 최적화를 한 번 잘 해 놓으면 최적화 점수가 잘 떨어지지 않습니다. 그리고, 제 블로그 투데이는 500~1,000 사이입니다. 매우 낮죠? 그럼에도 불구하고 잘 관리할 때는 '최적4+'까지 진입할 정도로 블로그의 상태가 매우 좋습니다.

카테고리는 한 번 정하면 다시 바꾸기 힘드니 많이 고민하고 결정하기 바랍니다! 저처럼 사업과 관련된 부분으로 최적화를 해도 좋고, 평소 취미와 관련된 분야의 카테고리를 정해도 좋습니다.

하지만, '맛집' 카테고리로 최적화를 진행하는 것은 추천하지 않습니다. 비즈니스 활용이나 수익화 할 수 있는 부분이 많지 않기 때문입니다. 원고료도 전체 카테고리 중 가장 저렴합니다. 맛집 키워드의 활용은 블로그의 초기 사진 최적화를 위해서, 직접 쓴 리뷰 포스팅을 남기기 위해서, 체험단/기자단/임대 정도로만 접근하는 것이 좋습니다.

2-2 브랜드·맛집 키워드로 초기 트래픽 확보

블로그를 잘 하는 가장 확실한 방법은 바로 '키워드 활용'입니다. 네이버는 결국 키워드로 시작해서 키워드로 끝나는 플랫폼입니다. 키워드를 잘 활용할 줄 아는 사람이 이기는 싸움이에요. 결국 좋은 키워드를 누가 더 많이 찾아서 잘 활용하느냐가 블로그를 잘하는 방법으로 귀결됩니다. 좋은 키워드란 쉽게 얘기해서 검색량은 많고, 경쟁 강도는 약한 키워드를 의미합니다. 그리고 생각보다 그런 키워드가 브랜드 키워드인 경우가 정말 많습니다. 그래서 저는 이런 브랜드를 '거인'이라고 표현합니다. 많은 사람들이 알고 검색은 하지만, 실제로 블로그 후기는 적은 브랜드 키워드를 활용하는 것이죠. 하나씩 차근히 설명하겠습니다.

01. 시작점: 투데이 300

블로그를 성공적으로 운영하기 위한 첫 번째 목표는 '투데이 300'입니다. 이는 하루 방문자 수(Today)가 300명 이상이라는 의미로, 블로그 운영에서 중요한 전환점으로 작용합니다. 블로그를 통해 상위노출을 달성하고, 더 많은 트래픽을 얻기 위해서는 일정 수준 이상의 블로그 지수가 꾸준히 유입되어야 합니다. 투데이 300은 그 기준점을 나타내며, 이를 달성함으로써 블로그 최적화에 한 걸음 다가설 수 있습니다.

02. 투데이 300이 중요한 이유

① 상위노출 가능성 증대

이전에 포스팅했던 블로그 문서로 인해 투데이가 300 이상이 나온다는 것은, 지금 현재 블로그의 최적화 상태가 나쁘지 않음을 의미합니다. 난이도가 어렵지 않은 키워드라면 상위노출에 도전해 볼 수 있음을 의미합니다. 내가 열심히 작성한 문서가 상위노출이 되지 않으면 정말 속상합니다. 그래서 투데이 300이 넘기 전까지는 블로그를 너무 열심히 하지 않는 게 좋습니다. 상위노출을 하고 싶은 문서는 어느 정도(투데이 300) 블로그 지수가 선행되었을 때 하면 됩니다.

② 블로그 활성화 지표

투데이가 블로그의 활성화 지표는 아닙니다. 하지만, 초보 블로거는 이 수치를 통해 블로그의 성장 단계를 평가하고, 어떤 부분에서 개선이 필요한지 알 수 있습니다. 또한, 체험단/기자단을 진행하는 업체들은 블로그의 1차적인 평가를 블로그 투데이를 통해서 확인합니다.

③ 비즈니스와 수익 창출의 시작점

투데이 300은 단순한 방문자 수 이상의 의미를 갖습니다. 이 시점부터 체험단 모집이나 광고, 협찬 등 다양한 마케팅 기회가 열리기 시작하며, 블로그를 통한 수익 창출 가능성이 크게 높아집니다.

03. 투데이 300을 달성하는 전략

① 꾸준한 포스팅

투데이 300을 달성하기 위해서는 꾸준한 포스팅이 필수적입니다. 가능하다면 하루에 1~2개의 포스팅을 작성하면서 블로그의 노출 빈도를 높이고, 검색엔진에 꾸준히 새로운 콘텐츠를 제공해야 합니다. 이를 통해 네이버 알고리즘이 블로그를 '활성화된' 블로그로 인식하게 됩니다.

② 키워드 활용

투데이 300을 달성하기 위해서는 단순히 포스팅을 많이 하는 것만으로는 부족합니다. 적절한 키워드를 활용하여 검색량이 높은 주제에 대한 포스팅을 작성하는 것이 중요합니다. 키워드 선정과 관련된 내용은 이후 장에서 다루지만, 가까운 미래에 사용할 키워드를 포스팅에 자연스럽게 녹여 내는 것이 다음번 포스팅에서의 상위노출에 보다 유리하며, 결과적으로 투데이 상승에 큰 도움이 됩니다.

③ 거인의 어깨 위에 올라타기

인기 있는 브랜드나 많이 검색되는 주제를 활용하여 키워드를 전략적으로 선정하는 방법도 투데이 300을 넘기 위한 중요한 전략입니다. '거인의 어깨 위에 올라타기'는 경쟁이 적고 검색량이 많은 키워드를 찾아 포스팅에 반영하는 방식으로, 더 많은 방문자를 끌어 모을 수 있습니다.

앞에서 저는 50개의 버리는 포스팅을 매일 업로드하라고 전했습니다. 그렇다고 해서 '그냥 막 써라'라는 의미는 아닙니다. 활성화된 블로그임을 인증받는 동시에 앞으로 쓰게 될 키워드들을 미리 블로그에 '깔아 놓는 것'이 좋다는 의미입니다. 블로그에서 특정 키워드의 상위노출을 잘 하는 방법 중에 하나는 해당 키워드를 내 블로그에 많이 가지고 있는 것입니다. 블로그는 보통 1개 내지 2개의 카테고리와 주제에서 최적화가 일어납니다.

최적화가 되기 위해서는 특정 카테고리 내에 있는 키워드를 많이 가지고 있어야 유리합니다. 그래서 버리는 포스팅을 할 때에도 전략적으로 접근하는 게 좋습니다. 최대한 자신이 가져갈 카테고리의 주제와 관련이 있는 키워드를 활용해서 포스팅해 주세요.

2-3 최적화를 위한 2가지 조건

블로그를 최적화하는 과정에서 가장 중요한 두 가지 조건은 전문성과 직접 찍은 사진입니다. 이 두 가지 조건이 충족되어야 블로그가 네이버의 알고리즘에서 긍정적으로 평가받고, 검색 결과에서 상위노출될 확률이 높아집니다.

01. 전문성

네이버 블로그에서 최적화의 핵심은 블로그가 다루고 있는 주제에 대한 전문성입니다. 블로그가 특정 분야에 대한 신뢰할 수 있는 정보를 꾸준히 제공할 때, 네이버 알고리즘은 해당 블로그를 해당 분야의 권위자로 인식하게 됩니다. 이는 결과적으로 블로그의 콘텐츠가 검색 결과에서 더 높은 순위에 노출될 수 있는 기회를 제공합니다.

보통 전문성이라 하면, '정보성 키워드'와 '정보성 콘텐츠'를 많이 이야기합니다. 물론 정보성 콘텐츠와 키워드의 활용도 블로그의 전문성 점수를 높여 주는 좋은 방법이지만, 조금 더 데이터적인 측면으로 접근한다면, '체류시간 높은 글'을 많이 발행할 것을 추천하고 싶습니다.

일반적으로 디지털/IT 최적화 블로그의 경우 정보성 포스팅이 많지 않음에도 불구하고 최적화가 잘 발생하는 경우들이 있습니다. 이는 디지털/IT 카테고리의 특징 때문입니다. 디지털/IT 카테고리에서 발행하는 글들은 하나하나가 체류 시간이 길 수밖에 없는 글입니다. 고관여의 제품 후기를 작성하거나, 제품의 스펙에 대한 이야기를 할 수밖에 없기 때문에 블로그 글을 소비하는 검색자들의 평균 체류시간이 길 수밖에 없습니다. 자연적으로 모든 글들이 칼럼처럼 전문성을 띠게 되고, 이로 인해 최적화 블로그를 만들 수 있는 것입니다.

① **카테고리 선택의 중요성**

블로그의 주제와 카테고리를 명확히 정하는 것이 첫 단계입니다. 예를 들어, 블로그를 통해 보다 높은 수익을 만들어내는 것이 목표라면 디지털/IT, 여행, 자동차, 경제/비즈니스와 같은 수익성이 높은 카테고리를 선택하는 것이 유리합니다. 일반적으로 네이버 블로그에서는 '귀족 카테고리'가 정해져 있는 편입니다.

블로그의 메인 주제 카테고리는 언제든지 변경이 가능합니다만, 한 번 설정하면 바꾸지 않는 것을 권장합니다. 해당 카테고리를 위한 최적화 작업을 새로 해야 하기 때문입니다. 만약 2개의 카테고리에서 최적화를 만들고 싶다면, 우선 1개의 카테고리에서 최적화를 만든 다음에 다음 주제의 카테고리 최적화를 만드는 것이 좋습니다.

② 전문성 있는 콘텐츠 작성

블로그에 게시되는 모든 콘텐츠는 선택한 주제와 관련이 깊고, 독자에게 유익한 정보를 제공해야 합니다. 이를 위해서는 철저한 자료 조사와 함께, 독자들이 신뢰할 수 있는 정보와 통찰을 제공하는 것이 중요합니다. 이러한 방식으로 블로그는 해당 주제에서 점차 권위 있는 정보 제공자로 자리매김할 수 있습니다.

③ 키워드 전략

특정 주제와 관련된 키워드를 중심으로 콘텐츠를 작성하여, 블로그 내에 관련 키워드의 비중을 높이는 것이 좋습니다. 이는 검색엔진이 블로그를 해당 주제의 전문 블로그로 인식하는 데 도움이 됩니다. 예를 들어, "디지털 마케팅"이라는 주제를 선택했다면, 관련된 다양한 키워드를 활용하여 콘텐츠를 작성하고, 해당 키워드를 꾸준히 사용해야 합니다.

하나하나의 블로그 글이 모여서 블로그 전체를 판단하는 지표가 됩니다. 글 하나하나에 신경 써서 작성하는 것이 좋습니다. 물론, 노출이 안되는 단계에서부터 그렇게 할 필요는 없습니다. 하지만, 블로그가 준최적화 이상의 단계가 되면 그때부터는 포스팅을 많이 하는 것보다는 어떤 포스팅을 하느냐가 더 중요해집니다.

블로그가 다루는 주제와 카테고리 내에서 일관된 방향성을 유지하는 것이 중요합니다. 초기에는 다양한 주제를 시도할 수 있지만, 최적화를 목표로 하는 시점에서는 특정 주제나 카테고리에 집중하는 것이 좋습니다. 이를 통해 블로그는 특정 분야에서 권위와 신뢰성을 확보할 수 있습니다. 저는 이 기점을 투데이 300으로 잡고 있습니다.

앞서 이야기한 대로 블로그는 1개 내지 2개의 카테고리에서 최적화가 발생합니다. 3개의 카테고리에서 최적화가 발생하는 경우는 본 적이 없습니다. 2개 카테고리에서 최적화를 만들기 바란다면, 우선 1개의 카테고리에서 최적화를 만든 후에 다음 카테고리를 최적화하는 것이 좋습니다.

02. 직접 찍은 사진

블로그 최적화를 위해서는 필연적으로 '직접 찍은 사진'이 필요합니다. 고가의 디지털 카메라로 찍은 사진이면 좋겠지만, 핸드폰 카메라로도 충분히 최적화를 위한 사진 점수를 받아 낼 수 있습니다.

네이버는 '오리지널 문서'에 대해 높은 점수를 반영합니다. 그리고 그 오리지널 문서의 점수 중에는 당연히 직접 찍은, 나만의 사진도 포함이 됩니다.

하지만 현실적으로 매번 포스팅을 할 때마다 직접 찍은 사진을 활용하기란 쉽지 않습니다. 그래서 블로그를 처음 시작하면서 최적화를 다져가는 단계, 블로그 운영 초기만큼은 직접 찍은 사진을 많이 활용해 볼 것을 추천합니다.

블로그 초기 가벼운 포스팅을 하면서 직접 찍은 사진을 통해 사진에 대한 점수를 챙기고, '거인의 어깨 위에 올라타기' 전략을 통해 브랜드나 식당 카페의 키워드를 활용하면서 직접 찍은 사진을 활용하는 것입니다. 제가 직접 블로그를 새로 만들어서 테스트해 본 결과, 직접 찍은 사진이 없다면 아무리 퀄리티 좋은 칼럼과 정보성 콘텐츠를 발행하더라도 최적화가 발생하지 않았습니다.

저는 블로그를 운영하면서 체험단이나 기자단도 적극 활용할 것을 추천하는데요, 체험단이나 기자단의 진행을 추천하는 이유 중 가장 큰 이유가 바로 체험단 기자단을 진행하면서 직접 찍은 새로운 사진을 얻을 수 있기 때문입니다. 소소한 수익이나 제품/서비스는 덤입니다.

> ### 📖 정리
>
> **① 처음 50개의 포스팅에는 너무 힘을 쓰지 말자!**
> 최적화가 되지 않은 블로그에서 발행하는 문서는 어차피 노출이 되지 않습니다. 그러니 다음번의 노출을 준비하기 위해 앞으로 사용할 키워드를 많이 '깔아두기'를 목표로 가볍게 포스팅하는 것을 추천합니다.
>
> **② 투데이 300을 목표로!**
> 투데이 300, 어렵지 않습니다. '거인의 어깨 위에 올라타기' 전략을 통해 이미 유명한 브랜드, 맛집, 카페의 키워드를 활용하면서 블로그 포스팅을 하세요. 집에 있는 옷과 화장품의 브랜드 제품 리뷰, 집이나 회사 근처의 맛집, 카페를 포스팅해 보기 바랍니다. 이때는 블로그를 하는 습관, 원고를 생성하는 능력, 그리고 좋은 사진을 확보하는 데에 집중하는 것이 좋습니다.
>
> **③ 직접 찍은 사진 활용하기**
> 직접 찍은 사진이 블로그에 없다면 아무리 좋은 문서를 발행해도 최적화가 되지 않습니다. 직접 찍은 사진을 활용해서 블로거로서 활동하고 있다는 인증을 받음과 동시에 사진 점수를 챙겨가야 합니다.
>
> **④ 키워드 엑셀 정리 미리 해놓기**
> 뒷부분에 더 자세히 설명하겠지만, 키워드 관리는 블로그 초기부터 잘 세팅해 두면 좋습니다. 추후 상위노출을 원하는 키워드에 힘을 실어서 상위노출의 가능성을 높일 수 있습니다.

CHAPTER 03

키워드 랭크픽으로 좋은 키워드 소싱하기

3-1 투데이 300 먼저 만들기

투데이 300
초보 블로거, 이렇게만 하세요.

▲ 투데이 300 꿀팁

블로그 운영의 첫 번째 목표는 투데이 300을 달성하는 것입니다. 이는 하루 방문자 수(Today)가 300명 이상이라는 것을 의미하며, 블로그가 본격적으로 성장하고 상위노출에 도전할 수 있는 중요한 기준점이 됩니다. 투데이 300은 블로그가 어느 정도 활성화되었음을 나타내며, 블로그 최적화를 위해 반드시 넘어야 할 첫 번째 관문입니다.

01. 투데이 300의 중요성

① 블로그의 전환점

투데이 300은 블로그의 전환점입니다. 이 지점을 넘어서면 블로그는 더 높은 검색 노출 가능성을 가지며, 다양한 마케팅 기회를 얻게 됩니다. 많은 초보 블로거가 투데이 300을 달성하는 데 어려움을 겪지만, 이 목표를 달성하면 블로그 운영의 자신감이 생기고, 이후 단계로 나아가는 데 큰 도움이 됩니다. 저는 이 투데이 300의 관문을 넘기 위해 '거인의 어깨 위에 올라타기' 전략을 제시합니다. 인지도가 있는 브랜드/식당/카페의 후기글을 남기는 방법입니다. 뒷부분에 더 자세히 설명하겠습니다!

② 상위노출 가능성 증대

투데이 300을 달성하면 블로그의 노출 빈도가 높아지고, 검색엔진에서의 가시성이 증가합니다. 이 시점부터는 특정 키워드로 상위노출을 시도할 수 있으며, 더 많은 트래픽을 유도할 수 있는 기회가 열립니다. 작성한 원고의 퀄리티가 뒷받침된다면 투데이 300 수준에서도 준최적화가 되는 경우를 보았습니다.

02. 투데이 300 달성 전략

① 거인의 어깨 위에 올라타기

이미 인지도가 높은 브랜드나 인기 있는 주제와 관련된 키워드를 활용하여 포스팅하는 방법입니다. 이를 통해 더 많은 검색 유입을 기대할 수 있으며, 빠르게 투데이 300을 넘길 수 있습니다. 예를 들어, 인기 있는 브랜드 제품 리뷰나 유명 맛집의 후기를 작성하여 더 많은 방문자를 유도할 수 있습니다. 저는 이미 많은 사람들에게 인지도가 있고, 검색량이 높은 키워드(특히 브랜드 키워드 종류)를 '거인'이라고 표현합니다.

② 트래픽 유도 콘텐츠 작성

키워드를 선별하는 연습과 글쓰기 연습, AI 생성 능력을 키우는 것이 중요합니다. 동네 맛집 리뷰, 인기 제품 사용 후기도 키워드를 세분화하면 다양하게 뽑아 낼 수 있으며 이러한 키워드를 블로그 문서로 만들어 내는 능력이 무엇보다 중요합니다. 블로그 초기부터 키워드를 전략적으로 활용하는 것을 연습하면 블로그뿐만 아니라 네이버 마케팅에 대한 전반적인 이해도와 활용 능력이 상승합니다.

③ 꾸준한 포스팅

블로그 초기에는 하루에 1~2개의 포스팅을 꾸준히 작성하면서 블로그의 노출 빈도를 높이는 것이 좋습니다. "예전처럼 무식하게 1일 1포스팅을 해야 한다!"는 주장은 알고리즘에 큰 영향은 없습니다만, 꾸준히 블로그를 운영하는 습관을 만드는 가장 확실한 방법임은 분명합니다.

문서의 퀄리티는 처음부터 훌륭하면 좋겠지만, 그보다 노출이 잘 발생하지 않는 처음에는 '양'으로 승부하고, 최적화 단계를 넘어서면서 노출이 잘 되는 때부터는 '질' 좋은 콘텐츠를 만드는 것이 중요합니다.

④ 키워드 활용

투데이 300을 달성하기 위해서는 적절한 키워드를 활용하는 것이 필수적입니다. 검색량이 높은 주제에 대한 포스팅을 작성하면서, 해당 키워드를 자연스럽게 포스팅에 녹여 내는 것이 중요합니다. 이를 통해 검색엔진에서의 가시성을 높일 수 있습니다. 뒤에서 이어질 키워드 엑셀 관리에서 키워드를 선별하고 활용하는 방법에 대해 자세히 다루도록 하겠습니다.

3-2 좋은 키워드 선점하기: 거인의 어깨 위에 올라타기

블로그 운영에서 가장 중요한 전략 중 하나는 바로 키워드 선점입니다. 키워드는 블로그의 성공을 좌우하는 핵심 요소로, 어떤 키워드를 선택하고 어떻게 활용하느냐에 따라 블로그의 트래픽과 노출이 결정됩니다. 특히, 초보 블로거가 빠르게 성장하기 위해서는 거인의 어깨 위에 올라타기 전략을 적극 활용하는 것이 중요합니다.

01. 거인의 어깨 위에 올라타기란?

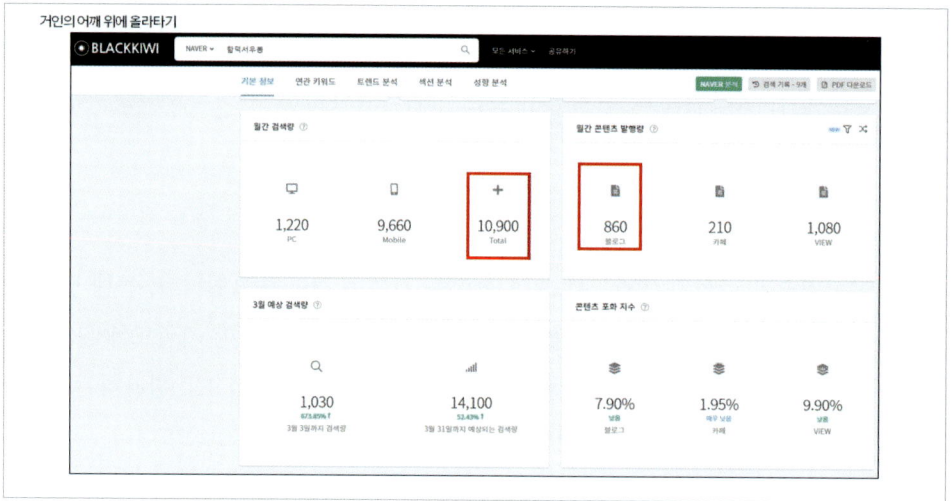

▲ 검색량은 많고, 경쟁은 적은 인지도 높은 브랜드/업체 키워드 - 함덕 서우봉

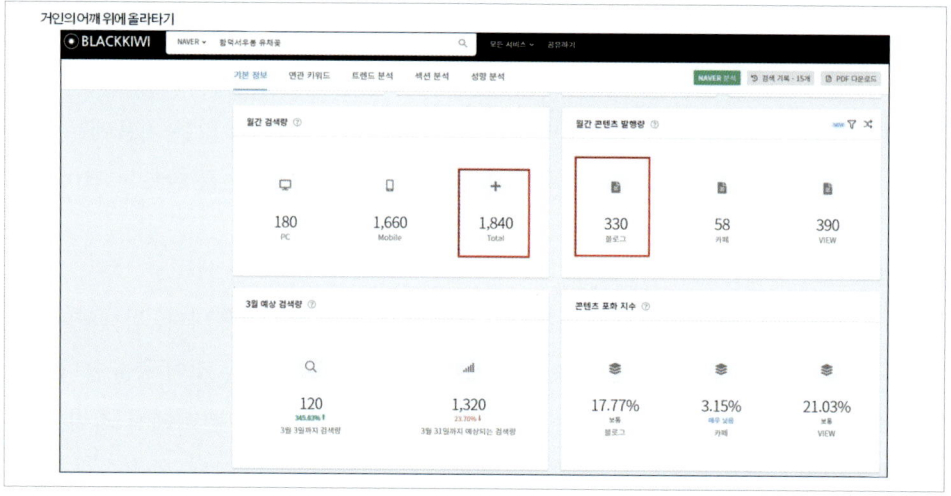

▲ 검색량은 많고, 경쟁은 적은 인지도 높은 브랜드/업체 키워드 - 함덕 서우봉 유채꽃

'거인의 어깨 위에 올라타기'란, 이미 인지도 있는 브랜드나 인기 있는 주제와 관련된 키워드를 활용하여 블로그 포스팅을 작성하는 전략입니다. 이 방법은 검색량이 많으면서도 경쟁이 상대적으로 적은 키워드를 선별해, 빠르게 트래픽을 확보하고 블로그를 성장시키는 데 매우 효과적입니다.

① 브랜드 키워드 활용

대중에게 이미 잘 알려진 브랜드나 상품, 서비스 관련 키워드를 활용하는 것이 핵심입니다. 예를 들어, 인기 있는 전자제품 브랜드나 최신 패션 아이템, 유명한 카페나 레스토랑 등의 키워드를 활용해 포스팅을 작성하면, 해당 키워드를 검색하는 많은 사용자들이 블로그를 방문하게 됩니다. 의외로 브랜드나 업체 키워드가 검색량은 많은데 경쟁 강도는 적은 경우가 많습니다. 이러한 키워드를 적극적으로 활용하면 블로그의 트래픽이 급격히 증가하고, 투데이 300을 쉽게 달성할 수 있습니다.

② 리뷰와 체험기 작성

유명 브랜드의 제품 리뷰나 체험기를 작성하는 것도 효과적인 방법입니다. 많은 사람들이 구매를 결정하기 전에 블로그 리뷰를 참고하기 때문에, 이러한 포스팅은 자연스럽게 높은 트래픽을 유도할 수 있습니다. 이때, 직접 찍은 사진을 포함해 블로그 포스팅의 신뢰성을 높이면서 사진 최적화 작업도 하는 것이 중요합니다.

블로그의 초반 최적화를 위해 새로운 제품을 구매하는 등의 새로운 지출은 불필요하다고 생각합니다. 기존에 가지고 있는 화장품, 옷, 가전제품, 그리고 집과 회사 근처의 식당이나 카페를 찾아보면서 괜찮은 키워드를 가지고 있는 아이템에 대한 리뷰를 남겨 보세요.

02. 좋은 키워드 선별하기

좋은 키워드를 선별하는 것은 블로그 운영에서 매우 중요한 단계입니다. 키워드를 선별할 때는 검색량, 경쟁도, 그리고 블로그의 주제와의 관련성을 고려해야 합니다.

키워드가 모여 주제와 카테고리가 됩니다. 키워드 하나하나 잘 관리할수록 블로그의 최적하는 빨라질 수밖에 없습니다.

① 네이버 검색광고 – 키워드 도구 활용

네이버 키워드 도구나 블랙키위와 같은 도구를 활용해, 검색량이 많고 경쟁이 적은 키워드를 찾는 것이 좋습니다. 이러한 도구들은 특정 키워드의 검색량, 경쟁 강도 등을 파악할 수 있게 도와주며, 이를 통해 최적의 키워드를 선택할 수 있습니다. 뒤에 이어서 AI 활용 부분에서 챗GPT를 활용해서 빠르고 간편하게 블로그 키워드를 소싱하는 방법도 알려 줄 것입니다.

② 검색량과 경쟁도 분석

검색량이 많은 키워드는 많은 트래픽을 유도할 수 있는 잠재력이 있지만, 경쟁도가 높다면 상위노출이 어려울 수 있습니다. 따라서, 검색량이 적당하면서도 경쟁이 비교적 적은 키워드를 선별하는 것이 좋습니다. 이 균형을 맞추는 것이 키워드 전략의 핵심입니다. 검색량은 월 2천 건, 경쟁 강도(월 블로그 콘텐츠 발행량)는 월 500건 이하의 키워드는 '황금 키워드'로 분류할 수 있습니다.

③ 장기적인 키워드 전략

블로그를 처음 시작할 때는 단기적인 성과를 위한 키워드를 선택할 수도 있지만, 장기적으로 블로그를 운영하면서 핵심 키워드를 중심으로 콘텐츠를 구축해 나가는 것이 중요합니다. 이를 통해 블로그의 전문성을 강화하고, 지속적으로 높은 트래픽을 유지할 수 있습니다.

블로그의 키워드를 활용할 때는 항상 '다음' 키워드도 고려하면 좋습니다. 예를 들어, 지금 A라는 키워드를 활용해서 블로그 포스팅을 하고, 다음번에 A 키워드와 비슷한 A' 키워드를 활용할 예정이라면 A 키워드를 활용해서 블로그 포스팅을 하면서 A'도 조금씩 언급해 놓는 것이 좋습니다. 추후 A' 키워드로 포스팅을 할 때 내 블로그의 A' 키워드 점수가 높아 상위노출하는 데에 도움이 됩니다(만약 '1박2일 부산여행'이라는 키워드의 상위노출을 목표로 한다면, 이전 포스팅에 '1박2일 부산여행' 키워드가 포함되도록 포스팅하는 것이 좋습니다.).

03. 거인의 어깨 위에 올라타기 실전 팁

① 평소 키워드를 정리하는 연습

자신이 작성할 수 있는 범위 내에서, 키워드 도구나 블랙키위를 활용해서 좋은 키워드를 평소 정리해 두는 연습이 필요합니다. 블로그 포스팅을 하기 이전에 키워드를 찾는 것이 아니라, 키워드를 먼저 찾아 놓은 다음에 블로그를 포스팅해야 훨씬 전략적으로 블로그 최적화 작업을 진행할 수 있습니다. 예를 들어서, 집 주변에 A 카페와 B 카페가 있습니다. A 카페가 B 카페보다 검색량이 높고, 경쟁 강도는 비슷한 수준이라면 A 카페를 방문하고 A 카페 키워드를 활용하는 것이 좋습니다.

② 직접 경험을 바탕으로 한 콘텐츠 작성

직접 경험한 내용을 바탕으로 한 리뷰나 체험기는 독자들에게 신뢰를 줄 수 있으며, 이는 블로그의 장기적인 성장에 긍정적인 영향을 미칩니다. 또한, 이러한 포스팅은 검색엔진에서도 긍정적으로 평가될 가능성이 큽니다.

네이버는 기본적으로 후기성 콘텐츠를 좋아합니다. 그래서 블로그의 문서를 작성할 때는 최대한 '~했다'와 같은 과거형 문체를 사용하는 것이 좋습니다.

③ 키워드 가지치기 전략

핵심 키워드를 중심으로 관련된 하위 키워드를 선별해 포스팅 시 함께 활용하는 좋습니다. 이를 통해 블로그 내에서 특정 주제와 키워드에 대한 다양한 콘텐츠를 제공할 수 있으며, 이는 검색엔진최적화(SEO)에도 긍정적인 영향을 미칩니다.

최근에는 인기 주제, 스마트블록이 있어서 '모' 키워드와 '자' 키워드의 활용 능력도 중요합니다. 추후 뒷부분에 이러한 거인 키워드를 쉽게 찾아내는 방법을 배워 볼 수 있습니다. 예전에는 좋은 키워드를 찾기 위해서 직접 검색하면서 손품을 팔아야 했지만, 요즘은 AI를 비롯한 IT 서비스의 발전 덕분에 거인 키워드를 너무 쉽게 찾아낼 수 있게 되었습니다.

3-3 네이버 검색량과 경쟁도 분석 방법

▲ 좋은 키워드의 조건

블로그 운영에서 키워드 분석은 성공적인 상위노출을 위한 핵심 전략입니다. 특히 네이버 블로그에서는 검색량이 많고 경쟁이 적은 키워드를 효과적으로 찾아내는 것이 중요합니다. 한 마디로 '좋은 키워드', '황금 키워드'를 많이 활용해야 합니다.

01. 검색량과 경쟁도 분석의 중요성

네이버 검색엔진에서 상위노출을 달성하기 위해서는 검색량과 경쟁도를 적절히 조합하는 것이 중요합니다. 검색량은 특정 키워드가 얼마나 자주 검색되는지를 나타내고, 경쟁도는 해당 키워드로 콘텐츠를 작성한 블로그 수를 나타냅니다. 검색량이 많을수록 많은 잠재 독자가 해당 키워드를 검색하지만, 경쟁도가 높을 경우 상위노출이 더 어려울 수 있습니다. 거인의 어깨 위에 올라타기 전략에서 말했듯, 검색량은 많고 경쟁은 적은 키워드를 선점하는 것이 매우 중요합니다.

02. 네이버 키워드 도구 사용법

네이버 검색광고에서 제공하는 키워드 도구는 블로그 키워드를 분석하는 데 매우 유용합니다. 키워드 도구를 사용하면 특정 키워드의 월간 검색량을 빠르게 확인할 수 있음은 물론, 조회해 본 키워드(최대 5개)의 연관 키워드를 최대 1,000개까지 동시에 받아 볼 수 있습니다.

① 키워드 검색량 확인

키워드 도구에 특정 키워드를 입력하면 해당 키워드의 월간 검색량을 확인할 수 있습니다. 월간 검색량이 높을수록 더 많은 사람들이 그 키워드를 검색하고 있다는 의미입니다. 블로그의 주제와 관련된 검색량이 높은 키워드를 선택하면 더 많은 방문자를 유도할 수 있습니다.

② 키워드 경쟁도 분석

경쟁도 분석은 블랙키위를 통해 간편하게 확인할 수 있습니다. 블랙키위(blackkiwi.net)는 특정 키워드의 검색량을 조회, 분석할 수 있는 사이트로 자신의 관심 키워드가 언제 가장 많이 검색되고, 어떤 성향과 특징을 가지고 있는지 알아볼 수 있습니다. 블랙키위의 [모든 서비스] > [간편 키워드 조회] 기능을 활용하면 빠르게 키워드별 경쟁 정도를 파악할 수 있습니다.

경쟁도는 항상 검색량과 함께 꼭 확인해야 하는 요소입니다. 경쟁도가 높을수록 해당 키워드로 작성된 블로그 포스팅이나 웹사이트가 많다는 뜻이므로, 상위노출이 더 어려울 수 있습니다. 따라서, 검색량이 높으면서도 경쟁도가 적당하거나 낮은 키워드를 선택하는 것이 중요합니다.

③ 관련 키워드 찾기

키워드 도구와 블랙키위는 입력한 키워드와 관련된 연관 키워드를 추천해 줍니다. 이러한 연관 키워드 중에서 경쟁이 덜한 키워드를 찾고, 이를 블로그 콘텐츠에 활용하면 상위노출 가능성을 높일 수 있습니다.

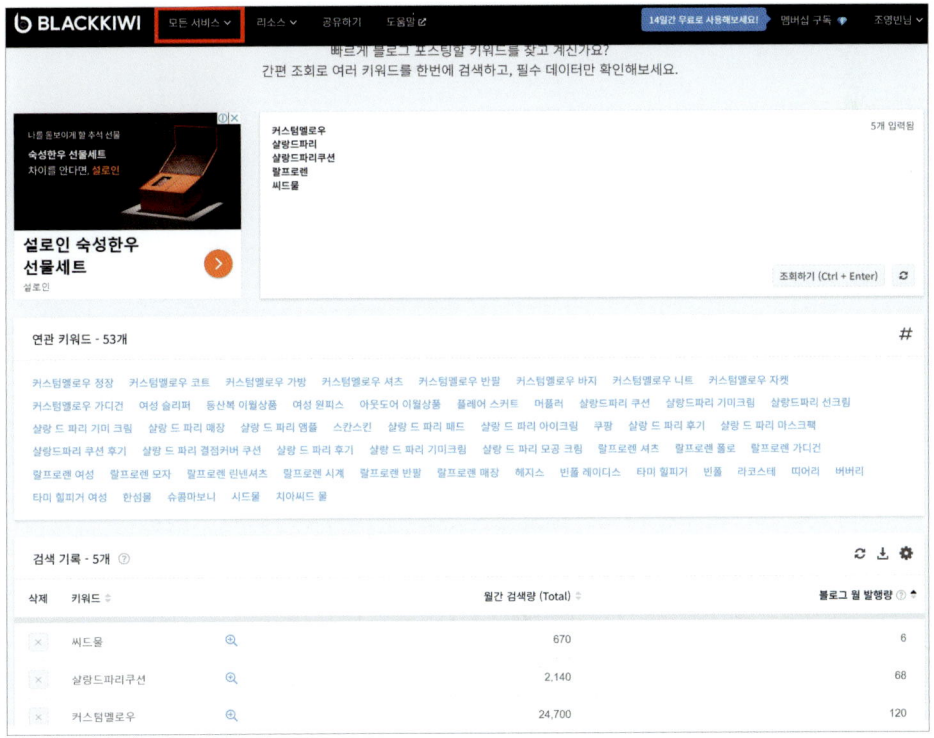

▲ 간편 키워드 조회

03. 검색량과 경쟁도를 고려한 키워드 선택 전략 - 키워드 가지치기

검색량과 경쟁도를 적절히 고려하여 키워드를 선택하는 것은 블로그 최적화에 큰 도움이 됩니다. 검색량이 많은데 경쟁이 적은 키워드를 선점하는 것이 가장 이상적이며, 이를 통해 상대적으로 조회수는 높지만 경쟁은 적은 키워드의 상위노출을 통해서 블로그 방문자 수를 빠르게 늘릴 수 있습니다.

주 키워드에서 파생된 하위 키워드들을 활용하여 다양한 콘텐츠를 작성하는 것도 좋은 전략입니다. 이렇게 하면 주제와 관련된 여러 키워드를 블로그에 축적할 수 있으며, 이는 검색엔진에서 블로그의 전문성을 높이는 데 기여합니다. 예를 들어, '샬랑드파리'(CHALLANS de PARIS)라는 브랜드 키워드만을 공략하는 것이 아니라 '샬랑드파리쿠션'이라는 하위 키워드를 함께 활용하는 전략입니다.

04. 키워드 관리와 추적

효과적인 키워드 관리를 위해, 엑셀 파일이나 기타 관리 도구를 사용해 선택한 키워드의 검색량, 경쟁도, 상위노출 성과를 추적하는 것이 중요합니다. 이를 통해 블로그 성장을 위한 데이터를 축적하고, 더 나은 키워드 전략을 세울 수 있습니다. 본문 후반부의 키워드 엑셀 관리에 대한 부분에서 확인할 수 있습니다.

3-4 키워드 엑셀 관리의 필요성

블로그를 최적화하는 과정에서 키워드 관리는 매우 중요한 역할을 합니다. 한 번 더 강조하지만, 블로그를 포함한 네이버 마케팅은 '키워드로 시작해서 키워드로 끝이 납니다' 키워드를 효과적으로 관리하지 않으면, 블로그 운영의 방향성이 흐트러지고, 최적화에 필요한 전략적 포스팅이 어려워집니다. 따라서 엑셀 파일을 활용한 키워드 관리는 블로그의 성장과 더불어 주요 키워드의 상위노출을 목표로 하는 블로거에게 필수적인 작업입니다.

01. 키워드 관리의 필요성

키워드를 체계적으로 관리하지 않고 포스팅을 이어가다 보면, 주제와 일관성이 맞지 않거나 중요한 키워드를 놓치는 경우가 생길 수 있습니다. 특히, 여러 개의 키워드를 동시에 관리하는 경우 엑셀 파일을 통해 키워드를 시각적으로 정리해 두면, 블로그의 전체 흐름을 파악하고 전략적으로 포스팅을 작성하는 데 큰 도움이 됩니다.

50개의 포스팅 이후 상위노출을 통해 키워드를 노출시켰다고 하더라도 키워드에 따라 짧게는 1~3일, 길게는 6개월 이상 키워드 노출이 유지되기 때문에 꾸준한 모니터링과 관리를 통해 노출에서 밀린 키워드를 다시 한 번 더 사용해 주는 것도 중요합니다.

① 효율적인 키워드 관리
블로그를 운영하면서 선택한 키워드들이 많아질수록, 이를 정리하고 추적하기 어려워집니다. 엑셀 파일을 통해 검색량, 경쟁도, 사용 빈도, 상위노출 여부 등을 한눈에 관리할 수 있어, 효율적으로 블로그를 운영할 수 있습니다.

② 최적화된 콘텐츠 작성
키워드 관리 엑셀 파일을 사용하면, 각 키워드의 경쟁 상황과 성과를 실시간으로 파악할 수 있습니다. 이를 바탕으로 어떤 키워드에 더 집중해야 할지, 그리고 어떤 키워드를 추가로 활용해야 할지 결정하는 데 도움이 되며, 블로그 운영의 전반적인 기획을 잡는 데에도 큰 도움이 됩니다.

02. 엑셀 파일을 통한 키워드 관리의 장점

① 데이터 기반 전략 수립

키워드 관리 엑셀 파일은 단순한 기록 도구를 넘어, 데이터 기반의 전략적 결정을 내릴 수 있게 해줍니다. 검색량이 높은 키워드와 경쟁도가 낮은 키워드를 정리한 데이터를 바탕으로 블로그 포스팅 계획을 세울 수 있습니다.

② 트렌드 변화에 대응

블로그 운영 중 검색 트렌드가 변화할 수 있습니다. 엑셀 파일로 정리된 키워드 데이터를 통해, 특정 키워드의 트렌드 변화를 쉽게 파악할 수 있으며, 이에 맞춰 빠르게 대응할 수 있습니다. 이는 블로그가 최신 트렌드에 민감하게 반응하고, 지속적으로 방문자를 유입할 수 있는 중요한 전략입니다.

③ 키워드 가지치기 전략의 효과적 관리

하나의 핵심 키워드를 중심으로 파생된 다양한 하위 키워드들을 엑셀 파일로 관리하면, 키워드 가지치기 전략을 효과적으로 실행할 수 있습니다. 이를 통해 관련성 높은 다양한 콘텐츠를 작성할 수 있으며, 블로그가 특정 분야에서 권위자(Creator)로 자리잡는 데 도움을 줍니다.

3-5 키워드 엑셀 만들기

지금까지의 내용은 모두 이 '엑셀 만들기'를 위해 작성이 되었다고 해도 과언이 아닙니다. 지금부터는 실제로 키워드 엑셀을 만드는 방법에 대해 안내하도록 하겠습니다.

01. 키워드 관리 엑셀 데이터 구성 요소

① 키워드	② 검색수	③ 경쟁도	④ 서브 키워드1	서브 키워드2	⑤ 제목	⑥ 스마트블록1	스마트블록2	스마트블록3

① **[키워드] 열**: 블로그 포스팅을 위해 소싱한 키워드의 리스트입니다. 이번 섹션에서는 '노가다' 수준으로 키워드를 소싱하는 방법을 안내하고, 뒷부분에 AI를 활용해서 키워드를 소싱하는 방법을 알려 줍니다.

② **[검색수] 열**: 해당 키워드의 월 검색량을 정리해 둡니다. 경쟁도 데이터와 함께 블랙키위에서 쉽고 빠르게 데이터를 받아 올 수 있습니다.

③ **[경쟁도] 열**: 블로그 월 발행량 수를 알 수 있는 데이터입니다. 블랙키위의 간편 키워드 조회를 통해 빠르게 데이터를 수집할 수 있습니다.

④ **[서브키워드] 1~2열**: 키워드 열에 있는 키워드와 함께 블로그 포스팅을 할 때 사용할 서브 키워드의 리스트입니다. 서브 키워드의 역할은 메인 키워드와 함께 블로그 포스팅을 하면서 함께 상위노출을 공략하거나, '다음번 포스팅 시 메인 키워드로 활용하기 이전에 깔아 놓기 위한' 역할을 합니다.

⑤ **[제목] 열**: 메인 키워드와 서브 키워드를 활용해서 어떤 제목을 만들 것인지 미리 정해 놓는 것입니다. 키워드 엑셀 파일을 통해 어떤 콘텐츠를 업로드할 것인지에 대한 기획도 함께 합니다.

⑥ **[스마트블록] 1~3열**: 블로그 로직은 '모' 키워드와 '자' 키워드로 구분이 됩니다. 실제 '모' 키워드 발행 시 노출은 '자' 키워드가 나오기 때문에 스마트블록에 노출되는 자 키워드를 우선적으로 활용해야 합니다. 이와 관련한 내용은 뒷부분에 알고리즘과 함께 안내하겠습니다.

02. 데이터 소싱

① **키워드 열 데이터 뽑기**

AI를 활용하면 쉽고 빠르게 갈 수 있지만, 좋은 키워드를 발굴하는 원리와 이론을 알면 좋은 키워드를 더 다채롭게 활용할 수 있습니다. 키워드를 소싱하고 발굴하는 과정은 그 자체로 '디지털 노가다'라고 할 수 있습니다.

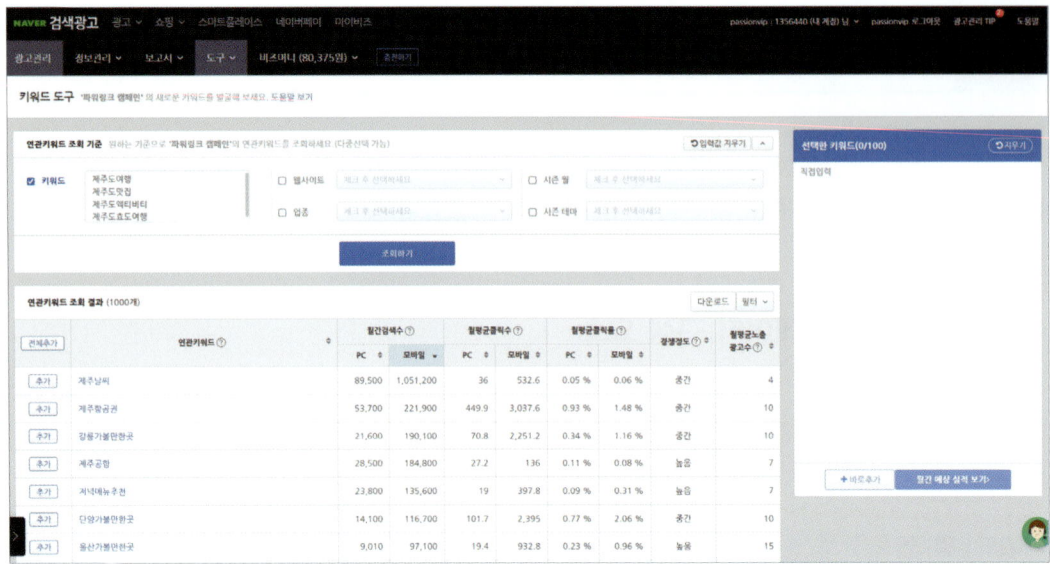

▲ [키워드 도구]에서 키워드 5개씩 검색하기

우선, '네이버 검색광고(https://searchad.naver.com/)'의 '키워드 도구'를 먼저 활용합니다. 키워드를 가장 많이 확인하고 소싱할 수 있는 사이트이기 때문에 가장 먼저 활용하면 좋습니다. 포스팅할 주제와 관련된 키워드를 검색하면 최대 1천 개의 연관 키워드 데이터가 나옵니다.

> • **메뉴**: [네이버 검색광고] 메인 > [도구] > [키워드 도구]

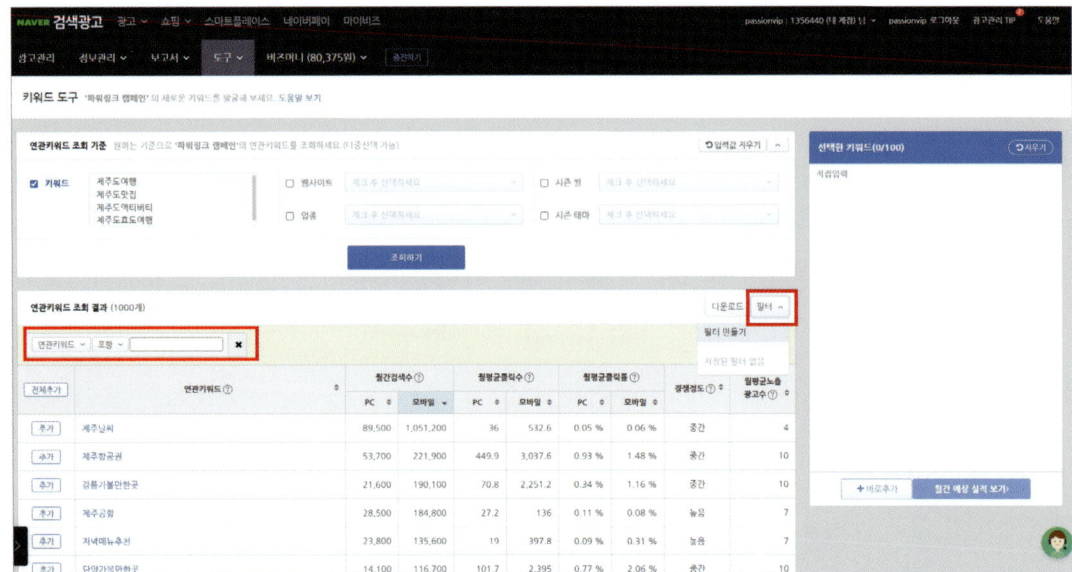

▲ 필터 기능 활용

필터 기능을 활용해서 데이터를 필터링하여 조금 더 쉽게 키워드를 발굴할 수도 있습니다.

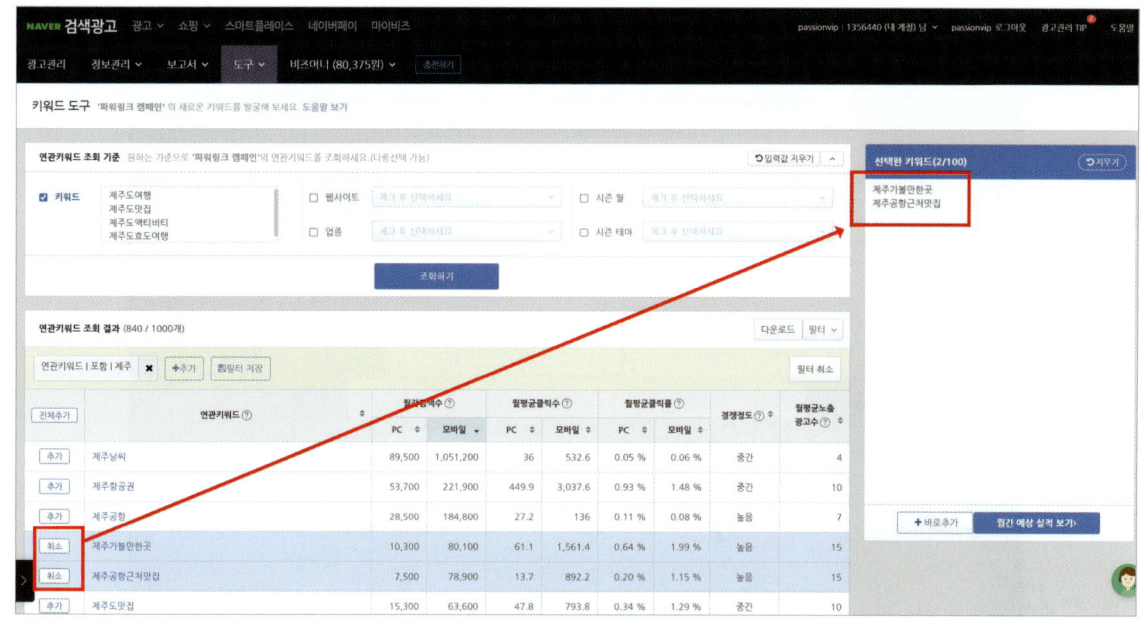

▲ 키워드와 리스팅

내 블로그에 포스팅할 수 있는 가능성이 조금이라도 있다면 해당 키워드에서 마우스 오른쪽 버튼을 클릭하고, 열린 컨텍스트 메뉴에서 [추가]를 선택하면, 오른쪽에 키워드가 메모됩니다. 해당 키워드들을 엑셀에 추가해 주면 됩니다.

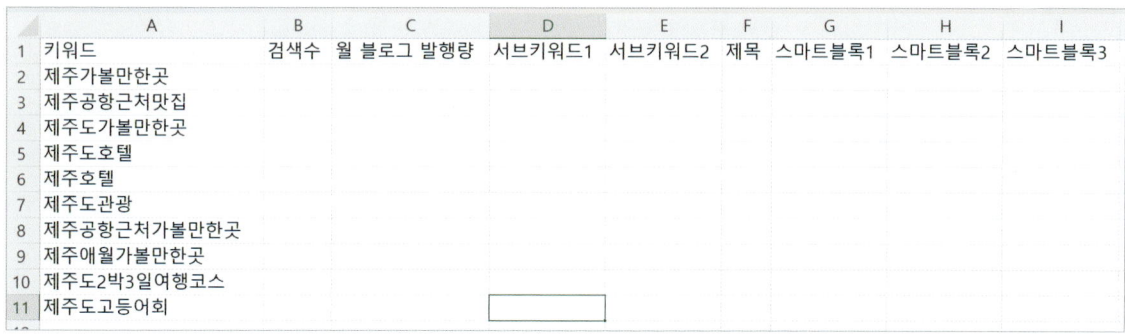

▲ 소싱한 키워드를 엑셀에 정리

저는 예시로 10개(제주가볼만한곳, 제주공항근처맛집, 제주도가볼만한곳, 제주도호텔, 제주호텔, 제주도관광, 제구공항근처가볼만한곳, 제주애월가볼만한곳, 제주도2박3일여행코스, 제주도고등어회)의 키워드를 가져와 봤습니다.

이제 검색수와 월 블로그 발행량 데이터도 정리해 줄 차례입니다. 블랙키위의 [간편 키워드 조회] 기능을 활용하면 두 유형의 데이터를 쉽고 빠르게 받아 올 수 있습니다.

- **메뉴**: [블랙키위] > [모든 서비스] > [간편 키워드 조회]

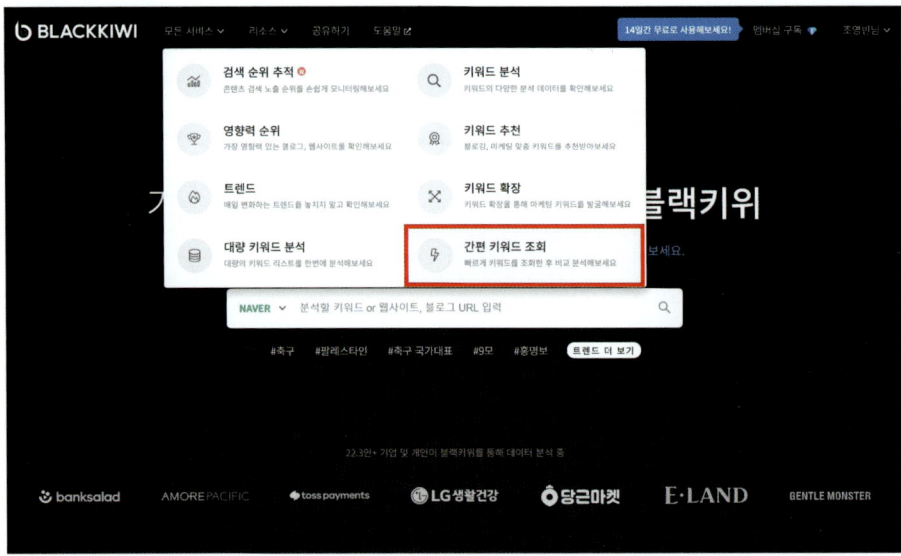

▲ 간편 키워드 조회

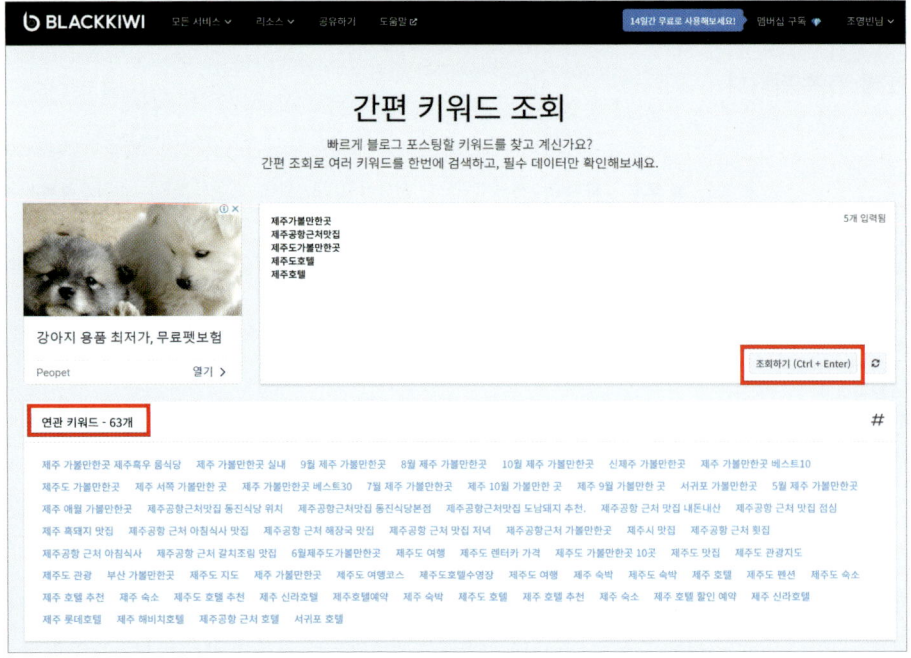

▲ 간편 키워드 조회 검색 결과

키워드를 5개씩 조회하면, 키워드의 연관 키워드 데이터도 함께 나옵니다. 여기서도 키워드 소싱이 가능합니다. 마음에 드는 키워드를 클릭하면 해당 키워드의 데이터도 하단에 함께 표기됩니다.

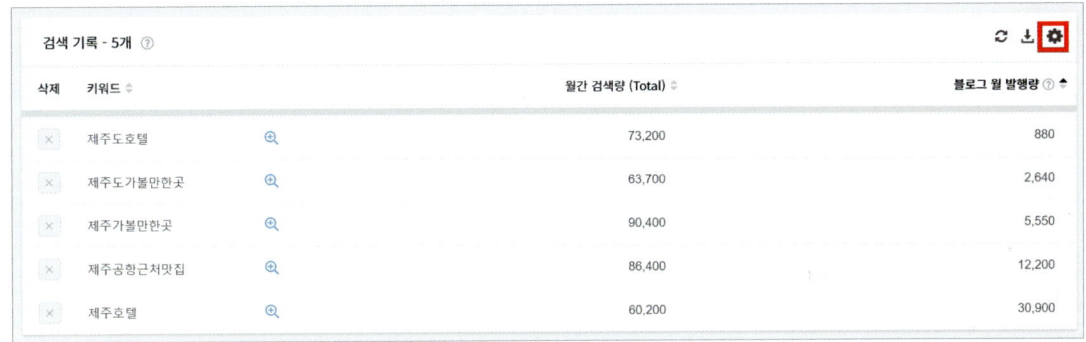

▲ 키워드 조회

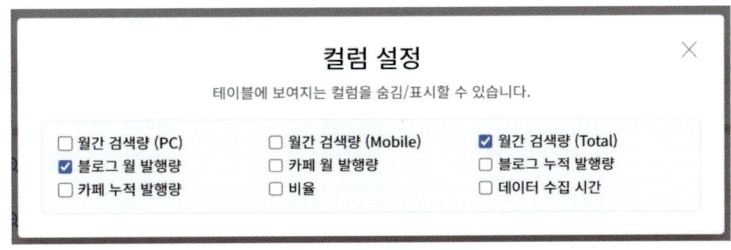

▲ 블랙키위에서 빠르고 간편하게 데이터 받아 오기

조회한 키워드들의 데이터를 받아 볼 수 있습니다. 오른쪽 상단에 위치한 톱니바퀴 모양의 [설정] 버튼을 눌러서 월간 검색량, 블로그 월 발행량 데이터를 설정해야 다음 그림처럼 데이터를 골라서 받아 볼 수 있습니다.

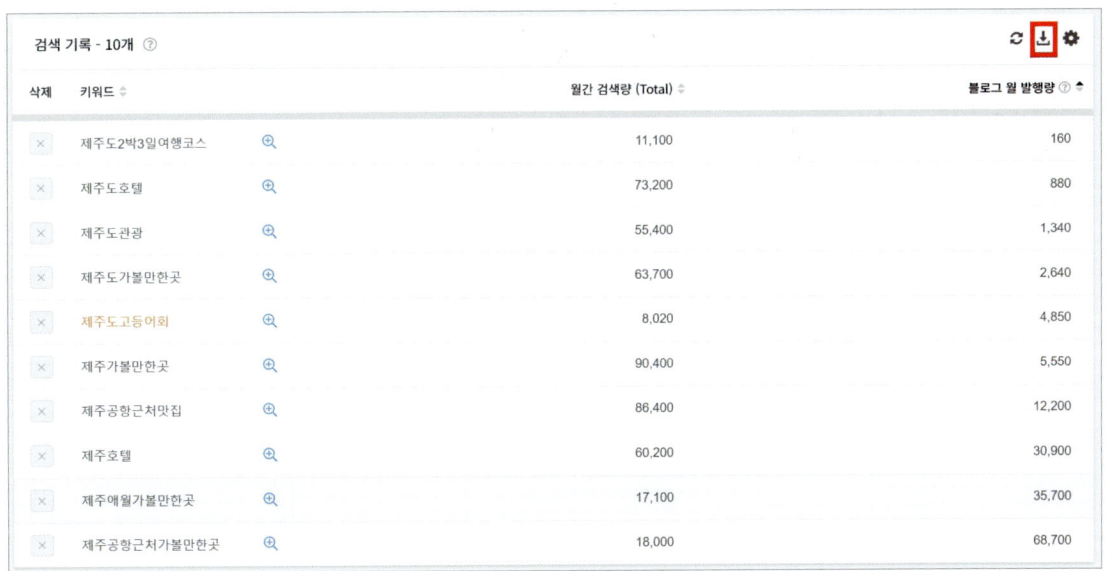

▲ 키워드 데이터 다운로드하기

제가 임시로 받아 온 10개의 데이터 리스트입니다. 오른쪽 상단의 [다운로드] 버튼을 누르면 엑셀 파일로 데이터를 받아 올 수 있습니다. 다운로드 후 데이터를 복사한 후 붙여 넣어서 기존의 키워드 관리 엑셀 파일에 넣어 주면 됩니다.

	A	B	C	D	E	F	G	H	I
1	키워드	검색수	월 블로그 발행량	서브키워드1	서브키워드2	제목	스마트블록1	스마트블록2	스마트블록3
2	제주도2박3일여행코스	11050	158						
3	제주도호텔	73200	880						
4	제주도관광	55420	1341						
5	제주도가볼만한곳	63700	2641						
6	제주도고등어회	8020	4849						
7	제주가볼만한곳	90400	5548						
8	제주공항근처맛집	86400	12186						
9	제주호텔	60200	30885						
10	제주애월가볼만한곳	17080	35748						
11	제주공항근처가볼만한곳	18000	68665						

▲ 추출한 키워드 데이터 붙여넣기

저는 10개로 예시를 들었지만, 키워드는 다다익선! 많이 찾아올수록 좋습니다. 일단은 데이터만으로 판단하는 것이지만, "제주도2박3일여행코스" 키워드가 검색량도 많고, 경쟁 정도는 적은 것을 한눈에 확인할 수 있습니다.

- **검색수**: 11,050건
- **월 블로그 발행량**: 158건

	A	B	C	D	E	F	G	H	I
1	키워드	검색수	월 블로그 발행량	서브키워드1	서브키워드2	제목	스마트블록1	스마트블록2	스마트블록3
2	제주도2박3일여행코스	11050	158	제주도호텔					
3	제주도호텔	73200	880	제주도관광					
4	제주도관광	55420	1341	제주도가볼만한곳					
5	제주도가볼만한곳	63700	2641	제주도고등어회					
6	제주도고등어회	8020	4849	제주가볼만한곳					
7	제주가볼만한곳	90400	5548	제주공항근처맛집					
8	제주공항근처맛집	86400	12186	제주호텔					
9	제주호텔	60200	30885	제주애월가볼만한곳					
10	제주애월가볼만한곳	17080	35748	제주공항근처가볼만한곳					
11	제주공항근처가볼만한곳	18000	68665						

▲ 포스팅 순서 정하기

그리고, 키워드 나열은 "월 블로그 발행량" 오름차순으로 설정하는 것이 좋습니다. 블로그 포스팅은 [경쟁강도가 낮은 순서대로]를 선택하는 것이 유리합니다. 화살표의 순서대로, 경쟁량이 적은 키워드부터 천천히 블로그 포스팅을 준비합니다.

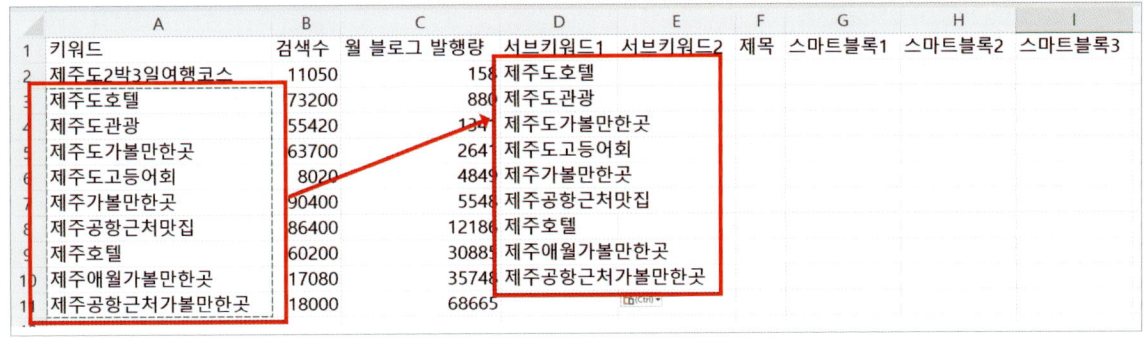

▲ 서브키워드1 영역 채워 넣기

A열의 키워드 데이터를 D열의 서브키워드1의 자리에 복사한 후 붙여 넣습니다. 맨 첫 번째 키워드 A열 2행(제주도2박3일여행코스) 바로 아래부터 복사하면 됩니다.

블로그 발행량이 적은 순서대로 포스팅을 할 것이기 때문에 A열 2행 키워드(제주도2박3일여행코스) 포스팅 다음의 포스팅은 A열 3행 키워드(제주도 호텔)가 됩니다. 그러므로 A열 2행 키워드로 포스팅을 하면서 A열 3행 키워드를 활용해 둠으로서 다음에 A열 3행 키워드를 메인 키워드로 포스팅을 할 때 조금이라도 더 상위노출이 될 수 있도록 힘을 실어 주는 것입니다.

▲ 서브키워드2 정하기

서브키워드2 부분 역시 다음번에 포스팅을 할 키워드를 미리 준비하면 좋기 때문에 D열 3행부터 복사해서 붙여넣기해 주는 것이 이론적으로는 가장 좋지만, 실제 활용은 어렵습니다. 그래서 서브키워드2 영역에는 내가 소싱한 전체 키워드 중 A열의 키워드와 D열의 서브키워드1과 함께 사용하면 좋은 키워드를 골라 놓는 것이 활용도 면에서 훨씬 유리합니다.

▲ 키워드, 서브키워드1~2 정리

저는 10개의 키워드만 추출해서, 활용할만한 키워드의 예시가 적지만 키워드를 많이 찾아 놓으면 어떤 키워드를 함께 해야 좋을지에 대한 고민은 하지 않아도 됩니다. 블로그 포스팅을 할 때는 항상 '다음'도 준비를 미리 해두면 좋습니다.

1번 포스팅을 하면서 2번의 포스팅에 사용할 키워드를, 2번의 포스팅을 하면서 3번에 사용할 포스팅의 키워드를 미리 활용함으로써 다음번 키워드 활용 시 힘을 실어 주는 전략입니다.

▲ 제목 정하기

다음에 할 일은 블로그 제목을 정하는 일입니다. 블로그 제목에는 포스팅할 문서의 컨셉과 대략적인 흐름을 정해 놓을 수 있기 때문에 제목만 잘 정리해 두어도 앞으로 어떤 블로그 포스팅을 할지 미리 준비할 수 있습니다. 키워드와 서브키워드1, 서브키워드2를 잘 조합해서 블로그 제목을 미리 만들어 두면 내가 앞으로 어떤 포스팅을 준비하고 어떤 사진을 필요로 하는지 알 수 있습니다!

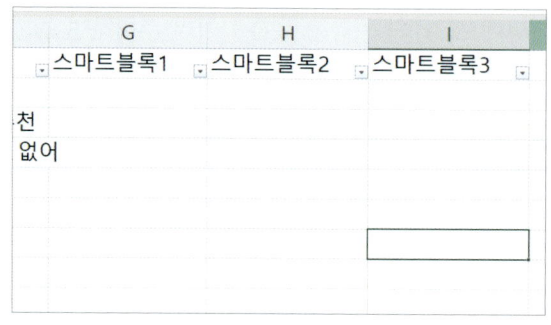

▲ 스마트블록 키워드 정리하기

다음은 스마트블록을 정리할 차례입니다. 모 키워드는 내가 찾은 A열의 키워드이고, 스마트블록1~3에는 자 키워드 3개를 넣어 주면 됩니다.

▲ 스마트블록, 자 키워드 모니터링

- 모 키워드 = 제주도2박3일여행코스
- 자 키워드 = 겨울제주도2박3일여행코스, 8월제주도2박3일여행코스, 6월제주도여행코스

검색하는 키워드를 모 키워드라고 하며, 우리가 찾은 메인키워드를 하나씩 검색해 보면 됩니다.

모 키워드 검색 시 실제로 나타나는 검색결과의 키워드를 자 키워드라고 합니다. 스마트블록1~3열에 채워 넣어 주면 됩니다.

사실, 2023년에 업데이트된 이 스마트블록 때문에 서브키워드를 활용하는 방식이 바뀌었습니다. 이전에는 모 키워드 검색 시 모 키워드 활용 문서가 나왔기 때문에 블로그 포스팅의 키워드는 항상 〈메인키워드 + 다음에 사용할 키워드 2개〉의 조합으로 제목을 만들고, 문서 내 키워드를 반복해 줬습니다.

하지만, 지금은 〈메인키워드 + 스마트블록 키워드〉를 활용해야 합니다. 그래야 메인 키워드 문서의 검색 결과에서 상위노출을 만들 수 있습니다. 그래서 제가 추천하는 방식은 〈메인키워드 + 서브키워드1 + 스마트블록 키워드1〉입니다.

당장 스마트블록 키워드를 활용해야 검색 결과에 노출되기 때문에 무조건 포함해야 합니다. 하지만 스마트블록 키워드는 롤링이 잦은 편이기 때문에 서브 키워드를 활용하여 다음번의 포스팅을 미리 준비해서 조금이라도 더 점수를 높여 놓는 것이 좋습니다.

> **투데이 300 만드는 방법**
>
> 1. 키워드 엑셀표 작성하기
> 2. 좋은 키워드 선별하기
> 3. 거인의 어깨 위에 올라타기
>
> - 일상에서 쉽게 만날 수 있는 식당/카페 이름,
> - 사용하고 있는 브랜드 제품 리뷰

▲ 블로그 투데이 300 만드는 방법

지금까지의 내용을 정리하면 다음과 같습니다.

> 📖 **정리**
> - 키워드 엑셀표를 활용해서 경쟁도가 낮은 키워드의 노출부터 공략
> - 다음번에 포스팅할 키워드의 관리 및 준비
> - 거인의 어깨 위에 올라타는 전략을 통해 직접 찍은 사진의 수급
> - 더불어 블로그 투데이 수 높이기
> - 네이버 검색 로봇이 좋아하는 블로그 만들기

저는 이 방법의 최소 목표를 투데이 300이라고 생각합니다. 사실, AI를 활용하면 좋은 키워드를 빠르게 선별해 낼 수 있기 때문에 투데이'만' 높이는 것은 정말 쉽습니다. 진짜 어려운 것은 '블로그 최적화'입니다. 우리가 원하는 블로그는 투데이가 높은 블로그가 아니라 내가 사용한 키워드를 제대로 노출시켜 주는 최적화 블로그이기 때문에 블로그를 시작한 초반에는 최대한 직접 찍은 사진과 체류 시간이 높은 글을 발행하는 연습을 하는 것이 중요합니다.

지금까지의 방법에 블로그에 '전문성'을 더하면 최적화 블로그를 만들어 낼 수 있습니다. 그렇기 때문에 블로그를 시작하기 이전부터 어떤 주제에서 전문성 점수를 만들어 낼 수 있는지 결정해야 합니다.

그리고, 직접 찍은 사진과 좋은 키워드를 활용해서 블로그가 키워드 검색 시 노출이 될 수 있는 최소 조건(투데이 300)을 달성한 이후 전문성 있는 포스팅을 통해 전문성 점수를 쌓고 최적화 블로그를 만들고, (가능하다면) 네이버 인플루언서에도 도전해야 합니다.

CHAPTER 04
네이버가 좋아하는 원고 작성법

4-1 알고리즘이 좋아하는 글쓰기

네이버 블로그에서 상위노출을 달성하려면 네이버의 알고리즘이 좋아하는 글쓰기를 이해하고, 그에 맞춰 콘텐츠를 작성하는 것이 중요합니다. 네이버는 지속적으로 사용자 경험을 중시하는 방향으로 알고리즘을 개선하고 있으며, 이에 맞는 글쓰기 방식을 도입하면 상위노출 가능성이 크게 높아집니다. 이번 챕터에서는 네이버 알고리즘이 선호하는 글쓰기 방식과 블로그 포스팅에서 주의해야 할 사항들을 구체적으로 설명합니다.

01. 사용자 중심의 콘텐츠

네이버 알고리즘은 사용자 중심의 콘텐츠를 선호합니다. 이는 단순히 검색어에 맞는 키워드를 나열하는 것만으로는 부족하며, 실제로 사용자에게 유용한 정보를 제공하는 글을 더 높이 평가한다는 의미입니다.

요즘은 스마트블록을 통해서 가시적으로 키워드를 검색하는 유저들이 어떤 검색 결과를 원하는지 파악할 수 있습니다. 평소 키워드 모니터링하는 습관을 만들어서 어떤 주제와 구조로 블로그를 포스팅해야 하는지 조사하는 것이 좋습니다.

① **실제 경험과 유용한 정보 제공**
단순히 상품이나 서비스에 대해 나열하는 방식보다, 실제 경험을 바탕으로 한 구체적이고 실질적인 정보를 제공하는 것이 중요합니다. 예를 들어, 제품 리뷰를 작성할 때, 제품의 장점과 단점을 솔직하게 기술하고, 사용자가 필요로 하는 핵심 정보를 포함시키는 것이 좋습니다. 이는 블로그 방문자들에게 더 높은 신뢰를 주며, 알고리즘에도 긍정적인 영향을 미칩니다.

이와 더불어 꼼수 아닌 꼼수를 추천한다면, 네이버는 '~했어요' 형태의 과거형 문체를 좋아한다는 것입니다. 네이버봇이 실제 경험에 기반한 문서라고 인식하는 것 같습니다. 정확한 과거의 날짜와 더불어 과거형 문체를 활용하면 조금 더 상위노출에 유리합니다.

② **특정주제와 키워드에 대한 전문성 확보**

주기적으로 특정 주제(내가 선택한 주제)에 대해서 칼럼 형태의 문서를 발행하는 것이 좋습니다. 네이버는 '오리지널 콘텐츠'와 '전문가 콘텐츠'를 선호합니다. 네이버 검색 결과에 더 많이 노출되는 것은 물론, 추후 인플루언서 선정 시에도 얼마나 전문성 있는 글을 발행하는 블로거인지가 인플루언서 선정에 크게 반영됩니다.

▲ 제가 운영 중인 블로그의 블로그 지수입니다.

계속 강조하지만, 투데이를 높이는 것은 너무 쉽고, 투데이는 블로그 지수에 그리 큰 영향을 미치지 않습니다. 내 블로그 지수에 가장 큰 점수는 내가 발행한 게시글 하나하나의 최적화 점수입니다. 저는 최적2~최적4의 블로그를 운영하지만, 투데이는 1,000이 채 되지 않습니다. 투데이가 낮을 때는 500 이하로 떨어지는 경우도 있습니다. 투데이와 블로그 지수는 무조건 비례하는 것은 아닙니다.

02. 글의 가독성과 체류 시간

알고리즘은 방문자가 해당 블로그에서 얼마나 오래 머무는지를 중요하게 평가합니다. 이때, 글의 가독성은 사용자가 글을 끝까지 읽도록 유도하는 핵심 요소입니다. 특히 체류 시간의 경우 다른 어뷰징 작업에 비해 작업이 까다롭기 때문에 댓글이나 공감 등의 네이버 점수에 비해 체류 시간을 높게 평가해 줍니다.

① 짧은 문장과 명확한 구조

글을 읽기 쉽게 만들기 위해서는 짧은 문장을 사용하고, 글의 흐름을 명확하게 구성해야 합니다. 긴 문장은 독자들의 집중력을 떨어뜨릴 수 있으므로, 중요한 정보는 간결하고 명료하게 전달하는 것이 좋습니다. 또한, 네이버 로봇도 구조화된 글을 좋아하기 때문에 짧고 명확한 구조의 글을 작성하는 습관을 만드시는 것이 좋습니다.

② 소제목과 리스트 사용

글을 구분할 때 소제목과 리스트를 활용하면 가독성이 높아집니다. 독자들이 원하는 정보를 빠르게 찾을 수 있도록 소제목을 적절히 배치하고, 필요한 경우 리스트 형식으로 정보를 나열하는 것이 좋습니다. 이를 통해 사용자는 더 오랜 시간 블로그에 머물게 되며, 이는 알고리즘에서 긍정적인 평가로 이어집니다. 또한, '스니펫 알고리즘'으로 인해 네이버는 구조화된 문서를 더 선호하고 있습니다. 스니펫 알고리즘을 간단하게 표현하자면 '큐레이션 구조'라고 할 수 있겠습니다. 상위노출 문서를 작성할 때 소제목은 선택이 아닌 필수입니다.

원고를 작성할 때는 이미 상위노출된 문서들을 참고해서 어떤 구조와 스토리텔링을 가져가는지 파악하는 것과 더불어, 내 글을 소제목을 활용해 구조화하는 연습을 하는 것이 중요합니다. 기승전결의 구조, 자연스러운 스토리텔링, 글 내용의 요약, 표와 같은 정리된 참고자료 활용 등이 네이버가 선호하는 문서이니 이를 꼭 기억해 두기 바랍니다. 저는 상위노출 원고를 작성하는 블로그 마케팅 업체와도 일을 하고 있습니다. 저와 이 업체의 공통적인 원고 작성 방법은 다음과 같습니다.

상위노출에 유리한 원고 작성 방법
- 제목에 메인키워드 3개 이하 활용
- 본문에 메인키워드와 서브키워드를 활용
- 상위노출된 원고들의 키워드 밀도와 비슷한 수준으로 키워드 반복 및 글자수 활용
- 1~10번까지의 소제목과 인용구 활용
- 동영상 활용
- 표 활용
- 요약형 마무리
- 해시태그 활용

③ 이미지와 동영상, 움짤 활용

글의 중간에 이미지나 동영상을 적절히 삽입하여 콘텐츠의 시각적 효과를 높이는 것이 좋습니다. 네이버는 이미지와 같은 멀티미디어 요소가 포함된 포스팅을 선호하는 경향이 있으며, 이는 사용자의 체류 시간을 늘리기에도 효과적입니다.

블로그는 기본적으로 '이미지+텍스트' 포맷을 기반으로 합니다. 적절한 멀티미디어 요소의 활용은 문서에 높은 점수를 반영해 줌과 동시에 검색자들의 체류 시간을 더 길게 끌고 갈 수 있는 포인트가 됩니다.

특히, 움짤은 블로그 문서의 최상단과 중간 중간에 배치해서 검색자들의 이목을 집중시키는 것이 중요합니다. 블로그 움짤은 'EZgif(https://ezgif.com/)'라는 사이트를 이용하면 빠르고 쉽게 만들어 낼 수 있습니다.

03. 키워드의 자연스러운 배치

네이버 블로그 상위노출을 위해서는 키워드 최적화가 필수적입니다. 그러나 알고리즘은 단순히 키워드의 반복만으로는 상위노출을 보장하지 않습니다. 키워드는 자연스럽게 글의 흐름 속에 녹아들어야 하며, 지나치게 많은 키워드를 남발하는 것은 오히려 부정적인 영향을 미칠 수 있습니다.

① 키워드 밀도

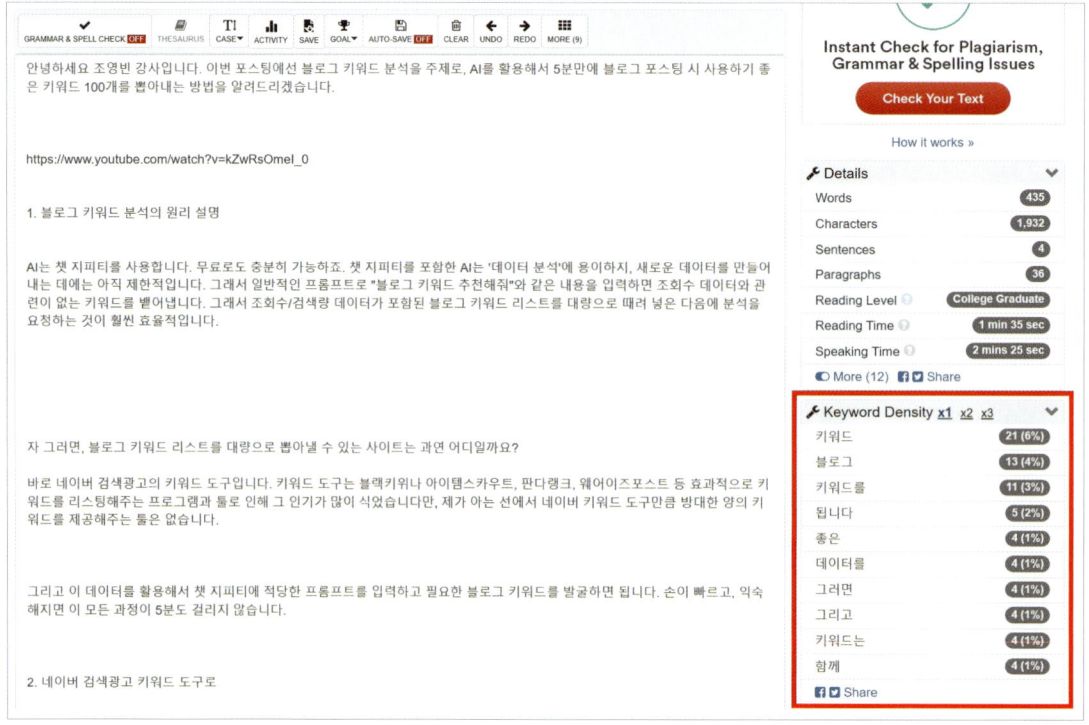

▲ 워드 카운터 - 키워드 밀도 체크

적당한 키워드 반복은 이미 상위노출되어 있는 문서들을 참고하는 것이 좋습니다. 전체 글자수/키워드반복 수를 '키워드 밀도'라고 하는데, 이 키워드 밀도가 이미 상위노출되어 있는 문서들과 비슷하면 좋습니다.

키워드 밀도는 워드 카운터(https://wordcounter.net/)라는 사이트를 통해 쉽고 빠르게 확인할 수 있습니다.

② **적절한 키워드 밀도 유지**

주요 키워드는 글의 제목, 첫 문단, 본문에 자연스럽게 포함되어야 합니다. 그러나 키워드를 과도하게 사용하면 글의 자연스러움을 해칠 수 있으므로, 키워드 밀도를 적절히 유지하는 것이 중요합니다. 일반적으로 전체 글의 2~3% 정도의 키워드 밀도가 적당하다고 알려져 있습니다만, 키워드마다 성격이 다르기 때문에 꼭 상위노출을 하고 싶은 키워드가 있다면 워드 카운터를 활용하기 바랍니다!

키워드 반복이 너무 심하면, 즉 키워드 밀도가 너무 높으면 네이버는 '어뷰징(abusing, 「오용 · 남용 · 폐해 · 학대」 등을 뜻하는 말로, 인터넷 포털사이트에서 검색을 통한 클릭 수를 늘리기 위해 중복·반복 기사를 전송하거나 인기 검색어에 올리기 위해 클릭 수를 조작하는 행위)' 문서로 파악할 가능성이 높아집니다. 키워드 반복을 줄이면서 키워드 점수를 높이는 좋은 방법 중에 하나는 동의어나 유사 표현을 활용하는 방법입니다. 예를 들어서 "올리브유"라는 키워드를 사용한다면 "올리브오일"이라는 대체 키워드로 대신하여 반복 수를 높여 주는 것입니다.

③ **제목과 태그에 키워드 반영**

글의 제목과 태그에도 키워드를 자연스럽게 포함해야 합니다. 특히 제목은 블로그 포스팅의 가장 중요한 요소 중 하나이므로, 사용자들이 검색할 때 클릭하고 싶어 할 만한 매력적인 키워드 조합을 사용하는 것이 좋습니다.

▲ 블로그 태그 추천

또한, 최근 네이버 블로그 업데이트 내역 중 하나가 같은 태그를 사용한 다른 블로거의 문서를 노출시켜 주는 것입니다. 이전까지의 태그의 역할은 상위노출을 위해 키워드를 한 번 더 반복하는 수준이었다면, 지금은 다른 블로거들의 문서 하단에 태그를 통한 노출도 가능해졌습니다.

04. 독창적인 콘텐츠 작성

네이버 알고리즘은 유사문서, 중복 콘텐츠를 매우 부정적으로 평가합니다. 다른 블로그의 글을 그대로 복사하거나, 유사한 내용의 콘텐츠를 반복 작성하면 오히려 검색 결과에서 불이익을 받을 수 있습니다. 뒷부분에 AI를 활용한 포스팅 자동화에 대해서도 설명을 하겠지만, 최대한 유사문서를 피하면서 〈나만의 콘텐츠 발행〉을 연습하는 것이 중요합니다.

① 오리지널 콘텐츠 작성
블로그 포스팅은 독창적이고 유일한 콘텐츠여야 합니다. 이를 위해, 기존 자료를 참고하더라도 자신의 경험과 관점을 포함시켜 독자들에게 새로운 가치를 제공하는 콘텐츠를 작성하는 것이 중요합니다.

② 콘텐츠의 깊이
단순한 정보 나열보다는, 해당 주제에 대해 깊이 있는 분석과 설명을 제공하는 것이 좋습니다. 예를 들어, 특정 제품 리뷰를 작성할 때, 단순한 스펙 나열보다는 사용자 경험과 세부적인 장단점을 강조하면 독자들의 신뢰를 얻고, 네이버 알고리즘도 이를 긍정적으로 평가합니다. 일반적으로 1,500자/사진 10장/동영상 1개가 좋은 문서의 최소 조건으로 알려져 있습니다.

> **좋은 문서의 최소 조건**
> - **텍스트 길이**: 1,500자
> - **사진**: 10장
> - **동영상**: 1개

05. 정기적인 업데이트와 관리

네이버 알고리즘은 정기적으로 업데이트되는 블로그를 선호합니다. 오랜 기간 새로운 콘텐츠가 없으면, 블로그의 노출 가능성이 떨어질 수 있습니다. 물론, 블로그 최적화에 성공하면 콘텐츠 업로드의 주기보다는 콘텐츠의 개별적인 퀄리티가 훨씬 지수에 중요한 역할을 합니다.

① **주기적인 포스팅**

꾸준한 포스팅이 블로그를 활성화시키고 상위노출에 기여합니다. 하루에 1~2개의 글을 꾸준히 작성하는 것이 이상적이며, 이를 통해 블로그가 지속적으로 노출될 수 있습니다. 블로그 글을 쓰는 주기는 최적화가 될수록 빈도가 적어져도 됩니다. 처음 최적화 작업을 할 때는 최신성 점수를 쌓아 나가면서 1일 n포스팅을 해야 하지만, 최적화가 된 이후에는 포스팅의 빈도보다는 문서의 퀄리티가 더 중요합니다.

② **기존 콘텐츠의 업데이트**

오래된 포스팅을 주기적으로 업데이트하는 것도 효과적입니다. 새로운 정보나 트렌드가 반영된 내용을 추가하거나, 이미지를 교체하여 콘텐츠의 신선함을 유지하는 것이 중요합니다. 특히, 내 블로그에 꾸준히 유입을 만들어 주는 키워드(흔히 롱테일 키워드라고 하죠.)가 있다면 해당 키워드의 검색 결과 순위가 떨어졌을 때 다시 해당 키워드를 활용해서 끊임없는 유입을 만드는 것이 좋습니다.

4-2 블로그할 때 가져야 하는 습관

블로그를 운영할 때 꾸준한 관리와 좋은 습관은 최적화와 성장을 위한 필수 요소입니다. 블로그를 장기적으로 운영하며 성공적인 결과를 얻기 위해서는 몇 가지 핵심 습관을 가지고 실천하는 것이 매우 중요합니다. 이번 섹션에서는 블로그 운영에 있어 가져야 할 좋은 습관들을 설명합니다.

01. 꾸준한 포스팅 습관

꾸준한 포스팅은 블로그 최적화의 핵심입니다. 검색엔진은 주기적으로 콘텐츠가 업데이트되는 블로그를 더 신뢰하며, 꾸준한 포스팅은 검색엔진이 블로그를 활성화된 블로그로 인식하게 합니다.

① **포스팅 주기 설정**

일관된 포스팅 주기를 설정하고 이를 지키는 것이 중요합니다. 예를 들어, 하루에 한두 개의 포스팅을 작성하여 블로그를 꾸준히 업데이트하고, 검색엔진이 블로그에 대한 신뢰도를 높이도록 합니다. 최적화 초기 단계에는 더 자주 포스팅하여 초기 활성화 단계를 빠르게 넘기는 것이 좋습니다.

② **양보다 질**

블로그의 최적화 단계가 올라갈수록 포스팅의 양보다 질이 더 중요해집니다. 꾸준히 포스팅하면서도 콘텐츠의 질을 유지하거나 개선하는 것이 중요하며, 이는 독자들이 블로그를 자주 방문하고 신뢰하게 만드는 중요한 요소입니다.

02. 키워드 관리 습관: 엑셀 관리

블로그 운영에서 키워드 관리는 매우 중요합니다. 키워드 관리를 체계적으로 하는 습관을 들이면 상위 노출과 트래픽 유입에 큰 도움이 됩니다. 앞서 설명한 키워드 엑셀 관리 내용을 완벽히 이해하고 실행해 주세요.

엑셀 파일을 사용하여 주요 키워드와 검색량, 경쟁도를 기록하고 관리하는 것이 좋습니다. 이를 통해 어떤 키워드를 언제 활용할지, 그리고 어떤 키워드가 성과를 냈는지 한눈에 파악할 수 있습니다. 블랙키위와 같은 도구를 활용해 키워드의 성과를 주기적으로 분석하는 것도 좋은 방법입니다.

03. 가독성을 높이는 습관

가독성은 독자가 블로그에 머무는 시간을 늘리고, 체류 시간이 늘어나면 이는 알고리즘에 긍정적인 영향을 미칩니다.

① 짧은 문장과 명확한 구조
독자들이 블로그를 쉽게 읽고 이해할 수 있도록 짧은 문장과 명확한 구조를 유지하는 것이 좋습니다. 소제목을 사용하여 내용을 구분하고, 글의 흐름을 명확하게 설정하면 독자들이 원하는 정보를 빠르게 찾을 수 있음은 물론, 네이버의 스니펫 알고리즘으로 좋은 문서로 점수를 받을 수 있습니다.

② 이미지와 동영상 활용
글만으로 구성된 블로그보다는 적절하게 이미지나 동영상, 움짤을 삽입하여 시각적 요소를 강화하는 것이 좋습니다. 이는 독자들의 체류 시간을 늘리고, 글의 가독성을 높여 주는 중요한 습관입니다. 움짤은 맨 처음, 본문 중간, 마지막에 사용하면서 집중력에 환기를 더해 주는 요소로 활용하면 체류 시간도 늘어나게 됩니다.

04. 최신 트렌드에 맞춘 콘텐츠 업데이트 습관

최신 트렌드를 반영한 정기적인 콘텐츠 업데이트는 블로그의 활성화 유지에 도움이 됩니다. 블로그의 오래된 포스팅을 주기적으로 업데이트하여 새로운 정보를 반영하고, 독자들(블로그 방문자)에게 신선한 콘텐츠를 제공하는 것이 중요합니다. 또한, 네이버의 메인에 올라가는 영광을 누릴 수도 있습니다. 네이버의 메인에 한 번 등재되면 꾸준히 올라갈 수 있게 됩니다. 특히 사람이 관리하는 메인 영역들은 담당자가 한 번 체크한 블로그를 계속해서 모니터링하는 경향이 있습니다.

① 기존 콘텐츠 보완
기존에 작성한 포스팅이 최신 정보와 맞지 않다면, 내용을 업데이트하여 신뢰성을 유지할 필요가 있습니다. 이를 통해 독자들이 항상 유용한 정보를 얻을 수 있도록 하는 습관을 들여야 합니다.

② 트렌드 반영
새로운 키워드나 트렌드가 등장했을 때, 이에 맞춘 새로운 콘텐츠를 빠르게 제작하고 반영하는 것이 중요합니다. 이는 블로그의 최신성을 유지하면서, 검색 결과에서 더 높은 노출을 가능하게 합니다.

05. 독창적인 콘텐츠 작성 습관

네이버는 오리지널 콘텐츠를 중요하게 평가합니다. 다른 블로그에서 복사하거나 유사한 내용을 반복하는 것이 아니라, 자신만의 경험과 의견을 담은 독창적인 콘텐츠를 작성하는 습관을 들이는 것이 좋습니다.

① 경험을 바탕으로 한 리뷰

독자들에게 신뢰를 주기 위해서는 실제 경험을 바탕으로 한 콘텐츠를 제공해야 합니다. 제품 리뷰나 서비스 체험 후기를 솔직하고 구체적으로 작성하면, 독자들의 신뢰를 얻고, 블로그의 전문성도 강화할 수 있습니다.

② 깊이 있는 분석

단순한 정보 나열보다는 주제에 대해 깊이 있는 분석과 고유한 시각을 제시하는 것이 중요합니다. 이렇게 작성된 콘텐츠는 네이버 알고리즘에서 긍정적인 평가를 받을 확률이 높습니다.

지금까지 블로그에 대한 기본적인, 최적화를 위해 꼭 알아야 하는 내용을 전달했습니다. 네이버 블로그를 이제 막 시작한 초보자 수준의 눈높이에 맞추어 작성한 내용으로, 최대한 쉽고 간결하게 설명하기 위해 노력했습니다. 지금까지의 내용은 알아 두면 좋은 내용이며, 이어질 내용은 '블로그 자동화'에 대한, 이 책의 가장 핵심적인 내용입니다.

블로그 자동화는 빠르고 간단하게 블로그 원고를 네이버 로봇이 좋아하는 최적화 문서로 작성해 주는 데에 초점이 맞추어져 있습니다. 이를 잘 활용하기 위해서는 간단한 블로그 알고리즘이나 관련 지식이 있으면 좋습니다. 지금까지 설명한 내용이 이러한 내용을 담고 있다는 점을 꼭 알아 두세요!

MEMO

PART
02

GPT를 활용해서 키워드 소싱하고 블로그 작성하기

CHAPTER 05 AI 툴을 활용해서 네이버 블로그 95% 자동화하기
CHAPTER 06 GPT를 활용해서 연관 키워드 붙이기
CHAPTER 07 네이버 Cue:를 활용해서 블로그 초안 작성하기
CHAPTER 08 수집 자료와 Cue:로 만든 초안으로 GPT 블로그 문서 작성하기

CHAPTER 05
AI 툴을 활용해서 네이버 블로그 95% 자동화하기

5-1 챗GPT 등 생성형 AI를 통한 키워드 아이디어

저는 항상 강조합니다. 네이버 마케팅은 "키워드로 시작해서 키워드로 끝난다!" 블로그 영역을 넘어서 쇼핑, 지도, 통합 탭 등 네이버의 모든 영역에서는 좋은 키워드를 선점하는 것이 무엇보다 중요합니다. 그러면 좋은 키워드란 무엇일까요? 당연히 조회수는 높고, 사용자(경쟁 강도)는 적은 키워드를 의미합니다. 보통 이런 키워드는 1) 브랜드 키워드이거나, 2) 롱테일 키워드이거나, 3) 신규 키워드인 경우가 대부분입니다. 키워드 랭크픽은 3)의 경우를 잘 잡아 오는 역할을 해 주는 프로그램입니다. 키워드 랭크픽에 대한 이해가 조금 더 필요한 분들은 아래 유튜브 영상을 참고하면 좋습니다.

- 유튜브 영상 링크: https://www.youtube.com/watch?v=Z-GvvsjpsGc

키워드 랭크픽을 이용하기 위해서는 아래 링크를 통해 프로그램 사용 허가를 받거나 프로그램 이용권을 구매해야 합니다. 해당 프로그램은 스마랩(smalab)에서 제공하는 프로그램이며, 저와는 제휴가 되어 있어서 무료 1개월 이용권을 받을 수 있습니다.

- 무료 1개월 이용권 신청 링크: https://tally.so/r/wk5prJ

- 프로그램 구매 링크: https://smalab.co.kr/22/?idx=7

▲ 키워드 랭크픽(비즈 체인저) 구동 모습

키워드 랭크픽에 로그인을 하면 네이버 쇼핑과 연동된 카테고리 선택, 날짜 선택 기능이 있습니다. 아이디와 비밀번호를 입력한 후 로그인을 해 주면 네이버 쇼핑에서 분류하고 있는 4차 카테고리까지 선택이 가능합니다.

여기서 블로그 키워드를 소싱할 때는 보통 오늘을 기준으로 최근 1주~1달 동안의 특정 카테고리 데이터를 받아 옵니다. 더 긴 기간이 아니라 1주~1달을 기준으로 하는 이유는, 이 프로그램을 활용해서 최근에 순위가 급증하는(네이버 쇼핑 기준) 신규 키워드를 소싱하기 위해서 입니다.

보통 네이버 쇼핑을 위한 키워드를 소싱할 때는 최소 3년간의 데이터를 받아 옵니다. 네이버 쇼핑 키워드의 데이터는 시즌 이슈가 따라오기 때문에 특정 시즌에 강한 키워드를 받아 오기 위해서 키워드 랭크픽 프로그램을 많이 활용하지만, 블로그 키워드를 소싱할 때는 지금 막 떠오르는 키워드를 잡기 위해 단기간으로 설정해서 활용하는 편입니다.

	A	B	C	D
5481	50000002	480	다니엘트루스	2024-12-11
5482	50000002	481	재클린볼류머	2024-12-11
5483	50000002	482	넘버즈인	2024-12-11
5484	50000002	483	라끄베르때필링	2024-12-11
5485	50000002	484	라라츄헤어쿠션	2024-12-11
5486	50000002	485	모다모다블랙샴푸	2024-12-11
5487	50000002	486	바닐라코클렌징밤	2024-12-11
5488	50000002	487	착색없는헤나염색●	2024-12-11
5489	50000002	488	mts	2024-12-11
5490	50000002	489	pdrn앰플	2024-12-11
5491	50000002	490	샴푸추천	2024-12-11
5492	50000002	491	손톱영양제	2024-12-11
5493	50000002	492	알페신카페인샴푸	2024-12-11
5494	50000002	493	자작나무수분크림	2024-12-11
5495	50000002	494	클렌징밤	2024-12-11
5496	50000002	495	kundal	2024-12-11
5497	50000002	496	스킨수티컬즈	2024-12-11
5498	50000002	497	아르간오일	2024-12-11
5499	50000002	498	아토베리어로션	2024-12-11
5500	50000002	499	자작나무수분선크림	2024-12-11
5501	50000002	500	청소년샴푸	2024-12-11

▲ 랭크픽으로 다운로드한 키워드 리스트

키워드 랭크픽을 활용해서 키워드를 다운로드하면 이런 식으로 키워드 데이터가 정렬이 됩니다. 화장품 카테고리에서 1주일 동안의 키워드 리스트를 받아 온 내역인데요, 키워드 랭크픽의 원리는 아래와 같습니다.

① 설정한 기간 동안,
② 설정한 카테고리의 일별 네이버 쇼핑 순위 500개의 키워드를
③ 매일, 날짜별로 기록해서 엑셀로 정리해 줍니다.

네이버 쇼핑이나 스마트스토어를 운영하는 분들이라면 이해가 빠를 겁니다. 매일 500위의 키워드 순위를 기록해 두고, 상승 곡선을 그리는 키워드를 뽑아 내면 앞으로 키워드 순위가 꾸준히 증가할 가능성이 높은 키워드를 추려 낼 수 있습니다. 네이버 쇼핑에서 키워드 순위가 꾸준히 증가한다는 것은 곧 검색량이 꾸준히 증가할 가능성이 매우 높다는 것을 의미합니다.

우리는 이 포인트를 활용합니다. "앞으로 검색량이 꾸준히 증가할 가능성이 매우 높은" 키워드가 대상입니다. 그리고 제가 1주일치 데이터만 받는 이유로 "신규 키워드"를 언급했었죠? 이 두 가지를 조합하면,

랭크픽을 통해 우리가 얻는 데이터는 "앞으로 검색량이 꾸준히 증가할 가능성이 매우 높은 신규 키워드"가 됩니다. 네이버 쇼핑에 활용하기 매우 좋은 키워드일 가능성도 높지만, 블로그 포스팅도 몇 개 없는, 경쟁 강도가 매우 약하면서 검색량은 계속 증가할 가능성이 높은 키워드를 소싱해 올 수 있습니다.

네이버 쇼핑에서는 이런 키워드를 쓰는 데 있어 제한이 있습니다. 자신이 판매하는 제품과 키워드가 성격이 맞아야 하기 때문입니다. 하지만 블로그에는 제한이 거의 없습니다. 후기형이나 프리뷰/기대평 형태로 블로그 포스팅을 작성해 주면 되니까요.

아마 쿠팡 파트너스나 알리익스프레스 어필리에이트(AliExpress Affiliate) 등의 제휴 마케팅을 잘 하고 있는 분들이라면 제 블로그 자동화 포스팅 형식이 궁합이 잘 맞을 거라고 생각합니다!

이처럼 키워드 랭크픽을 활용해서 다량의 키워드를 너무 손쉽게 소싱할 수 있습니다. 다만, 이 키워드를 일일이 점검하면서 키워드의 상승 추세를 분석하는 건, 사람이 하는 일로는 불가능하겠죠? 다행히 우리는 AI 시대에 살고 있습니다. AI가 가장 잘 하는 일은 다름 아닌 데이터를 정리하고 추론하는 '데이터 리터러시(data literacy)'입니다.

추후 한 번 더 언급하겠지만, AI는 데이터를 만들어 내는 능력은 없습니다. 챗GPT와 같은 AI를 잘 활용하기 위해서는 1) 키워드 랭크픽 같은 프로그램을 활용해서 예쁜 데이터를 받아 오는 능력, 2) 데이터를 정리하는 기획 능력, 3) 정리된 데이터를 활용하는 능력이 중요합니다.

① GPT와 같은 생성형 AI에게 "키워드 추천해 줘.", "키워드 조회수 높은 순서대로 알려 줘."라고 하면 이상한 대답이 나오는 이유가 바로 '아직까지' AI는 데이터를 가져오는 능력이 제한적이기 때문입니다.
② AI를 잘 활용하기 위해선 AI의 주요한 특징에 대해서도 잘 이해하는 것이 중요합니다.
③ 간혹 키워드 분석이나 키워드 데이터를 생성형 AI를 통해 받아 오는 분들을 보곤 하는데요, 이는 잘못된 접근 방법이라는 것을 분명히 강조합니다.

5-2 효과적인 프롬프트 작성 방법

이제 이렇게 다운로드한 데이터를 GPT에게 데이터 정리를 요청해야 합니다.

GPT(https://chatgpt.com/)에 가입하고 로그인하면, 기본적으로 왼쪽 사이드바에 [Data Analyst' GPTs] 메뉴가 있습니다. 만약 없다면 GPT 탐색 기능을 활용해서 설치해 주면 됩니다.

▲ GPT에서 Data Analyst를 검색

설치한 후 [채팅 시작] 버튼을 누르면 사용할 수 있습니다.

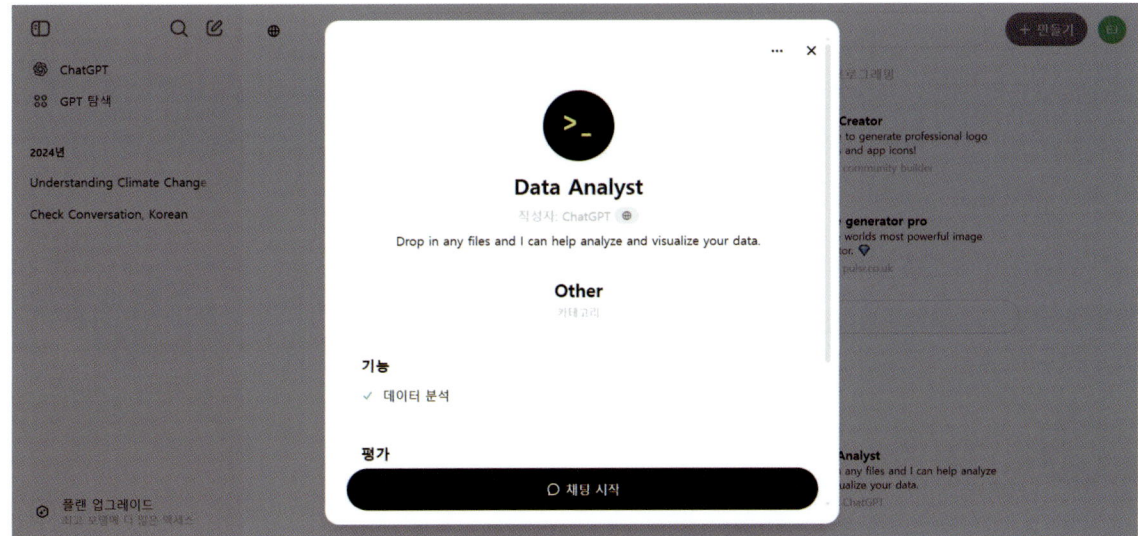

▲ [채팅 시작] 버튼을 눌러 시작

키워드 랭크픽에서 받아 온 엑셀 데이터를 첨부하고 다음의 프롬프트를 날짜만 수정해서 넣어 주면 됩니다.

> **프롬프트 :**
> 2024년 12월 1일부터 2024년 12월 11일까지 네이버 쇼핑 키워드 순위를 기록한 데이터야.
> 0순위에 가까울 수록 높은 순위야.
> 데이터를 정리해서 2024년 12월 12일부터 2024년 12월 19일 사이에 높은 순위를 기록할 가능성이 큰 키워드 50개를 뽑아줘.

▲ Data Analyst GPTs 실행 모습

그러면 GPT가 예측 날짜에 높은 순위를 기록할 가능성이 높은 키워드 50개를 뽑아 줍니다. 이에 대한 근거는 당연히 키워드 랭크픽을 통해서 다운로드한 데이터가 됩니다. 키워드 랭크픽은 일정 기간 동안 매일 1위부터 500위의 순위를 기록해 주는 프로그램이기 때문에 후순위부터 최근 상위 랭크의 순위까지 AI가 살펴볼 수 있습니다.

위와 같은 프롬프트를 입력하면 엑셀 형태로 데이터를 다운로드할 수 있습니다. 파일을 다운로드한 뒤 다음과 같은 프롬프트를 한 번 더 입력해 줍니다.

"다운로드받을 수 있게 엑셀 파일로 줄래?"

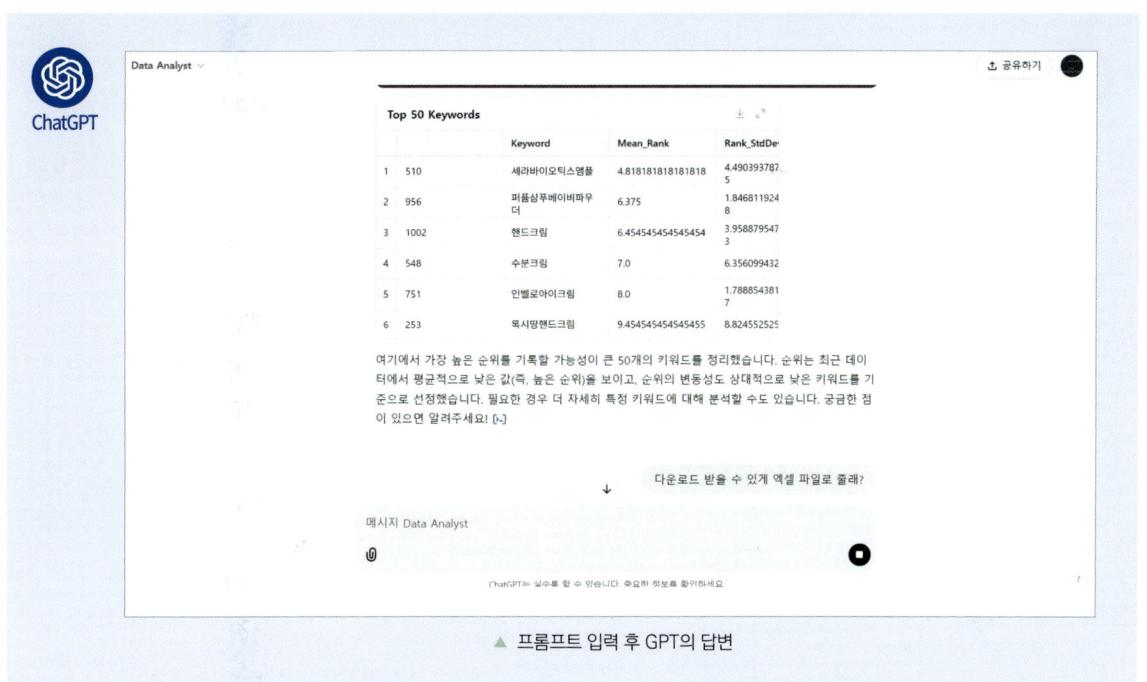

▲ 프롬프트 입력 후 GPT의 답변

 "추가로, 순위 상승 가능성이 매우 높은 키워드도 뽑아 줄래?"

그러면 전자(높은 순위를 기록할 가능성이 큰 키워드)는 높은 순위에 랭킹할 가능성이 높은 키워드, 후자(순위 상승 가능성이 매우 높은 키워드)는 순위 상승이 많이 발생할 가능성이 높은 키워드 위주로 뽑아 줍니다.

이 둘의 차이를 꼭 이해하기 바랍니다! 앞으로 높은 순위를 기록할 가능성이 높은 키워드는 꾸준히 높은 순위를 기록한 키워드일 가능성이 매우 높고, 순위 상승이 많이 발생할 키워드는 아래 순위에서부터 위로 올라오는 순위 상승 속도가 상대적으로 다른 키워드보다 빠른 키워드일 가능성이 매우 높습니다.

마찬가지로 결과 파일을 다운로드하면 됩니다.

▲ GPTs의 답변 모습

그리고 엑셀 데이터를 보면서 마음에 드는 키워드, 블로그 포스팅에 사용할만한 키워드를 하나 골라 주세요.

Keyword	Mean_Rank	Rank_StdDev
세라바이오틱스앰플	4.818181818	4.490393787
퍼퓸샴푸베이비파우더	6.375	1.846811925
핸드크림	6.454545455	3.958879548
수분크림	7	6.356099433
인벨로아이크림	8	1.788854382
록시땅핸드크림	9.454545455	8.824552525
마스크팩	11.18181818	7.678778312
여성청결제	12.27272727	6.512924214
바디로션	13.54545455	5.410427642
트리트먼트데일리	14.77777778	9.189365835
그래비티샴푸	14.90909091	15.53354142
샴푸	15.27272727	4.496463257
엘리자베스아덴립밤	15.54545455	19.52620617
디올립글로우	16.90909091	10.06433848
백합샴푸	17	9.672412086

▲ 다운로드한 키워드 리스트

저는 '디올립글로우' 키워드를 예시로 선택하겠습니다. 그러고는 "내가 선택한 키워드의 추세선을 그려 줄래?"라는 프롬프트를 입력하면 다음과 같은 형태로 키워드 순위의 추세선을 그려 줍니다.

 내가 선택한 키워드(디올립글로우)의 추세선을 그려줄래?

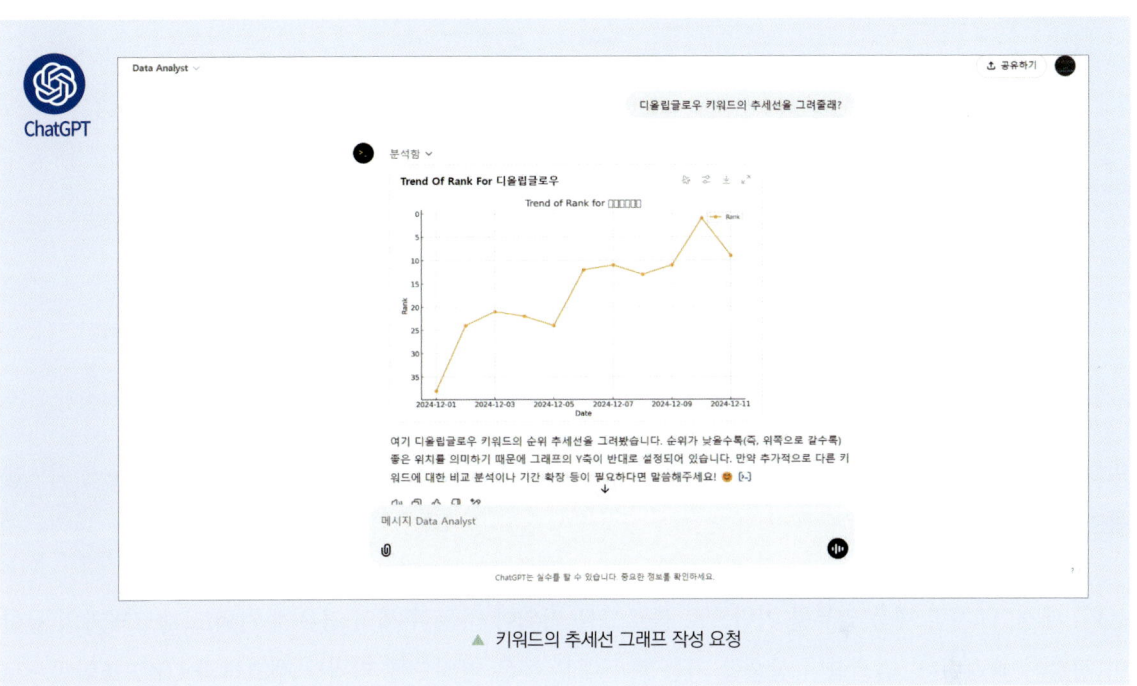

▲ 키워드의 추세선 그래프 작성 요청

이때는 무조건 우상향하는 키워드를 골라야 합니다. 즉, 여러 개의 키워드 추세선을 그려 달라고 요청한 후 꼭! '우상향하는 키워드'가 나와야 합니다. 왜냐하면, 이어서 다음의 프롬프트를 입력할 것이기 때문입니다.

 디올립글로우 키워드처럼 꾸준히 순위가 우상향하는 키워드 리스트 50개를 뽑아 줘.

이렇게 입력하면 다시 한 번 키워드 리스트를 뽑아 줍니다. 대체로 내가 선택한 키워드와 순위 그래프 추세선이 닮은 키워드 리스트를 뽑아 주기 때문에 키워드 순위가 우상향하는 키워드 리스트를 제공해 줍니다.

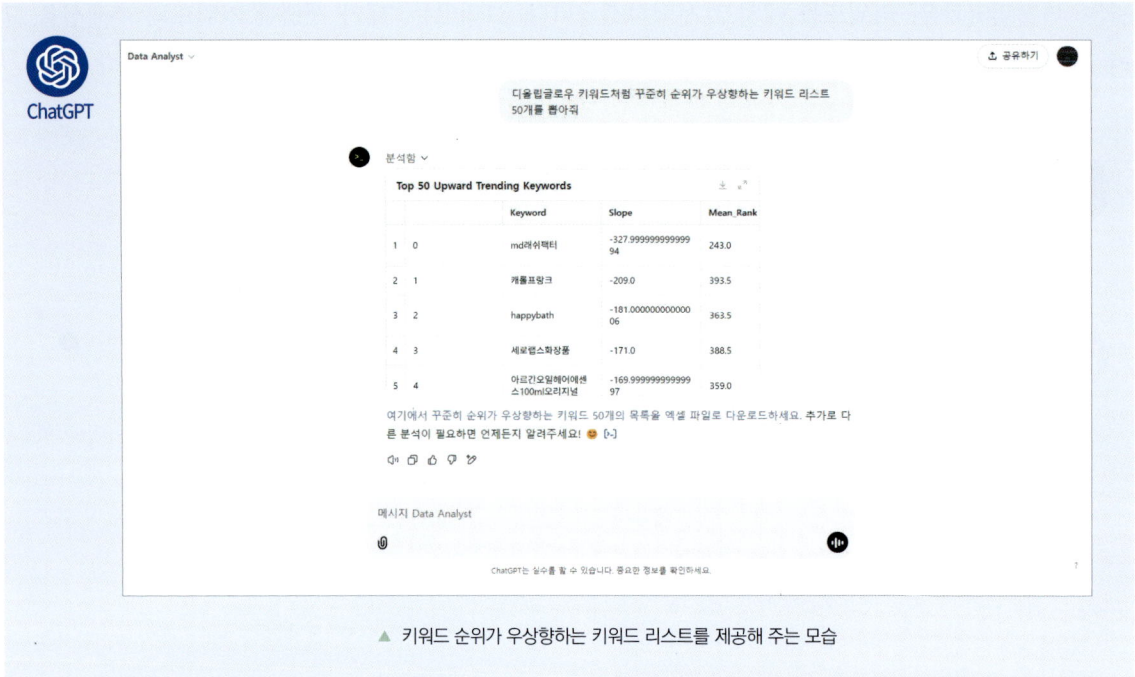

▲ 키워드 순위가 우상향하는 키워드 리스트를 제공해 주는 모습

이렇게 하면 블로그 포스팅에 사용할 키워드 리스트, 검색량(정확히는 순위)이 꾸준히 증가하는 키워드를 뽑아 올 수 있습니다.

뷰티, 패션, IT처럼 제품 리뷰를 기반으로 블로그를 키워야 하는 주제의 경우엔 키워드 랭크픽과의 궁합이 굉장히 좋습니다. 검색량이 상승할 가능성이 매우 높은 키워드를 키워드 랭크픽과 GPT 조합만으로 너무 쉽게 뽑아 낼 수 있기 때문입니다.

여행이나 경제 등 큐레이션 포스팅, 정보성 포스팅이 필요한 카테고리는 키워드 소싱 방법이 다릅니다. 다음 챕터에서 설명하겠습니다.

CHAPTER 06
GPT를 활용해서 연관 키워드 붙이기

6-1 키워드 조회수 및 블로그 경쟁 강도 파악하기

자, 이제 다음으로, 실제로 이 키워드들의 검색량과 경쟁 강도를 파악해 주면 됩니다. 보통 네이버 키워드 도구나 블랙키위를 사용하는데요, '간단한 제품 리뷰' 혹은 '제품 프리뷰'의 경우엔 키워드가 단순하기 때문에 키워드 도구까지는 사용하지 않고, 다음의 정도로 마무리가 됩니다.

① 블랙키위에서 조회수, 경쟁 강도 파악
② 스마트블록에서 함께 활용하기 좋은 키워드 소싱

블랙키위 사이트에 접속해서, 앞서 소싱한 키워드인 '디올립글로우' 키워드의 조회수와 경쟁 강도를 먼저 파악해 보겠습니다.

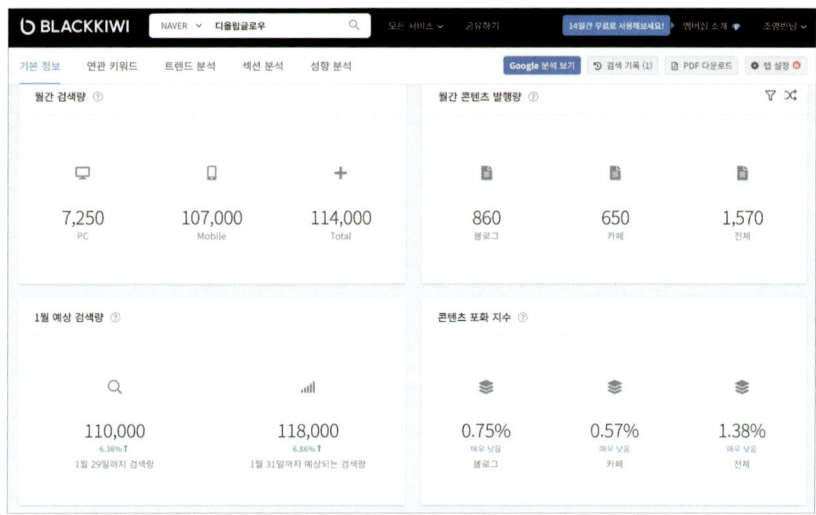

▲ 블랙키위 "디올립글로우" 검색 결과

경쟁 강도가 매우 낮다고 보기는 힘들지만, 검색량에 비해 경쟁 강도가 낮은 키워드라는 것을 확인할 수 있습니다.

- **월간 검색량**: 114,000건
- **월간 콘텐츠 발행량(블로그)**: 860건

월간 검색량도 전년에 비해 줄어들었지만, 2024년 10월 이후 꾸준히 증가하는 추세의 그래프를 그리고 있습니다. 전년도의 그래프 모습과 비교해 보면 '디올립글로우'라는 키워드는 12~2월 사이 겨울에 사람들이 많이 찾는 속성을 가지고 있는 키워드라고 추론할 수 있습니다.

▲ '디올립글로우' 키워드의 최근 1년 검색 쿼리

보다 정확한 데이터를 파악하기 위해서 아이템스카우트에서 '디올립글로우' 키워드의 3년치 데이터를 받아 왔습니다. 키워드가 전반적으로 우하향하고 있긴 하지만, 겨울철에 특히 많은 사람들이 찾는 '시즌성 키워드'의 성격도 가지고 있습니다. 해당 키워드를 10월에 알았더라면 겨울 시즌에 높은 검색량을 확보할 수 있었겠죠?

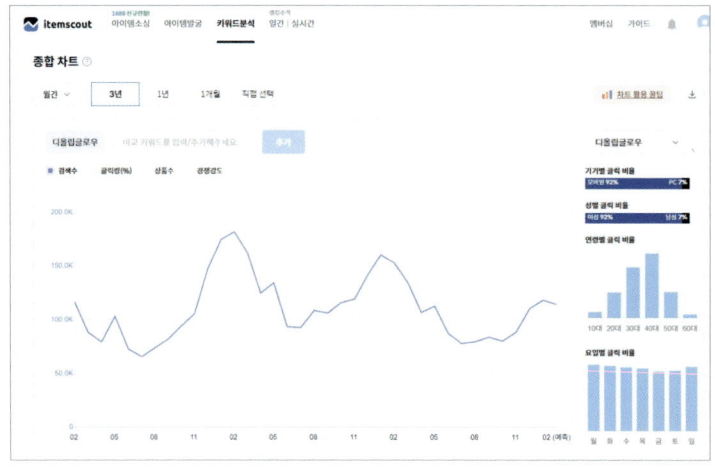

▲ 아이템스카우트의 "디올립글로우" 3년 검색 쿼리

그다음으로 네이버에 디올립글로우를 검색하면 "디올립글로우 인기주제"의 스마트블록 키워드가 나옵니다. 블로그 포스팅에 사용하는 키워드는 보통 1개 이상, 5개 미만 정도를 사용합니다. 우선, 앞서 찾아온 "디올립글로우"라는 키워드 1개와 2~4개 정도의 키워드를 더 사용해 주면 됩니다, 저는 보통 1개의 메인 키워드와 2개의 서브 키워드를 활용할 것을 추천합니다. 스마트블록에 나타난 키워드도 좀 더 디테일한 분석을 통해 어떤 키워드를 서브 키워드로 가져와야 유리한지 알아내는 방법이 있지만, 이번 챕터에서는 해당 방법은 넘어가도록 하겠습니다.

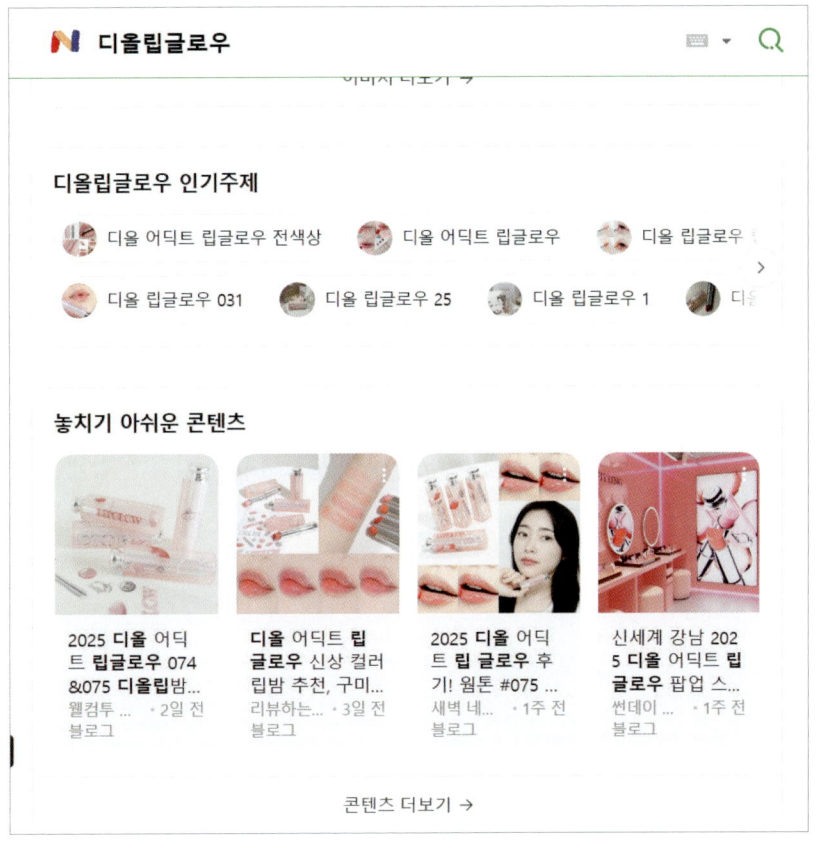

▲ 네이버 "디올립글로우" 스마트블록(인기주제) 검색 결과

인기 주제, 스마트블록을 살펴보니, '디올어딕트립글로우', '디올립글로우1' 키워드와 '디올립글로우' 키워드를 조합하면 블로그 포스팅에 큰 무리 없이 키워드를 활용한 블로그 포스팅을 만들어 낼 수 있을 것 같습니다. 서브 키워드를 가져올 때는 메인 키워드와 함께 사용하는 데 큰 무리가 없는 키워드를 2~4개 정도 골라 주면 됩니다.

지금까지 내용을 요약하자면 아래와 같습니다.

> 📖 **정리**
> ① 키워드 랭크픽으로 상승 추세에 있는 키워드 리스트 뽑기
> ② 블랙키위에서 키워드 조회수와 경쟁 강도 파악하기
> ③ 네이버 검색으로 스마트블록에서 같이 사용할 서브 키워드 뽑기

1개의 키워드만을 예시로 가져왔기 때문에 단순하게 설명했습니다만, 키워드 랭크픽을 통해 소싱한 키워드를 여러 개 활용할 경우엔 "포스팅 순위"를 정해 놓고 포스팅하는 것이 좋습니다. 앞서 키워드 엑셀 파일을 정리하는 방법에서도 말했듯, "포스팅 순위"는 경쟁 강도가 적은 키워드부터 '도장 깨기' 형태로 경쟁 강도가 높은 키워드순으로 진행하는 것이 좋습니다. 키워드 경쟁이 심할수록 블로그 포스팅의 상위노출 가능성이 낮아지니, 경쟁 강도가 낮은 키워드부터 진입해서 상위노출의 가능성을 최대한 높이고, 포스팅이 쌓이는 기간 동안 경쟁 강도가 강한 키워드를 노출할 수 있는 블로그의 상태로 만들어 내는 전략입니다.

스마트블록 키워드의 경우엔 롤링이 심한 편은 아닙니다만, 검색하는 시기에 따라서 스마트블록 키워드가 바뀔 수 있으니 스마트블록 키워드를 소싱할 때는 항상 포스팅하기 직전에 검색을 통해 변화한 것이 없는지 확인하는 것을 추천합니다.

6-2 GPT를 활용해서 주제 및 키워드 추천받기

지금까지 키워드 랭크픽을 활용해서 상승 흐름을 타는 키워드+경쟁 강도는 낮은 키워드를 소싱하는 방법을 안내했습니다. 그리고 앞에서 설명한 것처럼 제품 리뷰를 기반으로 블로그 지수를 키우기 좋은 패션, 뷰티, IT 등의 카테고리에서 적용하기 좋은 전략입니다. 이렇게 소싱한 키워드를 AI를 활용하여 원고를 만들고 포스팅하는 방법은 이후에서 안내하겠습니다.

여기서 설명할 내용은, 블로그의 정보성 포스팅을 만들어 내는, 카테고리 구분 없이 모든 카테고리에서 활용하기 좋은 블로그 포스팅 키워드 소싱 방법입니다. '여행'을 주제로 정보성, 큐레이션 포스팅을 위한 키워드를 소싱하는 방법을 설명하겠습니다. 이번에는 GPT를 먼저 활용합니다. 단, o1 모델처럼 추론에 능한 모델을 활용하는 것이 좋습니다. 아래와 같은 프롬프트를 입력해 줍니다.

 프롬프트: "네이버 블로그에 정보성 포스팅을 업로드하고 싶어. 주제는 한국 여행이야. 1월 달에 한국 여행 블로그에 담아내기 좋은 주제의 정보성 키워드를 30개 추천해줘."

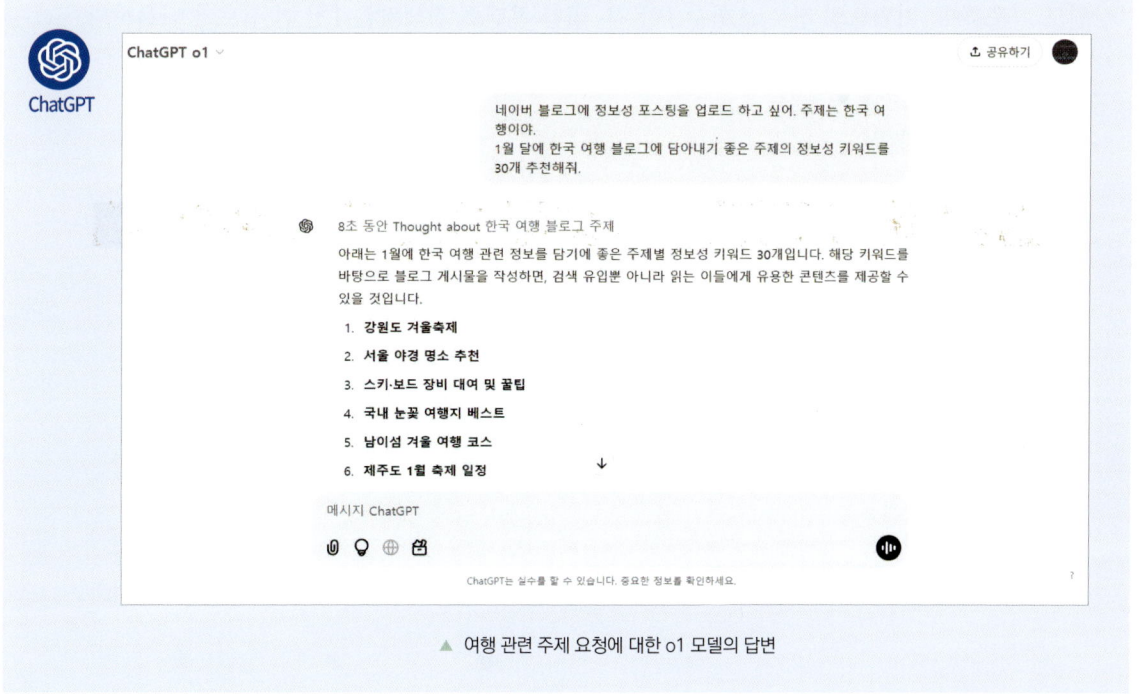
▲ 여행 관련 주제 요청에 대한 o1 모델의 답변

이렇게 30개의 키워드를 뽑아 줍니다. 앞서 언급한 대로 GPT는 키워드의 조회수까지 고려하지 않습니다.

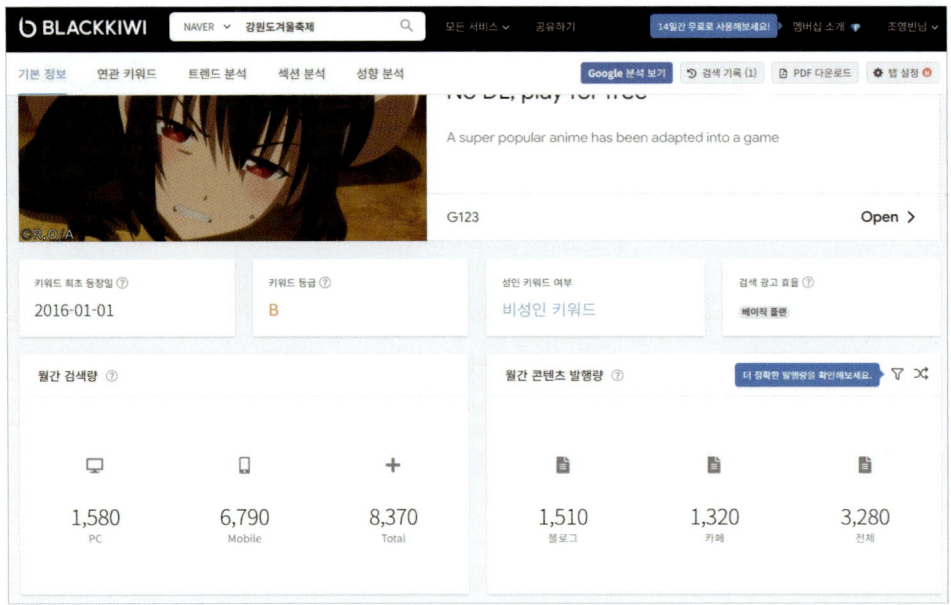

▲ 블랙키위의 "강원도겨울축제" 검색 결과

"강원도 겨울축제" 키워드의 경우 조회수 1만 건, 월간 콘텐츠 검색량은 1천 건 정도가 나옵니다.

- **월간 콘텐츠 검색량**: 8,370건
- **월간 블로그 발행량**: 1,510건

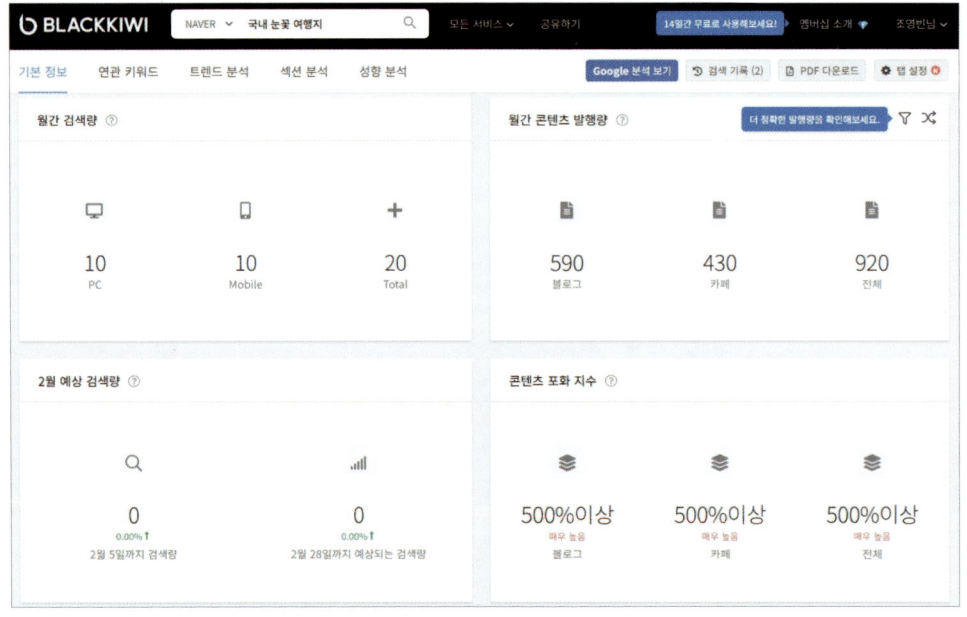

▲ 블랙키위의 "국내 눈꽃 여행지" 검색 결과

이렇게 좋은 컨디션의 키워드가 나올 때도 있지만, "국내 눈꽃 여행지" 키워드의 경우 월간 검색량은 20건, 월간 콘텐츠 발행량은 640건으로, 절대 좋은 키워드가 아닙니다. 이런 경우 네이버 검색광고의 키워드 도구를 추가로 활용해서 더 좋은 키워드를 뽑아 내는 것이 좋습니다.

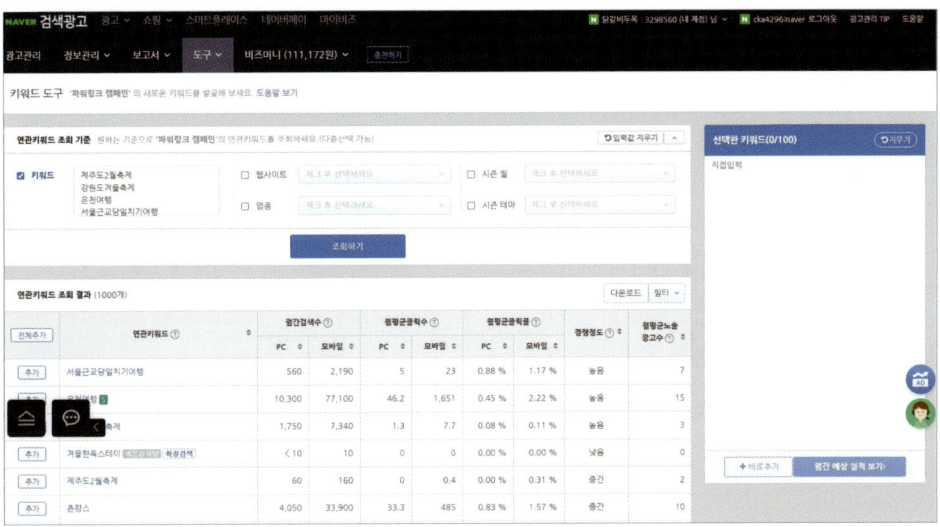

▲ 네이버 키워드 도구 활용 모습

GPT가 뱉어 준 키워드 중 괜찮아 보이는 키워드를 5개씩 키워드 도구에 입력하면, 키워드 도구에서 해당 5개의 키워드와 더불어 연관도가 높은 키워드를 최대 1천개의 데이터와 함께 월간 검색수 데이터를 제공해 줍니다.

[다운로드] 버튼을 눌러서 다운로드합니다. 그러면 1천 개의 키워드 데이터와 함께 키워드 조회수 데이터를 받아 오게 됩니다. 마찬가지로 여기에 있는 키워드를 하나씩 다 분석하기에는 시간이 오래 걸리기 때문에 GPT 를 활용해서 쓸모 있는 키워드만 골라 줍니다.

6-3 GPT를 활용해서 연관 키워드 붙이기

다시 'Data Analyst GPTs'를 열어 줍니다. 다운로드한 엑셀 파일을 첨부하고 아래와 같은 프롬프트를 입력합니다.

목표
- 네이버 블로그에 "한국 여행"을 주제로 정보성 포스팅을 작성할 예정입니다.
- 키워드 조사를 통해 월간 검색수가 PC와 모바일 합산 1,000 이하인 키워드는 제외하고 싶습니다.
- 정보성 포스팅의 가치를 높이기 위해, 남은 키워드들을 3개씩 묶어서 그룹핑해 주세요.
- 그룹핑 기준은 키워드 간 연관성이며(같은 지역, 동일한 주제 등), 그룹별로 함께 사용하면 시너지가 날 수 있는 키워드를 제시해 주세요.

Chain of Thought(단계별 사고) 지침
1. **키워드 수집**
   - 먼저, "한국 여행" 관련 키워드를 가능한 한 많이 수집해 주세요.
   - 네이버 기준 PC+모바일 월간 검색량 데이터를 준비해 주세요.
2. **필터링**
   - 수집한 키워드 중 PC+모바일 월간 검색량 합계가 1,000 이하인 키워드는 제외해 주세요.
   - 남은 키워드만 정리해 주세요.
3. **그룹핑(3개 단위)**
   - 필터링 후 남은 키워드들을 서로 연관성이 높은 것들끼리 3개씩 묶어 그룹을 만들어 주세요.
   - 연관성은 지역, 주제, 여행 테마 등 사용자가 실제로 함께 검색할 법한 맥락을 고려해 주세요.
4. **결과 출력 형식**
   - 최종적으로 각 그룹별 키워드 3개와 해당 그룹을 어떻게 활용하면 좋을지 간단한 코멘트를 작성해 주세요.
   - 예:
     - 그룹명(또는 주제)
     - 키워드 1 / 키워드 2 / 키워드 3
     - 코멘트: (해당 그룹 키워드를 하나의 글에서 어떻게 엮을지 방향 제시)

추가 안내
- 각 그룹은 여행자의 입장에서 연관 정보를 찾을 때 유용하도록 구성해 주세요.
- 예시 그룹:
  - "부산 여행 코스" / "부산 가볼만한곳" / "부산 맛집"
  - "제주도 올레길" / "제주 오름" / "제주 사진 명소"
- 이런 식으로 동일 지역이나 비슷한 주제로 함께 묶으면, 정보성 포스팅 작성 시 시너지를 낼 수 있습니다.

위 단계를 따라 차근차근 사고 과정을 진행한 뒤, 최종적으로 필터링이 완료된 키워드 목록과 3개씩 묶인 그룹을 제시해 주세요.

다음 프롬프트는 앞에서 제시한 프롬프트를 GPT의 COT(Chain of Thought)를 활용해서 프롬프트를 다듬은 내용입니다.

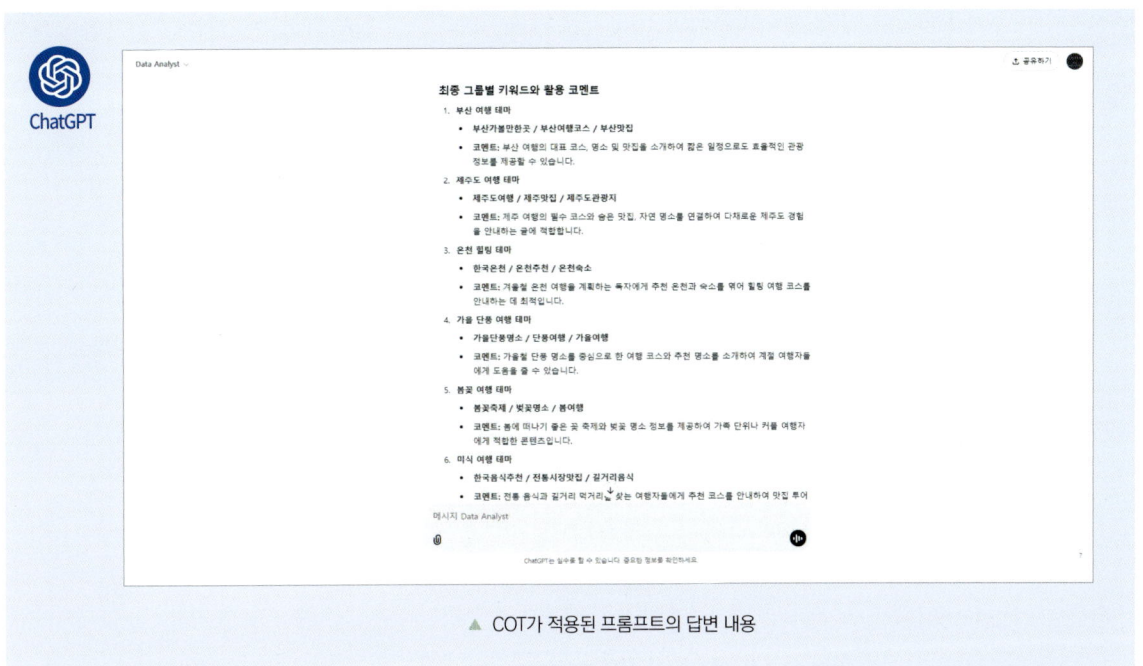

▲ COT가 적용된 프롬프트의 답변 내용

그러면 다음과 같은 형태로 키워드 그룹핑을 제안합니다. 지금까지의 내용을 요약하면 아래와 같습니다.

① GPT에게 키워드 및 주제를 추천받습니다.
② 추천받은 키워드를 5개씩 묶어서 네이버 검색광고의 키워드 도구에 삽입합니다.
③ 키워드 도구에서 키워드 리스트와 검색량을 다운로드합니다.
④ COT가 적용된 프롬프트를 생성해서 GPT에게 키워드 그룹핑을 요청합니다.
⑤ 적용된 키워드 그룹핑을 메인/서브 키워드로 나누어서 활용합니다.

COT가 적용된 프롬프트를 생성하는 방법은 의외로 간단합니다. 그리고 COT가 적용이 된 프롬프트와 그렇지 않은 프롬프트의 결과물은 차이가 정말 많이 납니다. GPT의 o1과 같은 추론에 능한 모델을 활용합니다. 만들어 둔 프롬프트를 입력하고 맨 위에 "아래 프롬프트를 COT를 적용해서 더 좋은 프롬프트로 만들어 줘."라는 프롬프트를 덧붙여 주면 GPT가 알아서 COT가 적용된 프롬프트를 생성합니다.

GPT가 생성해 준 프롬프트를 다운로드한 엑셀 파일과 함께 넣어 주면 좋은 결과물을 받아 볼 수 있습니다.

▲ COT가 적용된 프롬프트를 만드는 방법

생성형 AI는 사용자의 프롬프트 입력 수준에 따라 각기 다른 결과물을 뱉어 냅니다. 하지만, 좋은 프롬프트를 생성하기 위해 별도의 공부를 하는 것은 저는 비효율적이라고 생각합니다. 왜냐하면, 제가 위의 예시에서 보여 준 것처럼 좋은 프롬프트를 만들어 내는 방법도 GPT를 활용해서 만들어 달라고 하면 그만이기 때문입니다.

GPT를 잘 사용하는 방법은 역시 많이 사용하고, 많이 물어보는 방법이 최고인 것 같습니다. COT에 대해 GPT에게 물어보니 다음과 같이 알려 줬습니다.

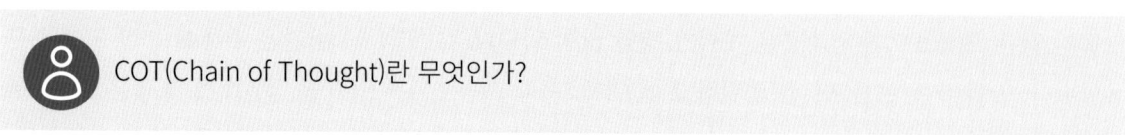

- **정의**: COT(Chain of Thought)는 문제 해결 과정을 단계적으로 논리적으로 풀어 내는 사고 과정을 의미한다. 특히 대형 언어 모델(LLM)을 활용할 때, 단순한 '질문→답변' 식이 아니라, 문제를 해결하기 위한 추론 단계를 체계적으로 기술함으로써 모델이 더 정확하고 심도 있게 답변하도록 유도하는 기법을 말한다.
- **예시**:
- **문제**: "5와 7을 더하고, 그 결과에 3을 곱하면 무엇인가?"
- **단순 답변**: "(5+7)=12, 12×3=36"
- **Chain of Thought 예시**:
  5와 7을 더한다. → 12
  12에 3을 곱한다. → 36
- **최종 결과**: 36

이렇게 각 단계를 명확히 표현해 주면, 모델이 추론 중간 단계를 더 잘 이해하고, 답변의 정확도를 높일 수 있다.

COT를 잘 활용하는 방법

1. **문제를 세분화해 단계별 질문 작성**
   - **문제 분해**: 복잡한 질문을 여러 하위 요소로 나누어 각 단계를 해결하도록 유도한다.
   - **구체적 요청**: "단계를 나누어 설명해줘" 등의 지시어를 직접 포함시켜 모델이 과정을 명시적으로 드러내도록 한다.

2. **맥락(Context)과 함께 질문하기**
   - **목표 명확화**: 이 질문을 통해 얻고 싶은 최종 목표(예: 매출 증대, 특정 마케팅 지표 개선 등)를 모델에게 명시한다.
   - **배경 제공**: 모델이 문제를 이해하기 위해 필요한 모든 배경지식을 간단히 전달해 주면, 더 풍부한 COT를 이끌어낼 수 있다.

3. **예시(Example)와 템플릿(Template) 활용**
   - **사례 제시**: 이전에 유사한 문제를 어떻게 해결했는지, 혹은 어떤 방식으로 사고 과정을 전개했는지를 예로 들어준다.
   - **템플릿 작성**:
     예) "1단계: 어떤 데이터를 수집해야 하는가?
       2단계: 수집한 데이터를 어떻게 분석할 것인가?
       3단계: 분석 결과를 마케팅 전략에 어떻게 적용할 것인가?"
   이런 식으로 체계적 질문 템플릿을 준비해 두면, 추론 과정을 자연스럽게 유도할 수 있다.

4. **결과 도출 이전에 검증 과정 삽입**
   - **자체 리뷰**: "이 단계별 결과가 논리적으로 맞는지 검토해라" 혹은 "각 단계별 오류 가능성을 점검하라"라는 요청을 통해 중간 검증 단계를 추가한다.
   - **정합성 체크**: 모델이 스스로 COT 내에서 앞뒤가 맞는지, 결론이 합리적인지 다시 살펴보게 함으로써 최종 답변의 신뢰도를 높인다.

5. 마케팅 분야에의 구체적 적용
- **잠재 고객 세분화**: '우리 제품의 잠재 고객을 찾는 과정'을 예로 들면,
    - 잠재 고객 정의
    - 시장 조사 데이터 분석
    - 유사 고객 프로파일링
    - 마케팅 실행 전략 도출

이런 식으로 중간 단계를 명확히 구분해 질문하면, 모델이 각 단계를 체계적으로 답변한다.

A/B 테스트 시뮬레이션: 여러 변수를 놓고 "가설 설정 → 변수 통제 → 각 시나리오별 결과 예측 → 성과 분석" 순으로 COT를 실행하도록 지시하면, 구체적 테스트 시뮬레이션 시나리오를 얻을 수 있다.

COT 활용 시 주의할 점
- **지나치게 긴 COT 요청 지양**: 모델이 너무 많은 단계를 요구받으면 오히려 혼란스럽거나 반복적 답변이 늘어날 수 있다. 적절한 범위의 단계를 설정한다.
- **과도한 세부 단계 요구 금지**: 마케팅 전략 같은 창의적인 작업에서는 각 단계마다 특정 결과를 너무 제한적으로 정의하면 모델이 답변을 확장하기 어려워진다. '핵심 정보만 구체적으로, 나머지는 자유롭게' 정도의 균형이 필요하다.
- **질문의 일관성 유지**: 질문의 방향이나 맥락이 중간에 변하지 않도록, 첫 질문에서 명확한 목표와 논리 흐름을 안내한다.

마무리
COT(Chain of Thought)는 단순 답변이 아니라 추론 과정 자체를 모델에게 명시적으로 요구함으로써 더 정확하고 깊이 있는 답변을 얻는 강력한 기법이다.

- **핵심**: 문제를 단계별로 분해하고, 각 단계를 체계적으로 설명·검증하는 과정을 거침으로써 오류를 줄이고 결과물을 풍부하게 만든다.
- **마케팅 활용**: 시장 조사, 잠재 고객 세분화, A/B 테스트 시뮬레이션, 매출 분석 등 다양한 부분에서 COT를 적용하면 전략 수립 과정과 결과 해석에서 큰 도움을 받을 수 있다.

이렇게 COT 방식을 적극 활용하면, 문제 해결 효율이 높아지고 더 나은 마케팅 인사이트를 얻을 수 있다.

단순히 프롬프트로 요청하는 것과 "아래 프롬프트를 COT를 적용해서 더 좋은 프롬프트로 만들어 줘." 한 마디를 덧붙이는 것의 차이는 꽤장히 큽니다.

네이버 블로그에 "한국 여행"을 주제로 한 블로그 포스팅을 할거야. 월간 검색수가 pc와 모바일을 합쳐서 1,000 이하인 것들은 삭제를 해줘. 그리고 정보성 포스팅을 발행하는 가정하에 함께 사용하면 좋은 키워드를 3개씩 묶어줘. 키워드의 연관성을 기준으로 그룹핑해 줘. 예를 들어 같은 지역의 키워드를 활용하거나, 하나의 주제로 묶을 수 있는 키워드로 그룹핑해 줘.

아래 프롬프트를 cot를 적용해서 더 좋은 프롬프트로 만들어 줘.
네이버 블로그에 "한국 여행"을 주제로 한 블로그 포스팅을 할 거야.
월간 검색수가 pc와 모바일을 합쳐서 1,000 이하인 것들은 삭제를 해줘.
그리고 정보성 포스팅을 발행하는 가정하에 함께 사용하면 좋은 키워드를 3개씩 묶어줘.
키워드의 연관성을 기준으로 그룹핑해 줘. 예를 들어 같은 지역의 키워드를 활용하거나, 하나의 주제로 묶을 수 있는 키워드로 그룹핑해 줘.

우선, 이 프롬프트의 목적은 아래와 같습니다.
1) 월간 조회수 1,000 이하 삭제
2) 블로그 포스팅에 함께 사용하기 좋은 키워드 그룹핑 제시
3) 그룹핑 키워드를 묶어서 엑셀이나 구글 시트에 저장

이렇게 소싱한 키워들을 묶어서 바로 포스팅을 할 수도 있습니다. 메이크(make.com)나 재피어(Zapier)를 활용하면 이 키워드 리스트대로 구글 스프레드시트에 키워드를 삽입하면 바로 GPT가 원고 초안을 생성해 주는 적용도 가능합니다. 실제로 저는 서브 블로그를 이렇게 운영하고 있습니다.

① 키워드 도구에서 키워드 데이터 받아 오기
② GPT에 데이터 입력
③ 키워드 그룹핑 COT 프롬프트 입력
④ 그룹핑 키워드를 구글 스프레드시트에 삽입
⑤ 메이크에서 키워드 인식 후 GPT가 자동으로 원고 초안 작성

다음의 이미지는 제가 진행한 구글 스프레드시트 설정 방법입니다. 메이크나 재피어와 같은 자동화 프로그램을 활용하면 키워드 소싱만으로 원고 생성까지 쉽게 해낼 수 있습니다. 위의 그룹핑 요청 프롬프트를 통해서 키워드를 그룹핑한 후 구글 스프레드시트에 넣어 주기만 하면 메이크나 재피어와 같은 노코드 툴에서 키워드를 인식하고 해당 키워드를 활용한 원고를 생성해서 구글 스프레드시트(I열)에 삽입해 줍니다. 이 원고를 그대로 복사한 후 붙여 넣어서 활용하거나, GPT 혹은 GPTs를 활용해서 추가 프롬프트와 함께 글을 더 다듬은 후 글을 등록하기도 합니다. 구글 기반의 워드프레스나 고스트 블로그는 바로 업로드까지 가능합니다.

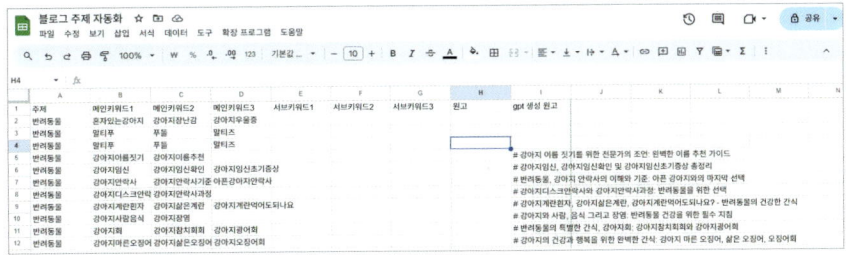

▲ 메이크를 활용하여 완전 자동화 원고를 생성하는 시나리오

다음의 내용은 GPT에게 TOT, COT, GOT에 대한 설명과 차이점을 부탁한 내용입니다. 해당 기법은 프롬프트를 보다 더 효율적으로 사용할 수 있게 만드는 데에 큰 도움이 되므로, 꼭 한번씩 공부해 본 후 편의에 따라서 사용하기 바랍니다. 마찬가지로 사용 방법은 준비된 프롬프트와 함께 "해당 프롬프트를 TOT/COT/GOT가 적용된 프롬프트로 만들어 줘."라고 요청하기만 하면 됩니다.

TOT와 GOT에 대한 설명

Tree of Thought (TOT), Chain of Thought (COT), 그리고 **Graph of Thought (GOT)**는 모두 사고 과정에서 아이디어나 정보를 연결하고 전개하는 방식에 관한 개념들입니다. 각 방식은 사고를 어떻게 구조화하고 연결하는지에 따라 다르며, 그에 따른 차이점이 존재합니다.

1. Tree of Thought (TOT)
Tree of Thought (TOT)는 사고가 분기되는 구조를 가리킵니다. 이는 하나의 아이디어나 문제에서 여러 가능한 해결책이나 아이디어로 가지가 나뉘어 가는 형태로, 다양한 가능성을 동시에 고려하는 접근법입니다.

- **특징**:
  - 사고가 여러 방향으로 확장되며, 각 방향은 추가적인 아이디어나 해답을 제공합니다.
  - 비선형적이고 창의적인 사고 과정에 적합합니다.
- **예시**: 문제를 해결하는 여러 방법을 생각할 때, 각 방법이 다시 다른 세부적인 해결책으로 나뉘어지는 방식입니다.
- **장점**:
  - 창의적이고 다양한 아이디어를 탐색하는 데 유리합니다.
  - 문제를 여러 관점에서 바라보고, 다양한 해결책을 동시에 고려할 수 있습니다.

2. Chain of Thought (COT)
Chain of Thought (COT)는 사고가 순차적이고 논리적인 흐름을 따르는 구조입니다. 이 접근은 한 가지 아이디어나 문제에서 시작하여 단계별로 결론에 도달하는 방식으로, 단계적이고 일관된 논리를 중시합니다.

- **특징**:
  - 사고가 한 방향으로 흐르며 각 단계는 이전 단계에 의존하여 진행됩니다.
  - 논리적 사고나 문제 해결에 적합합니다.
- **예시**: 수학 문제를 풀 때, 한 단계씩 해결책을 찾고 그 과정이 서로 이어지는 경우입니다.
- **장점**:
  - 문제를 체계적으로 해결하는 데 유리합니다.
  - 논리적이고 구체적인 결론을 도출하는 데 적합합니다.

3. Graph of Thought (GOT)
Graph of Thought (GOT)는 사고의 관계를 그래프 형식으로 표현하는 방식입니다. 이는 여러 가지 아이디어나 개념들이 노드로 연결되어 있고, 각 노드는 서로 다른 관계를 가질 수 있는 복잡한 네트워크로 사고를 구조화하는 접근법입니다.

- **특징**:
  - 사고가 비선형적이며, 여러 아이디어나 정보를 다양한 방식으로 연결할 수 있습니다.
  - 네트워크 형태로 사고를 시각화할 수 있어, 여러 관계를 한 번에 볼 수 있습니다.

- **예시**: 여러 개념들이 상호 연결되어 서로 영향을 미치는 구조를 생각할 때, 각 개념이 그래프에서 하나의 노드로 나타나고, 그 사이의 관계를 간선으로 표현할 수 있습니다.
- **장점**:
  - 복잡한 아이디어나 문제에서 서로 다른 요소들의 관계를 명확하게 시각화할 수 있습니다.
  - 여러 가지 정보를 동시에 고려하고 그들의 관계를 파악하는 데 유리합니다.

TOT, COT, GOT의 차이점

특성	Tree of Thought (TOT)	Chain of Thought (COT)	Graph of Thought (GOT)
구조	분기형 (다양한 아이디어로 나뉨)	순차형 (단계별로 진행)	네트워크형 (노드와 간선으로 연결)
사고의 흐름	여러 방향으로 확장 (비선형적)	한 방향으로 흐름 (논리적, 단계적)	여러 요소들이 상호 연결된 형태
적합한 상황	창의적 아이디어를 탐색할 때	문제를 체계적으로 풀 때	복잡한 관계를 시각적으로 표현할 때
장점	다양한 해결책을 한 번에 고려 가능	단계적으로 문제 해결 가능	관계를 시각적으로 분석 가능
예시	브레인스토밍, 문제 해결의 다양한 접근	수학 문제 풀이, 논리적 추론	복잡한 시스템이나 아이디어 간 관계

요약

- **Tree of Thought (TOT)**: 사고가 여러 가지 방향으로 분기하며, 다양한 가능성을 동시에 탐색하는 방식.
- **Chain of Thought (COT)**: 사고가 순차적이고 논리적으로 이어지며, 문제 해결을 단계별로 접근하는 방식.
- **Graph of Thought (GOT)**: 사고의 요소들이 비선형적이고 복잡한 네트워크 형태로 연결되어 있는 방식, 관계를 명확히 시각화할 수 있음.

이러한 세 가지 사고 방식은 각기 다른 상황에 적합하며, 복잡한 문제를 다룰 때 어떻게 사고를 조직할지에 대한 다양한 접근법을 제공합니다.

개인적으로 TOT는 아이디어의 확장, COT는 구체적인 답변이나 수치적인 해석이 필요한 경우, GOT는 데이터 결합이 필요한 경우에 주로 사용합니다. 아직까진 COT를 가장 많이 활용하지만, AI를 보다 더 많이 공부하다 보면 TOT와 GOT도 더 많이 사용하게 될 것 같습니다.

번외: 따라 하면 안 되는 블로그 포스팅 자동화하기

이쯤에서 좀더 쉽게 하는 블로그 포스팅 방법도 알려 주려고 합니다. 따라하라고 알려 주는 것이 아니라, 이런 방법도 존재한다는 것을 알려 주려는 것입니다. 다른 사람들은 이런 방법으로 블로그 포스팅을 작성한다는 사실도 알려 주고 싶었습니다.

다시 한 번 디올립글로우를 예시로 보여 주겠습니다. 키워드를 소싱하는 과정까지는 같습니다. 네이버 블로그에 디올립글로우를 검색합니다. 그리고 네이버 웨일이나 크롬의 확장프로그램에 "드래그프리"라는 확장 프로그램이 있습니다. 이 프로그램을 활용하면 타인의 원고를 복사해 올 수 있습니다. 이 기능을 활용해서 타인의 원고를 내가 사용할 초안으로 쓰고, "디올립글로우" 블로그 포스팅을 한 유저의 원고를 3~5개 정도로 가져옵니다.

▲ 드래그프리 확장프로그램

GPTs에 "블로그"를 검색하면 다양한 GPTs가 나옵니다. 다른 사람들이 네이버 블로그에 적합한 원고를 생성해 주는 GPTs를 만들어 둔 것입니다. 여기에 키워드와 함께 준비한 원고(타인의 글)를 넣어 주고 약간의 프롬프트를 가미하면 새로운 블로그 포스팅을 위한 원고를 만들어 낼 수 있습니다.

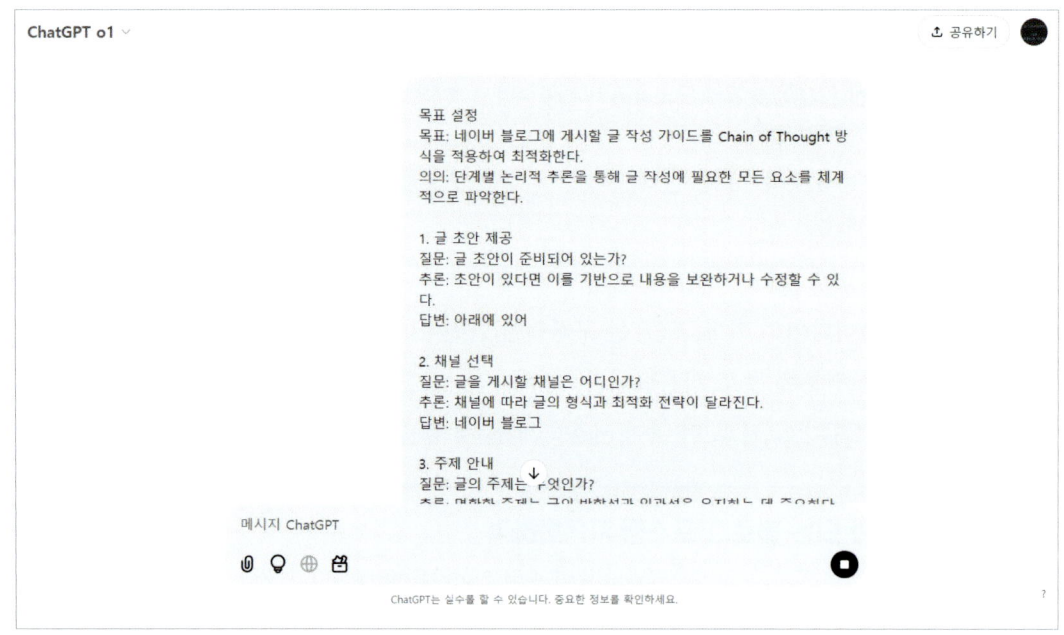

▲ GPT 탐색에서 "블로그" 검색

소싱한 키워드와 함께 복사해 온 원고 3~5개와 함께 목표 키워드를 넣으면 GPTs가 블로그 포스팅 초안을 작성해 줍니다.

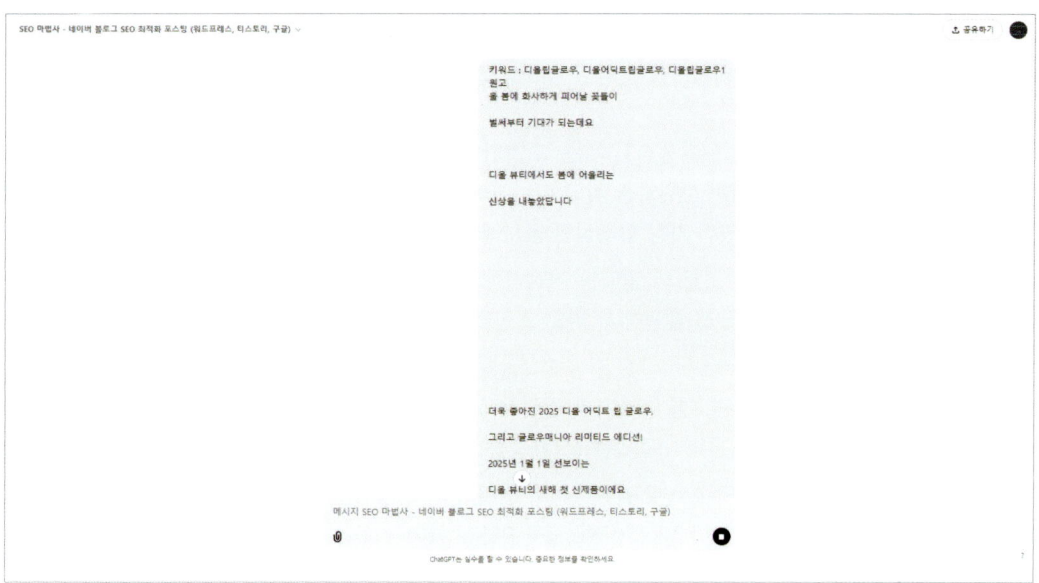

▲ 키워드와 함께 타인의 원고를 넣어 준 모습

이렇게 남의 원고를 훔치는 방법을 활용해서 새로운 블로그 포스팅을 만들어 내는 방법도 있습니다.

원고를 1개가 아닌 3~5개를 훔쳐 왔기 때문에 교묘하게 유사문서를 피할 수 있음은 물론, 유사문서가 걱정된다면 다양한 프롬프트를 조합해서 아예 새로운 사람이 작성한 것처럼 만들어 낼 수 있습니다. 앞에서 말했던 것처럼 특정한 '상황'을 부여해 주는 것만으로도 유사문서를 쉽게 피할 수 있습니다.

▲ 훔쳐 온 원고로 블로그 초안글 작성하기

상세페이지 등에서 사진만 따오면 간단하게 블로그 포스팅을 만들어 낼 수 있는 방법입니다. 뿐만 아니라, 타인의 블로그의 인기 게시물 정보를 가져올 수 있다면 해당 인기 게시물에 사용된 키워드를 추출해서 동일한 방법으로 타인의 인기 게시물과 인기 키워드를 훔쳐 올 수도 있습니다.

사실, GPT를 활용해서 블로그 원고를 생성할 때는 '초안의 퀄리티'에 따라 GPT가 생성해 주는 원고의 퀄리티가 좌우됩니다. 그렇기 때문에 이미 상위노출 하고 있는 블로거의 잘 정돈된 원고를 훔쳐 오는 것은 GPT를 활용해서 원고를 생성해내는 데에 있어 가장 합리적인 동시에 이상적인 방법이긴 합니다.

여기서 조금 더 나아가서 양심을 조금 더 판다는 가정하에, 좀 더 나쁜 짓을 한다면 해당 블로거의 글 자체를 RSS로 땡겨 와서 재피어와 메이크를 활용해서 원고 초안을 자동으로 구글 스프레드시트에 담아 내는 방법도 존재합니다.

실제로 저는 제가 작성한 블로그 원고를 RSS로 땡겨 와서 구글 기반의 블로그(고스트 블로그)로 구성과 이미지를 살짝 바꿔서 등록하거나, 제가 운영하고 있는 쓰레드, 인스타그램, 링크드인에 OSMU로 활용하곤 합니다.

저는 제가 작성한 원고를 OSMU의 소스로 활용하니까 문제가 되지 않지만, 시중에 블로그 자동화 강의나 유튜브 자료를 보면 대부분 남의 칼럼이나 블로그 포스팅을 RSS로 훔쳐서 구성만 살짝 바꾼 뒤 자동 포스팅하는 경우를 많이 보곤 합니다.

초기 설정만 잘 한다면 매우 간단하게, 키워드 소싱도 필요 없이, 남의 원고만으로 100% 완전 자동화를 실행하는 방법이긴 합니다. 어떻게 보면 굉장히 이상적인 방법이긴 합니다만, 양심을 팔아야 한다는 단점이 있습니다.

추가로, 유튜브 콘텐츠를 블로그 포스팅으로 변형하는 방법도 있습니다. 이 또한 마찬가지로 재피어와 메이크를 통해 RSS나 유튜브 모듈을 활용해서 자동으로 특정 유튜버가 업로드한 영상의 소스를 활용해서 포스팅을 자동으로 생성해 내는 것이 가능합니다. 원리는 간단합니다.

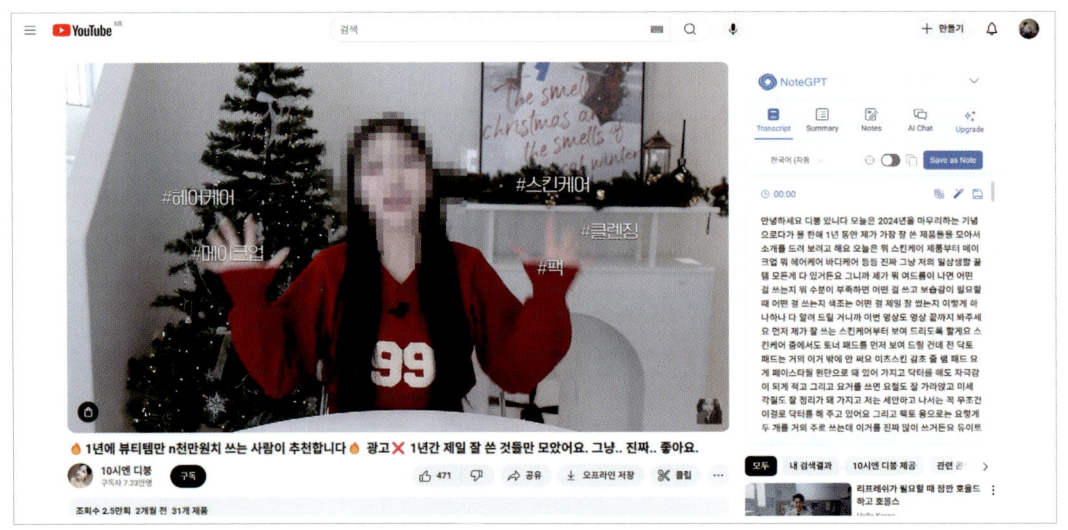

▲ 오른쪽 Note GPT 확장프로그램

Note GPT처럼 유튜브 동영상 속 원고를 생성해 주는 확장 프로그램이 있습니다. 해당 확장 프로그램을 쓰면 동영상 속 음성을 인식해서 자동으로 스크립트를 뽑아 주는 기능이 있습니다. 이 스크립트를 블로그 초안 대신 활용하는 것이죠. 이렇게 하면 유튜버의 동영상을 가져와서 블로그 형태의 포스팅으로 변환할 수 있습니다.

유튜버들은 항상 좋은 콘텐츠에 대한 고민을 하고 콘텐츠를 만들어 내기 때문에 이와 같은 방법을 활용하면 요즘 사람들에게 주목받을 수 있는 콘텐츠와 키워드를 단번에 베껴 버릴 수도 있습니다.

저는 블로그 포스팅을 한 이후에 제 유튜브에 동영상을 업로드하는 것이 익숙해서 블로그 포스팅 작성 이후 동영상 콘텐츠 기획, 마지막으로 유튜브 업로드를 합니다.

가끔 유튜브에 업로드를 먼저 한 이후에 해당 스크립트를 블로그 초안으로 활용해서 블로그 포스팅을 발행하는 경우도 있습니다. 이렇게 하면 유튜브 콘텐츠만 만들면 자동으로 블로그 콘텐츠도 따라오게 되는 것이죠. 마찬가지로 이후 OSMU는 재피어와 메이크를 활용해서 다른 SNS에도 자동으로 공유할 수 있습니다.

유튜브 동영상 콘텐츠 하나만 있으면 블로그, 페이스북, 인스타그램, 링크드인, 쓰레드를 각 플랫폼의 특성에 맞추어서 한 번에 내보낼 수 있는 것입니다. 물론 초안에 활용된 원고의 소유주가 누구냐에 따라 발행 콘텐츠의 퀄리티가 달라지겠죠. 저는 제 콘텐츠만을 OSMU합니다만, 남의 콘텐츠를 이런 식으로 베껴 가는 경우를 쉽게 볼 수 있습니다.

▲ OSMU 자동화의 예시

위 이미지는 한 인플루언서의 OSMU 자동화를 진행한 메이크 시나리오입니다. 유튜브 쇼츠를 발행하면, 메이크를 통해 자동으로 해당 데이터를 수집하고 GPT 모듈을 통해서 쓰레드, 인스타그램, 핀터레스트, 링크드인, X(구 트위터) 등의 다양한 플랫폼에 맞는 원고로 수정한 이후에 각기 다른 플랫폼으로 업로드까지 하는 구조를 만들어 준 것입니다.

모듈의 순서 구성을 간단하게 설명하면 아래와 같습니다.

1) 유튜브 쇼츠 업로드를 확인하고 데이터를 받아 옵니다.
2) 쇼츠의 mp4 파일을 구글 드라이브와 드롭박스에 저장합니다.
3) GPT 모듈을 통해 다양한 SNS의 톤앤매너에 맞추어 내용을 수정합니다.
4) 수정된 톤앤매너를 적용하여 다른 SNS에 자동 업로드합니다.

CHAPTER 07

네이버 Cue:를 활용해서 블로그 초안 작성하기

7-1 네이버 Cue:를 활용해서 블로그 초안 작성하기

이번에는 그 누구의 원고도 훔치지 않고 블로그 초안을 얻어 내는 방법을 알려 주겠습니다. 이번에는 네이버 Cue:(혹은 클로버X)를 이용하는데요, 네이버 Cue:는 사실 GPT에 비교하면 굉장히 퀄리티가 떨어지는 것이 사실입니다. 하지만 다른 생성형 AI보다 큰 장점을 가지고 있는 것이라고 한다면 역시 "한국에 특화된 콘텐츠의 생성"이라는 점입니다.

GPT나 제미나이(Gemini), 퍼플렉시티(Perplexity)의 경우 외국의 자료를 기반으로 답변을 만들어 주는 경우가 많지만 네이버 Cue:는 네이버의 자료를 우선적으로 활용해서 답변을 만들어주기 때문에 우리나라 사람들의 정서에 가장 잘 맞는 원고를 만들어 주며, 우리나라에 관련된 정보에 있어서 틀리는 경우가 GPT나 타 LLM보다 현저히 낮습니다.

> **네이버 Cue:란 무엇인가요?**
> 언어 모델에 추론(reasoning), 검색 계획(planning), 도구 사용(tool usage), 검색 기반 생성(retrieval-augmented generation) 기술을 녹여내어 네이버 검색과 결합한 AI 생성형 검색 서비스로써 네이버 버티컬의 정보를 요약하여 효과적인 검색 결과를 문장형으로 제공하며, 새로운 인터페이스를 통해 한층 더 확장된 검색 경험을 제공합니다.
> - Cue:는 대기 신청 이후 승인이 완료된 사용자가 사용할 수 있으며, 만 19세 이상 실명 인증이 된 아이디로 사용 가능합니다.
> - Cue:는 대기 명단에 등록하신 순서에 따라 순차적으로 승인되어 서비스 이용까지 대기가 발생할 수 있습니다.
> - Cue: 홈페이지에 접속하여 대기 명단에 등록하면 Cue:의 다양한 혜택을 받을 수 있습니다.

이번에는 '디올립글로우' 키워드와 '부산가볼만한곳' 키워드를 활용해서 네이버 Cue:로 원고를 생성하는 방법을 설명하겠습니다.

프롬프트
"키워드: 디올립글로우, 디올어딕트립글로우, 디올립글로우1

위 키워드를 활용해서 네이버 블로그 포스팅 작성 부탁할게. 원고의 형태는 제품 기대평 형태로 부탁해 (실제 구매 ×).

원고는 1,500자 이상으로 부탁할게"

그러면 네이버가 네이버에 저장된 정보를 토대로 해당 키워드를 활용해서 블로그 초안을 제공해 줍니다. 우리는 이 초안을 활용해서 GPT를 통해 더 좋은 원고로 발전시켜 블로그 포스팅에 사용할 수 있습니다.

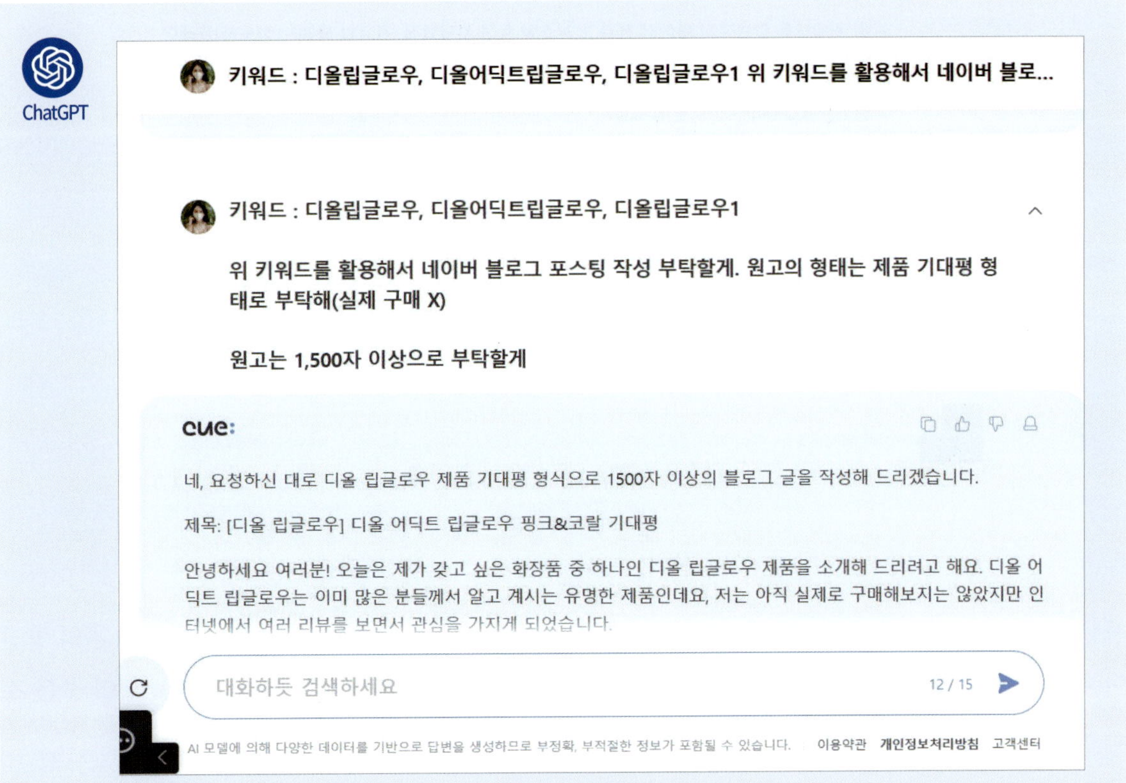

▲ 디올립글로우 관련 블로그 초안 생성 요청

마찬가지로 '부산가볼만한곳' 키워드를 활용한 예시도 보여 주겠습니다.

프롬프트
"키워드: 부산가볼만한곳
위 키워드를 활용해서 네이버 블로그 포스팅 작성 부탁할게. 원고의 형태는 정보성 큐레이션 형태로 부탁해.
원고는 1,500자 이상으로 부탁할게"

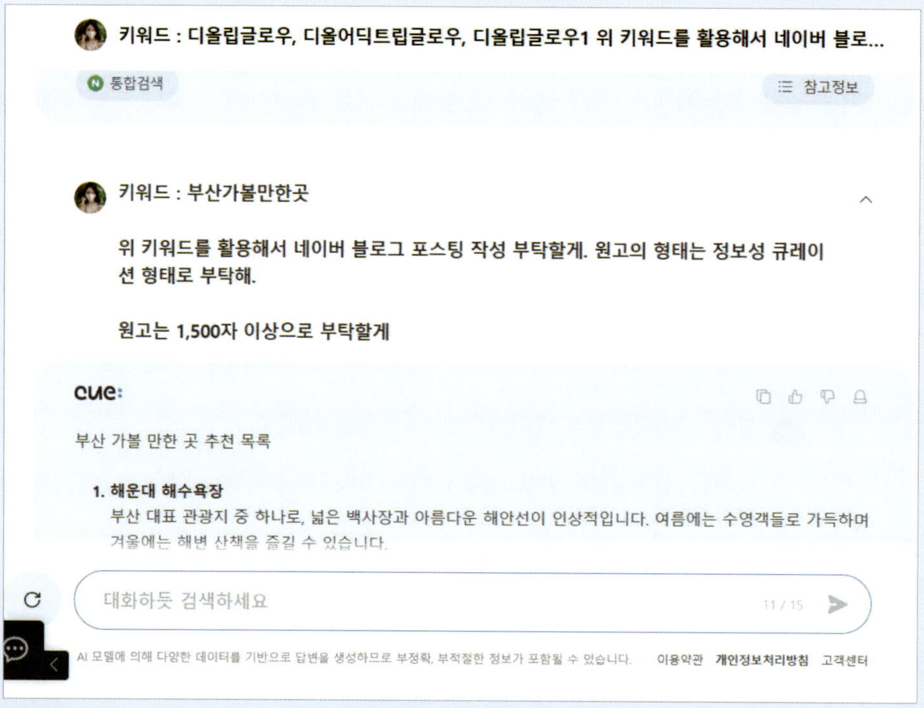

▲ 부산가볼만한곳 관련 블로그 초안글 작성 요청

사실 네이버 Cue:는 아직은 조금은 아쉬울 정도로 답변의 퀄리티가 좋지 못합니다. 아직 Cue:의 발전이 다른 LLM의 수준에 미치지 못하기 때문이겠죠. 하지만, 시간이 지나면 더 좋은 답변을 달아 주는 것은 확실합니다.

GPT로 블로그 원고를 만들어 내는 것 역시 처음에는 약간 아쉬운 답변이 나왔습니다만, 지금은 '내가 원고를 직접 작성한 게 언제더라'라는 생각을 종종할 정도로 GPT를 통해 블로그 원고를 작성하는 것이 익숙해졌습니다.

CHAPTER 08

수집 자료와 Cue:로 만든 초안으로 GPT 블로그 문서 작성하기

8-1 Cue:에서 만든 초안 VS GPT 보완

이제 본격적으로 실제로 블로그에 사용할 원고를 만들어 내는 방법에 대해 설명하겠습니다. 지금까지의 내용이 키워드를 소싱하고, 그룹핑하고, 초안을 작성하는 내용이었다면 이번에 알려 줄 내용은 실제로 사용할 블로그 원고로 만들어 내는 일입니다. 어려운 건 없습니다. 지금까지의 내용과 마찬가지로 복사와 붙여넣기만 잘 해 주면 됩니다.

GPT를 활용해서 블로그 원고를 만들 때는 3개만 있으면 됩니다.

① 적절한 프롬프트
② 블로그 원고 초안
③ 핵심 키워드

사실 지금까지의 내용들이 위 3개에 대해 모두 설명 드렸기 때문에 GPT에 복사와 붙여넣기만 하면 됩니다. 다만, 제가 실제로 사용하고 있는 프롬프트를 모두 알려 줄 순 없습니다. 저에게 배우는 모든 수강생들과 독자분들에게 저만의 정답을 공유해 버리면, 모두가 같은 프롬프트를 사용할 테고, 원고와 톤앤매너의 형태가 비슷해지다 보면 자연스럽게 서로가 유사문서에 걸릴 확률을 배제할 수 없기 때문입니다.

GPTs를 사용해도 되지만, 일반 GPT만으로도 블로그 원고 작성이 가능하기 때문에 GPTs를 사용하지 않는 방법을 안내하겠습니다(저는 저만의 GPTs를 만들어서 사용합니다.).

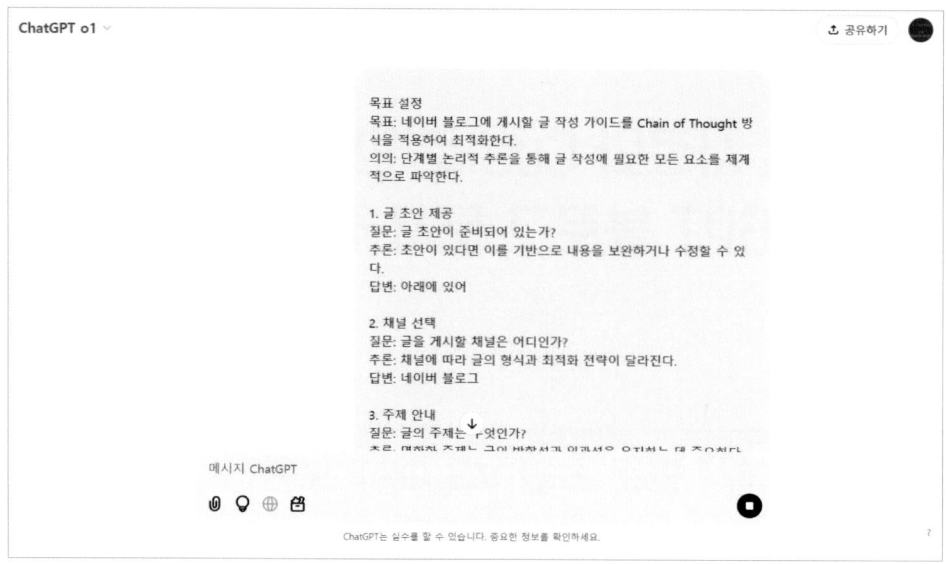

▲ Cue:로 만든 원고와 함께 준비된 프롬프트 입력

GPT 모델은 o1을 사용해도 되고, 4o나 o1-mini를 사용해도 상관 없습니다. 보통 4o나 o1-mini를 많이 사용합니다. o1 모델은 너무 논문과 같은 형태로 블로그 포스팅이 작성되는 경향이 있어서 블로그 포스팅을 할 때는 잘 사용하지 않는 모델입니다만, Cue:를 통해 생성된 원고가 맘에 들지 않을 경우 o1 모델을 통해 한 번 더 원고 초안을 만들어 내는 경우도 있습니다.

같은 프롬프트를 사용했음에도 다른 결과물이 나오는 것을 다음에 이어지는 3장의 이미지를 통해 확인할 수 있습니다.

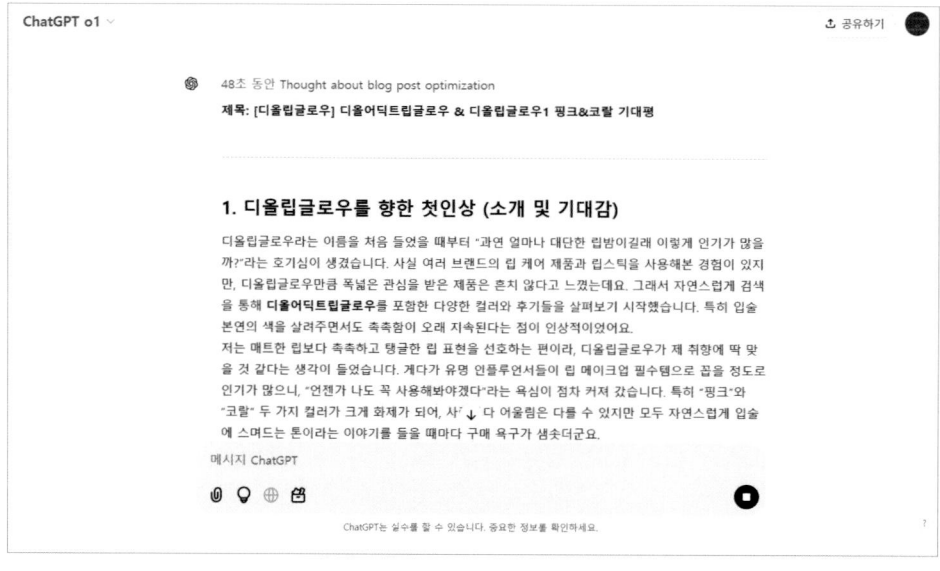

▲ o1 모델을 활용하여 만든 결과물

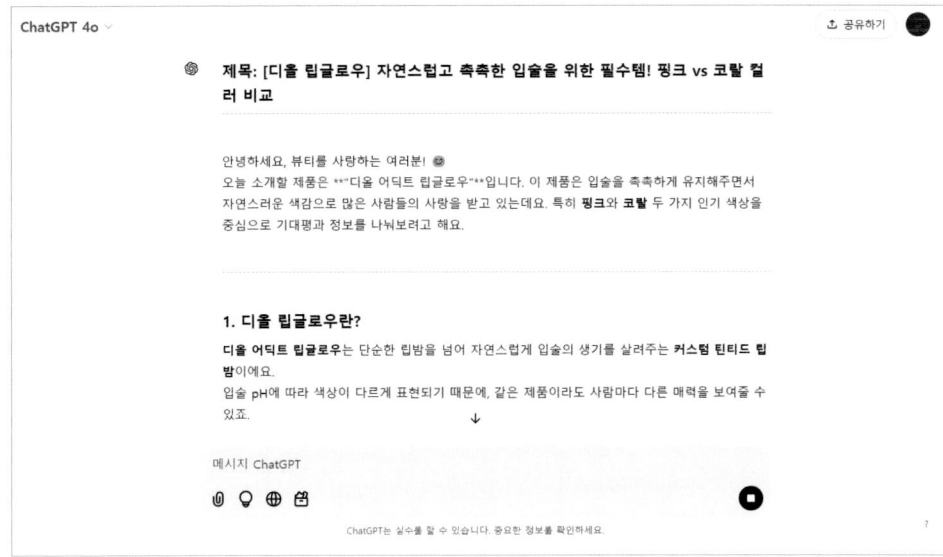

▲ 4o 모델을 활용하여 만든 결과물

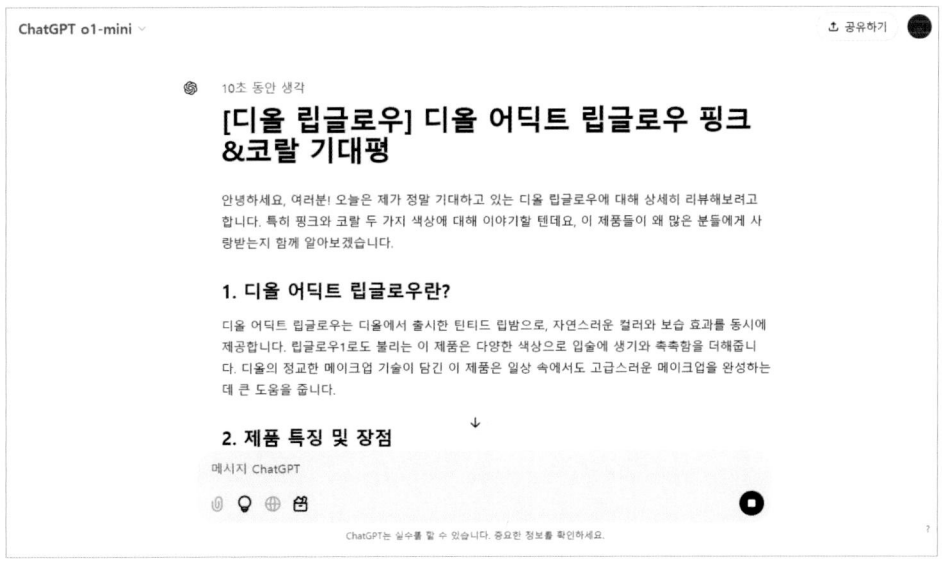

▲ o1-mini 모델을 활용하여 만든 결과물

어떤 모델을 사용하는지는 사용자의 취향에 따라 다릅니다. 하지만 이보다 더 중요한 것은 역시 프롬프트라고 할 수 있습니다. 이어지는 섹션에서는 블로그 포스팅을 할 때 사용하는 프롬프트의 일부를 공유합니다. 저는 이 프롬프트를 항상 메모장에 넣어 두고 원고 초안을 생성한 후에 프롬프트와 원고 초안을 복사한 후 붙여 넣는 형태로 GPT를 활용해 블로그 원고를 생성해 내고 있습니다. 잘 정리된 프롬프트와 초안을 생성해 내는 방법이 익숙해지면 고퀄리티의 블로그 포스팅을 1개 만들어 내는 데 10분이 채 걸리지 않습니다.

8-2 전문성 · 체류 시간 · 가독성 고려한 글 완성

01. COT가 적용된 프롬프트

다음 프롬프트는 COT가 적용된 프롬프트로 실제로 제가 활용하는 프롬프트입니다. 여러분은 꼭 이걸 변형해서 사용할 것을 권장합니다! 이미 제가 활용하고 있는 프롬프트인만큼 저와 유사문서, 그리고 제 수강생 분들과의 유사문서에서 벗어나기 위해서는 '본인만의 스타일'이 필요합니다.

제 경우에는 주로 칼럼을 많이 작성합니다. 제 블로그는 여행과 마케팅 카테고리에서 최적화가 되어 있는데, 주로 정보성 칼럼을 발행하는 블로그이기 때문에 프롬프트 자체가 조금 딱딱한 경향이 있습니다.

 네이버 블로그 포스팅을 작성해 줘.

목표 설정
- **목표**: 네이버 블로그에 게시할 글 작성 가이드를 Chain of Thought 방식을 적용하여 최적화한다.
- **의의**: 단계별 논리적 추론을 통해 글 작성에 필요한 모든 요소를 체계적으로 파악한다.

1. 글 초안 제공
   - **질문**: 글 초안이 준비되어 있는가?
   - **추론**: 초안이 있다면 이를 기반으로 내용을 보완하거나 수정할 수 있다.
   - **답변**: 아래에 있어

2. 채널 선택
   - **질문**: 글을 게시할 채널은 어디인가?
   - **추론**: 채널에 따라 글의 형식과 최적화 전략이 달라진다.
   - **답변**: 네이버 블로그

3. 주제 안내
   - **질문**: 글의 주제는 무엇인가?
   - **추론**: 명확한 주제는 글의 방향성과 일관성을 유지하는 데 중요하다.
   - **답변**: " " (주제 입력 필요)

4. 키워드 제공
   - **질문**: 메인 키워드와 서브 키워드는 무엇인가?
   - **추론**: 키워드는 SEO와 상위노출에 핵심적인 역할을 한다.
   - **메인 키워드**: [메인 키워드 1], [메인 키워드 2], [메인 키워드 3]
   - **서브 키워드**: [서브 키워드 1], [서브 키워드 2], [서브 키워드 3]

5. 제품 정보 제공
   - **질문**: 소개할 제품의 정보는 무엇인가?

- **추론**: 제품명과 특징을 정확히 알아야 상세하고 신뢰성 있는 정보를 제공할 수 있다.
- **답변**:
- **제품명**: [제품명 입력]
- **제품 특징**: [제품 특징 입력]

6. 작성자 유형 선택
   - **질문**: 글의 작성자는 어떤 유형인가?
   - **추론**: 작성자 유형에 따라 글의 어조와 관점이 달라진다.
   - **답변**: 리뷰어 / 공급자 중 선택: [작성자 유형 입력]

7. 톤앤매너 선택
   - **질문**: 글의 톤앤매너는 어떻게 설정할 것인가?
   - **추론**: 톤앤매너는 독자의 반응과 참여도를 좌우한다.
   - **답변**: 전문가 / 인플루언서 중 선택: [톤앤매너 입력]

8. 블로그에 사용할 사진
   - **질문**: 글에 사진을 포함할 것인가?
   - **추론**: 사진은 시각적인 이해를 돕고 글의 흥미를 높일 수 있다.
   - **답변**: 사진 제공 여부: [사진 제공 x]

9. 상황 설명
   - **질문**: 글을 작성하는 상황이나 배경은 무엇인가?
   - **추론**: 상황 설명은 글의 맥락과 스토리텔링에 도움이 된다.
   - **답변**:
   - **상황 설명**: [상황 설명 입력]

10. 요청 사항
    - **질문**: 글 작성 시 반드시 고려해야 할 요청 사항은 무엇인가?
    - **추론**: 요청 사항을 명확히 이해하면 글의 완성도가 높아진다.
    - **답변**:
    - **제목에 활용할 키워드**: 4번에서 제공된 모든 메인 키워드를 제목에 활용할 것.
    - **글자 수**: 6000byte 이상 필수.
    - **글 구조**: 본문을 10개의 소주제로 나눌 것.
    - **소주제별 보충 내용**: 각 소주제마다 600byte 이상의 보충 내용 포함.
    - **스토리텔링**: 자연스럽게 이어지는 기승전결 구조 필수.
    - **사람처럼 작성**: 구체적이고 상세한 표현 사용.
    - **마무리**: 전체 내용 요약 포함.
    - **상위노출**: 상위노출을 위해 키워드 반복과 유사문서 시스템 주의.
    - **메인 키워드 활용**: 본문에 메인 키워드를 반복적으로 활용할 것 (맥락상 어색하지 않도록 주의).
    - **추천 태그**: 태그 작성 시 '#'를 단어 앞에 꼭 넣어줄 것.

11. 참고 링크
- **질문**: 참고할 링크가 제공되는가?
- **추론**: 참고 링크는 추가적인 정보 제공과 신뢰도 향상에 기여한다.
- **답변**: 링크 제공 여부: [링크 제공 여부 입력]

12. 원고의 출처
- **질문**: 원고 작성 시 주의해야 할 점은 무엇인가?
- **추론**: 표절을 피하고 유사문서 판정을 받지 않기 위해서는 자체 작성이 필요하다.
- **답변**:
- **표현과 내용**: 표현이나 내용을 그대로 가져다 사용하면 안 됨. 유사문서 판정을 피하기 위한 자체 작성 원고 필요.

(이렇게 작성되면 아래 프롬프트 입력)

- **글자 수**: 6000byte 이상의 글자 수로 작성할 것 (매우 중요함).
- **소주제 개수**: 10개
- **소주제별 부가 설명**: 각 소주제별 부가 설명이 너무 적으니, 최소 600byte 이상의 부가 설명을 추가할 것.
- **키워드 반복**: 요청한 키워드의 반복 사용에 신경 써줄 것.
- **추천 태그**: 포스팅 하단에 추천 태그를 적어줄 것. 태그 작성 시 '#'를 단어 앞에 꼭 넣을 것.
- **내용 중복 방지**: 글의 내용이 너무 중복되지 않도록 작성해줄 것.
- 네이버 블로그 SEO 가이드를 준수할 것.

제가 만든 프롬프트를 기반으로 여러분에게 맞는 형태로 변형한 후 GPT에 최대한 많은 정보를 담아 주면 좋습니다. 제품 후기 리뷰/프리뷰를 작성하는 원고에는 제품의 상세 페이지를 전체 캡처해서 넣어 주는 것이 좋습니다(저는 네이버 웨일 캡처 프로그램을 사용합니다.). 그래야 GPT가 제품의 특성에 대해 더 많이 이해하고 활용할 수 있습니다.

글의 초안 자체를 상세 페이지를 넣어서 생성해 낼 수도 있습니다. 더 나아가, 유사문서가 걱정된다면 특정 상황을 부여해 주면 됩니다. 예를 들어서, '~한 이유로 제품 구매 예정이다', '내 친구가 사용하는 걸 한번 써 봤는데 나한테 너무 잘 맞더라', '~에서 할인 판매 중이다', '구매하고 마음에 들면 친구들한테도 선물할 예정이다' 등 새로운 상황을 부여해 줘서 이러한 내용을 GPT가 블로그 원고에 자연스럽게 스토리텔링할 수 있도록 유도해 주는 것이 좋습니다.

그리고 이렇게 블로그 원고가 작성이 되면, 작성한 블로그 원고를 복사한 후 붙여 넣어서 네이버 블로그 포스팅을 해 주면 됩니다만, GPT에서 복사해서 바로 블로그로 옮겨 담으면 폰트나 에디터 구조가 깨져 버립니다. 그래서 복사한 후 붙여 넣을 때는 항상 메모장에 먼저 옮겨 담은 후, 메모장에서 새로 복사해서 네이버 블로그 에디터로 붙여 넣어 주는 것이 중요합니다.

뤼튼이나 가제트AI와 같은 블로그 포스팅 작성 AI 서비스를 이용하는 것도 원고 초안을 생성하는 방법이긴 하지만 가짜 정보를 많이 받아들이는 경향이 있어서 가능하면 네이버 Cue:를 활용해서 원고 초안을 작성하거나 간단한 원고 작업을 해 주는 것이 가장 좋습니다.

02. 원고를 생성할 때 꼭 신경 써야 하는 요소: 톤앤매너

네이버 로직은 평소 콘텐츠 생산자의 톤앤매너를 학습합니다. 완벽히는 아니겠지만, 평소 콘텐츠 작성자의 콘텐츠 제작 스타일, 즉 일정한 톤앤매너의 글을 작성하는지 하지 않는지 파악하고 있습니다.

그래서 평소와 다른 톤앤매너의 글이나 콘텐츠가 작성되면 평소보다 노출이 되지 않거나 누락이 발생하는 경우가 생깁니다. 특히 다른 사람의 원고나 표현을 베껴서 사용할 경우 네이버에서 바로 걸리기 때문에 평소의 일정한 톤앤매너를 유지하는 것이 바람직한 글쓰기 방법이 됩니다.

하지만 생성형 AI를 통해 원고를 부탁하는 경우, AI의 톤앤매너가 입혀진 결과물이 나올 수밖에 없습니다. 이런 경우에는 제가 안내한 프롬프트를 최대한 본인만의 스타일로 가공해서 '나만의 프롬프트'를 만들어서 사용할 것을 권장하며, 추가로 GPTs를 만드는 방법을 배워서 평소 내가 작성해 두었던 글들을 GPTs의 '지식'에 업데이트하여 학습시킨 후 내가 작성한 원고와 최대한 비슷한 톤앤매너의 원고를 뱉어 낼 수 있도록 만들어 주는 것이 좋습니다.

▲ 나만의 블로그 GPTs 만들기

저는 저만의 GPTs를 만들어서 키워드와 간단한 초안을 넣으면 바로 저의 톤앤매너를 학습한 AI의 글이 나오도록 시스템화해 두었습니다. GPTs를 만들기 위해서는 최소 2~3시간, 길면 며칠이 소요되지만, 한 번 만들어 두면 평생 써먹을 수 있음은 물론, 이전에 다양한 프롬프트를 입력하고, 답변이 나오면 또 다시 프롬프트를 입력하는 것을 반복하는 스레드(티키타카)의 과정을 많이 생략할 수 있습니다. AI를 더 잘 활용하기 위해 더 많은 시간을 투자해야 하는 아이러니이지만, 한 번 깊게 투자하고 나면 삶의 질(?)이 대폭 향상됩니다. 저는 앞에서 언급한 GPTs 말고도 다양한 GPTs를 만들어서 사용하고 있습니다.

▲ 필자가 만든 GPTs

네이버 블로그 글을 최적화해 주는 GPTs부터 리뷰 답변을 달아 주는 GPTs, 지도 SEO를 해 주는 GPTs, 블로그 키워드 분석기 GPTs, 브랜드 슬로건 제작 GPTs 등을 활용하고 있으며, 이 외에도 다른 분들과 협업하여 만든 GPTs도 몇 개 더 있습니다.

▲ 블덱스에서 검색해본 조영빈강사 블로그 지수

저는 지금까지 이 방법을 통해 네이버 블로그를 1년 이상 운영하고 있습니다. GPT-4 모델이 나온 이래로 이 방법을 사용하고 있으니 거의 2년이 다 되어 가는 것 같습니다. 단 한 번도 유사문서에 걸린 적이 없는 방법이니 안심하고 따라 해도 됩니다.

PART 03

생성형 AI를 활용해서
블로그 자동화하기 1 - 재피어 편

CHAPTER 09   생성형 AI를 활용해서 이미지 만들기
CHAPTER 10   노코드 툴로 100% 블로그 자동화하기

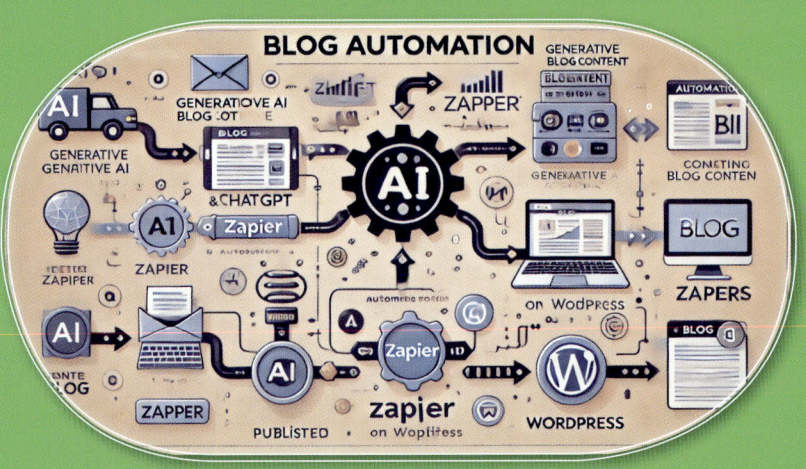

CHAPTER 09
생성형 AI를 활용해서 이미지 만들기

9-1 챗GPT로 이미지 생성하기

사실 블로그 포스팅을 함에 있어서 이미지는 항상 고민거리일 수밖에 없습니다. AI를 활용하면, 제가 알려 준 방법대로 따라만 하면 원고를 생성하는 데에 큰 무리는 없습니다만 이미지를 활용하는 부분에서 걸릴 수밖에 없습니다.

저는 보통 다음의 2가지 방법을 사용합니다.

① 공식 사이트에 있는 이미지를 캡처해서 사용
② GPT를 통해 이미지를 만들어서 사용

블로그 알고리즘을 따져 본다면 후자의 경우가 낫긴 하지만, GPT가 이미지를 생성하고 해당 이미지를 다운로드해서 활용하는 시간이 원고를 1개 더 생성하는 시간과 맞먹기 때문에 저는 보통 전자의 경우를 많이 활용합니다.

챗GPT를 통해 이미지를 생성하는 방법은 매우 간단합니다. 챗GPT에게 이미지를 만들어 달라고 프롬프트를 내리면 됩니다.

"이미지 만들어 줘."

블로그 원고가 작성된 채팅 내역에 "블로그 포스팅에 사용할 이미지 10장 만들어줘"라고 요청하기만 하면 됩니다. 그러면 챗GPT가 그럴싸한 이미지를 생성해 줍니다.

 "블로그 포스팅에 사용할 이미지 10장 만들어줘"

▲ 챗GPT를 통해 포스팅용 이미지를 생성

9-2 미드저니로 이미지 생성하기

만약 여러분이 여기서 더 나아가서 실제 사진과 AI 생성 이미지의 느낌을 구분할 수 없는 실사 퀄리티를 만들어 내기 원한다면 챗GPT가 아니라 미드저니(Midjourney)를 활용해야 합니다. 미드저니를 활용하는 방법도 의외로 간단합니다.

> **미드저니(Midjourney)란?**
> 미드저니는 인공지능(AI)을 활용해 텍스트를 입력하면 이미지를 생성해 주는 생성형 AI 툴입니다. 자연어 처리와 컴퓨터 비전을 사용해 시각적 출력인 이미지를 생성합니다.
> - 복잡한 설치 과정 없이 누구나 쉽게 고품질의 이미지를 생성할 수 있습니다.
> - 스테이블 디퓨전과 함께 현재 가장 많이 사용하는 이미지 생성형 AI 중 하나입니다.
> - 웹 사이트(https://www.midjourney.com/home)에서 누구나 이미지를 자유롭게 만들어 볼 수 있습니다.
> - 유료로 서비스되고 있어, 사용하려는 목적에 따라 일정 금액을 지불해야 합니다.

▲ GPTs 미드저니 프롬프트 만드는 프롬프트

GPTs 중에 '미드저니 프롬프트 만드는 프롬프트'라는 GPTs가 있습니다. 앞의 GPT 대화를 통해 만들었던 이미지를 다운로드해서 '미드저니 프롬프트 만드는 프롬프트' GPTs에게 입력하면 미드저니에서 해당 이미지와 비슷한 실사 이미지를 만들어 내는 미드저니 프롬프트를 만들어 줍니다. 이 프롬프트를 미드저니에 복사해 주면 실사 느낌의 이미지도 만들어 낼 수 있습니다.

미드저니는 디스코드 방식의 영문 프롬프트를 입력해야 하므로, 자연어인 한글로 대화하듯 입력하는 챗GPT와는 프롬프트 입력 방식에 차이가 있습니다. 따라서 프롬프트를 만들어 주는 툴을 사용하는 것이 생성하면 쉽고 편하게 향상된 품질의 이미지를 생성할 수 있습니다.

다음 이미지는 미드저니를 통해 만들어 낸 실사 느낌의 디올립글로우 이미지입니다. 이런 식으로 10장 정도의 이미지를 만들어 주면 네이버가 요구하는 최소한의 이미지 개수는 맞출 수 있겠죠?

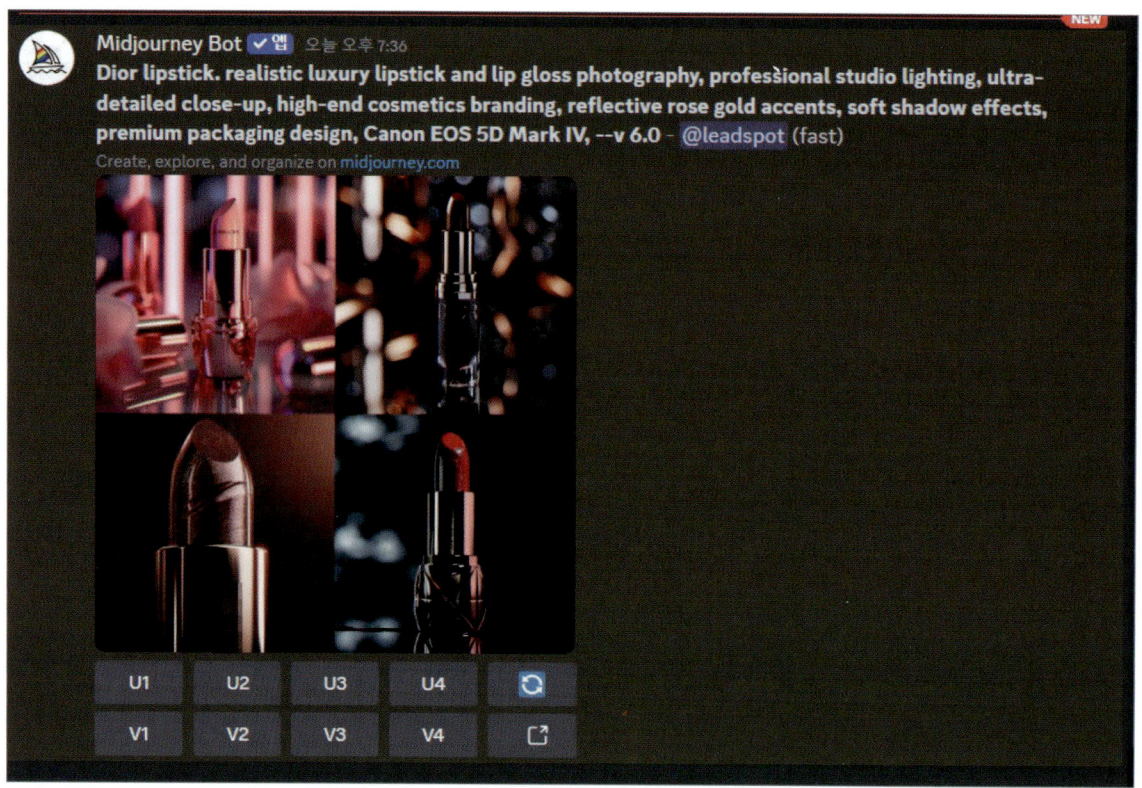

▲ 미드저니가 생성해 준 디올립글로우 이미지

9-3 직접 찍은 사진과 AI 이미지 혼합 활용 시 이점

다시 한번 설명하면, 저는 굳이 미드저니까지는 활용하지 않습니다. ① AI로 생성한 이미지 10장을 사용하거나 ② 기존 상세페이지에 있는 이미지나 업체의 이미지를 가져다가 사용하는 것, 이 두 가지 중 어느 것이 더 괜찮다고 자신 있게 말할 수가 없습니다. 다만, 시간 효율적으로는 10장의 이미지를 하나씩 GPT를 통해 프롬프트를 만들고 미드저니로 생성하는 시간보다 그냥 있는 사진을 쓰는 게 더 낫다는 게 개인적인 생각입니다.

구글의 경우 생성형 AI로 만들어 낸 콘텐츠에 대해서는 페널티를 부과하겠다고 했습니다. 구글은 생성형 AI 콘텐츠를 부정적인 입장을 취하는 반면, 네이버는 생성형 AI로 만든 콘텐츠도 퀄리티만 괜찮다면 별다른 페널티를 부과하지 않겠다고 했습니다. 이로 인해, 생성형 AI를 활용하여 만든 콘텐츠의 활용도는 구글보다 네이버가 더 유리한 것이 사실입니다.

오른쪽 이미지는 '올리브유효능'이라는 키워드로 네이버에서 블로그 검색한 결과입니다. 캡처한 블로그 포스팅 중 1개의 블로그 포스팅을 제외한 나머지 블로그 포스팅 문서에는 모두 생성형 AI로 만든 이미지가 활용된 것을 확인할 수 있습니다.

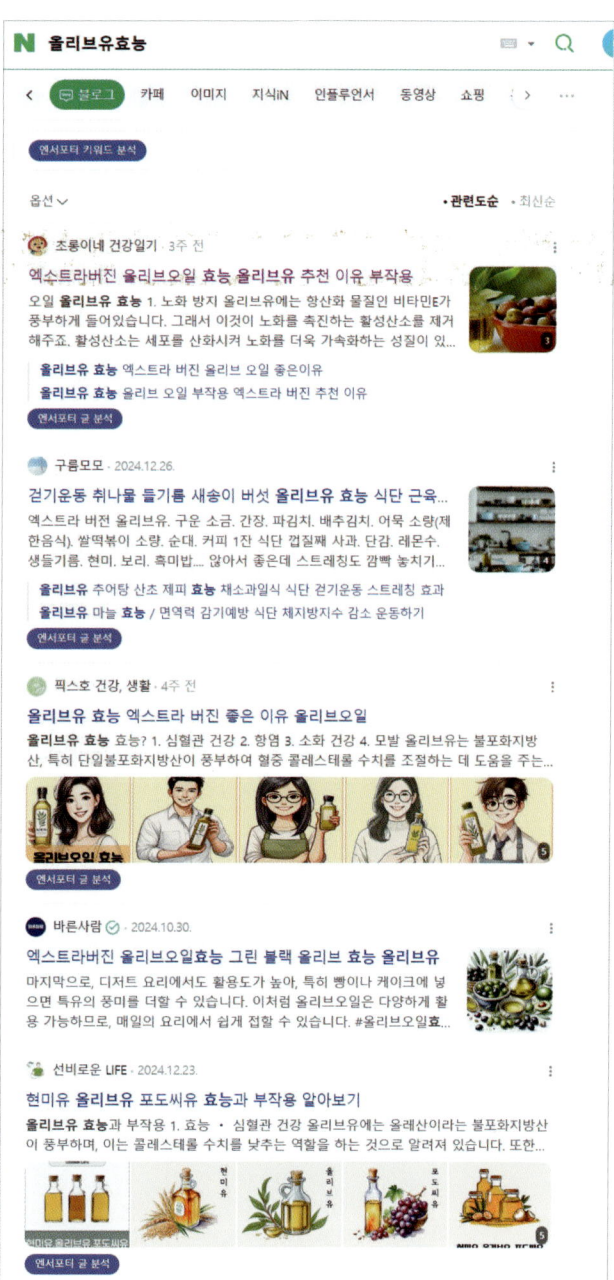

▲ '올리브유 효능'으로 검색한 결과

'올리브유효능' 키워드는 검색량 1만 건 이상, 월간 콘텐츠 발행량은 약 2천 건의 키워드입니다. 이런 키워드에서도 생성형 AI로 만든 이미지를 활용한 블로그 포스팅들이 상위노출되는 것을 확인할 수 있습니다.

생성형 AI 콘텐츠에 대한 네이버의 정책이 언제 바뀔지는 모르지만, 집필한 당시인 2025년 4월 현재는 네이버는 생성형 AI 콘텐츠에 대한 부정적인 입장을 취하고 있지 않습니다. 덕분에 생성형 AI를 활용하여 만든 문서와 이미지에 대한 페널티가 없음은 물론, 유사문서에서도 큰 제약이 없음을 확인할 수 있습니다.

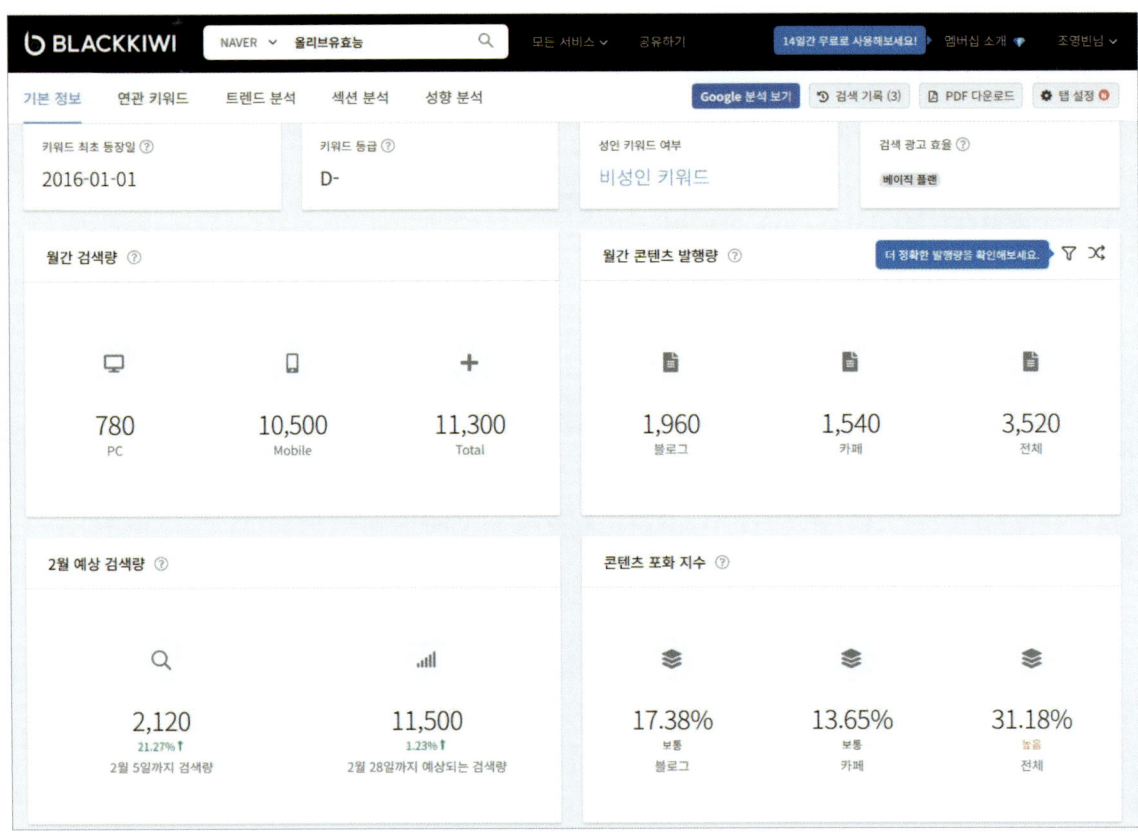

▲ 블랙키위 "올리브유효능" 검색 결과

CHAPTER 10

노코드 툴로 100% 블로그 자동화하기

10-1 재피어를 활용해서 100% 블로그 자동화하는 방법

01. 노코드 자동화 툴의 장점

이번에는 우리나라에 알려진 가장 대표적인 2개의 노코드 자동화 툴인 재피어(zapier)와 메이크(make.com)를 활용해서 구글 기반의 블로그(워드프레스, 고스트) 등에 100% 자동화로 글 발행을 하는 방법을 설명하도록 하겠습니다.

재피어와 메이크는 제대로 활용할 줄만 안다면 굉장히 편리하게, 그동안 기계적으로 해오던 업무들을 자동화로 쉽게 처리할 수 있는 좋은 툴임은 분명하지만, '진입장벽이 높다'는 단점을 가지고 있습니다.

마케터라면 AI에 대한 공부와 더불어 개발, 그리고 AI 툴, 노코드 툴은 무조건 공부를 해야 한다고 생각합니다. 하지만, 노코드 자동화 툴인 재피어와 메이크조차도 진입 장벽이 매우 높고, 활용 방법이 어려워서 마케터들도 활용할 엄두를 내지 못하거나, 제대로 활용하지 못하는 사람들이 대부분입니다. 유튜브에 재피어나 메이크와 관련된 동영상을 찾아보면 자동화를 잘 활용하는 분들은 엄청난 자동화를 통해 업무를 편하게 하는 반면에 여전히 기계적인 업무를 매일 반복적으로 진행하는 마케터들도 있습니다.

이번 책에서는 재피어와 메이크 같은 노코드 툴을 '제대로' 활용하는 방법을 담지는 못했습니다. 다만 이 책이 출간되는 2025년 4월 기준으로, 국내에 재피어와 메이크와 같은 노코드 툴이나 AI 자동화 툴을 활용하는 방법을 담은 책은 없습니다. 그만큼 이를 가르쳐 줄 사람도 많이 없고, 가르쳐주는 방법도 쉽지가 않기 때문이라고 생각합니다. 이번 책에서는 재피어와 메이크를 어떻게 활용하는지에 대한 설명은 접어 두고, 이 두 개의 노코드 툴을 활용해서 제 책을 보면서 '따라만 하면' 100% 블로그 자동화 시스템을 만들 수 있도록 하는 데에 초점을 맞추었습니다. 그러니, 만약 내용이 너무 어렵다면 이해하기 위해 노력하기보다는 일단 따라해서 완성된 작업물을 만드는 것을 목표로 천천히 따라와 준 후 노코드 툴을 추가로 공부하면서 이해하기 바랍니다!

02. 재피어를 비롯한 노코드 툴에 대한 간단한 소개

우선 자동화 툴에는 여러가지 종류가 있습니다. 가장 대표적인 것이 앞에서 소개한 재피어와 메이크이고, 이 외에도 n8n, Relavance AI, 그리고 개발 테크닉을 함께 활용하는 Crew AI, Cursor AI 등이 있습니다.

활용 난이도로 보면, 재피어가 가장 쉽고, 재피어가 익숙해지면 메이크를 활용하는 데 큰 어려움이 없습니다. 메이크를 능숙하게 활용하면 n8n이나 Relavance AI를, 파이썬이나 C 언어와 같은 언어에 대한 개발적 지식이 있다면 Cursor AI와 Crew AI 등을 활용할 수 있습니다.

당연히 활용 난이도가 어려울수록 만들어 낼 수 있는 자동화의 수준과 퀄리티가 다릅니다. n8n 까지만 활용하더라도 재피어와 메이크만으로는 절대 할 수 없는 수준의 자동화와 AI 활용 프로세스를 만들어 낼 수 있는데, 여기에 개발적 지식까지 입힌 Cursor AI와 Crew AI까지 활용한다면 이 프로그램들을 능숙하게 활용하는 것만으로도 대한민국 상위 0.1%의 AI 활용 능력을 갖춘 마케터라고 할 수 있습니다. 고백하자면 저도 마찬가지로, n8n과 Cursor AI는 아주 초보적인 수준으로 활용하고 있습니다. 더 나은 마케터가 되기 위해 열심히 공부하고 있습니다!

이 책에서는 재피어의 활용을 먼저 소개하려고 합니다. 위에서 언급한 대로 재피어가 가장 쉽기 때문입니다. 재피어는 메이크에 비하면 훨씬 다루기 쉬운 노코드 툴입니다. 하지만, '비싸다'는 단점이 있기 때문에, 재피어를 충분히 익힌 후에는 메이크를 활용할 것을 추천합니다.

> 국내에도 아웃코드(Outcode)라는 자동화 툴이 있습니다. 하지만 기능이나 다른 앱과의 연동성이 매우 떨어지기 때문에 자동화 툴은 해외 프로그램을 이용하는 편입니다. 아웃코드의 경우 한국어 기반이기 때문에 자동화의 원리에 대해서 공부하기에는 굉장히 좋은 프로그램이니, 처음 공부할 때는 아웃코드도 함께 살펴보면 좋습니다!
>
> 추후 자동화 툴이 익숙해지면 다양한 연동 앱을 이용하게 되는데, 이 부분에서 아웃코드가 많이 부족한 편이라 활용을 추천하지는 않습니다. 굳이 비유를 하자면, 아웃코드는 대학생이 쓰는 프로그램, 재피어 이상의 프로그램은 실무진이 사용하는 프로그램이라고 할 수 있습니다.

03. 재피어를 활용해서 네이버 블로그 포스팅을 구글 블로그에 자동으로 옮겨 담기

우선, 재피어 홈페이지(https://zapier.com/app/home)에 접속해서 회원 가입을 진행해 주세요. 재피어를 처음 이용하면 월 100건의 Task(자동화 실행 action)가 무료이며, 두 단계의 플로우만 자동화 설정을 할 수 있습니다.

① 재피어의 요금제

재피어는 비싸다고 말했죠? 자동화 세팅을 제대로 구현하기 위해서는 Multi-step Zaps 기능을 사용할 수 있는 최소한의 요금제인 19.99달러의 Professional 요금제를 사용할 수밖에 없습니다. 물론, 단계를 2개씩 쪼개서 비용을 아낄 수도 있습니다. 만약 처음부터 이 비용의 결제가 부담스럽다면 플로우 단계를 2단계씩 쪼개서 따라 하면 됩니다.

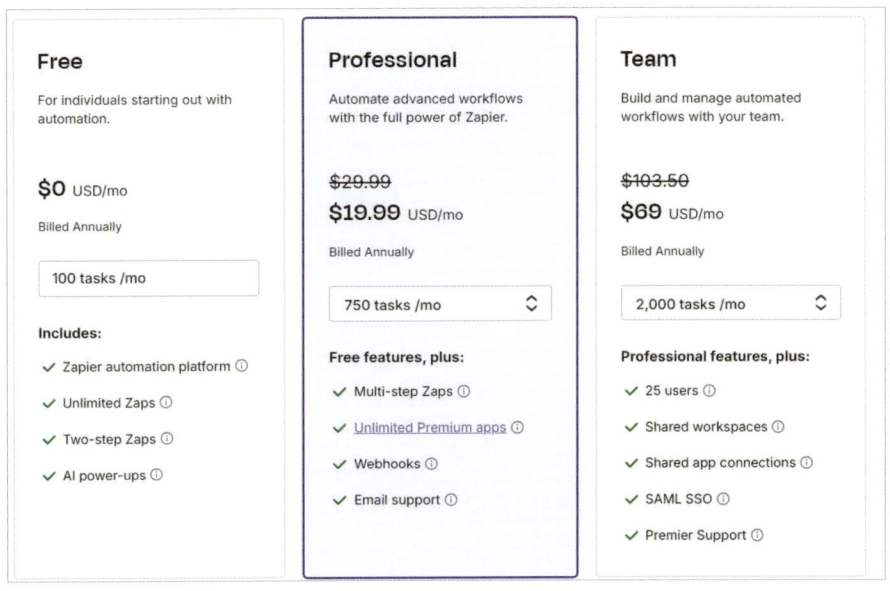

▲ 재피어 요금제

② 재피어의 Zap 설정

오른쪽 이미지는 5단계 플로우로 구성된 Zap의 모습입니다. 무료 요금제를 사용한다면, 이 5단계의 플로우를 2개씩 총 3개의 Zap으로 구성해야 하는 번거로움이 있습니다.

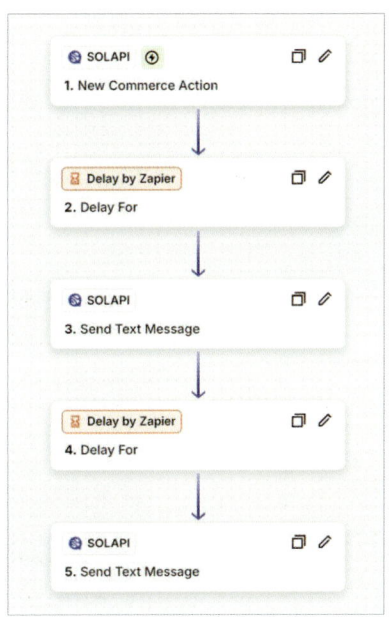

▶ 5단계 플로우

이 Zap에 대해 간략하게 설명하면, 문자 메시지를 보내는 Zap을 설정한 모습인데요, 새로운 데이터가 들어오면 일정한 시간을 기다렸다가 문자 메시지를 보내는 것을 반복하는 설정의 모습입니다.

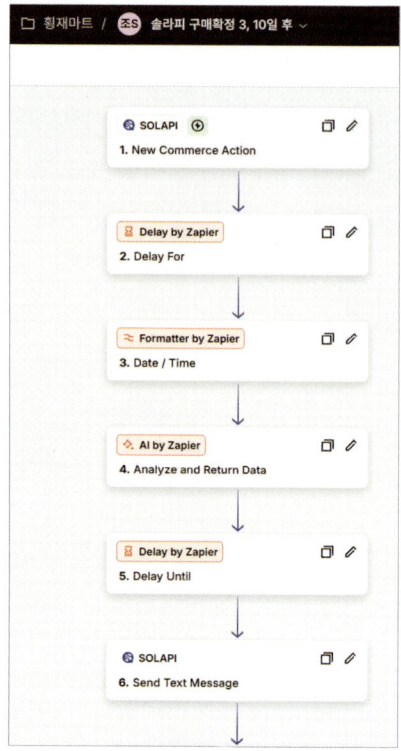

▶ 문자 메시지를 보내는 Zap 설정

04. 네이버 블로그를 구글 블로그로 자동화하기

이번에 소개할 Zap 시나리오는 네이버 블로그에 작성한 포스팅을 구글 블로그로 옮기는 자동화 작업입니다. 일부러 굉장히 단순하게 작업물을 만들었습니다. 이 구성을 따라 해본 이후에 익숙해진다면 더 다양한 자동화 전략을 수립할 수 있습니다. 그럼 하나씩 살펴볼까요?

먼저 재피어에 접속해 로그인한 후 왼쪽 상단의 [+ Create] 버튼을 눌러 주세요.

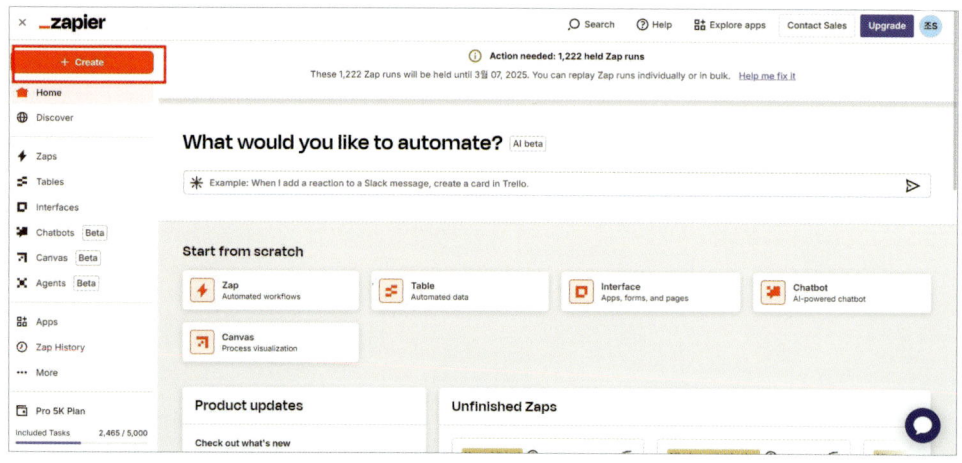

▲ Zap 시나리오 만들기

참고로 저는 재피어에서 Zap 기능만 사용하고 'Table', 'Interface', 'Chatbot', 'Canvas' 기능은 활용하지 않습니다. 이 기능들은 다른 대체 프로그램들을 사용합니다. 이 기능 때문에 추가 결제하지 마세요!

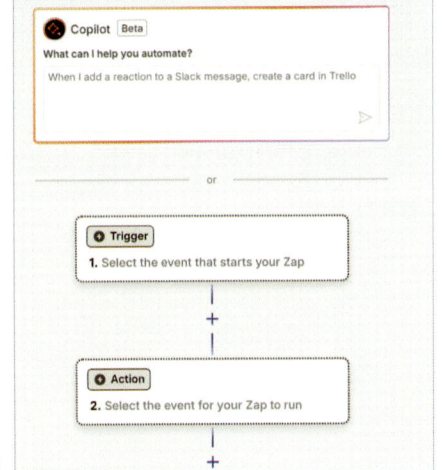

▶ 트리거와 액션 설정

트리거와 액션에 대해 간단하게 설명하면 다음과 같습니다.

① **트리거**(Trigger): 자동화가 시작되는 조건 또는 이벤트(Variable)
② **액션**(Action): 트리거 발생 후 실제로 수행하는 작업(Task)

노코드 툴의 기본 원리는 이렇습니다.

> ~ 어떠한 트리거(Trigger)가 발생할 경우 ~한 액션(Action)을 실행한다.
> - 구글 스프레드시트에 이메일 주소(트리거)가 들어올 경우 / 설정한 메일을 발송한다(액션).
> - 구글 스프레드시트에 전화번호가 추가되면(트리거) / 문자 메시지를 발송한다(액션).
> - 네이버 블로그 포스팅이 발행되면(트리거) / 챗GPT로 블로그 제목을 수정한다(액션).

트리거는 액션의 조건 변수(Variable)가 되며, 액션은 실제 수행되는 태스크(Task)를 의미합니다. 재피어의 요금제 과금은 몇 번의 태스크가 수행되느냐에 따라서 비용이 발생하는 구조입니다. Zap 시나리오가 복잡하고 수행하는 태스크 액션이 많을수록 비용 청구가 많이 되는 방식이죠. 물론, 메이크도 비슷한 청구 방식이긴 합니다만 체감상 10배 이상의 가격 차이가 납니다.

앞선 이미지에서 Copilot은 재피어의 AI 챗봇입니다. 재피어의 Zap 설정과 관련해서 상담을 해 주는 디지털 상담원이라고 생각하면 됩니다. 원하는 시나리오를 입력하면 어떻게 설정하는지에 대한 안내해 주는 역할을 수행합니다.

"네이버 블로그 발행 글을 고스트 블로그로 옮기고 싶어"라고 요청을 했는데요, 원하는 수준의 답변이 나오지 않았습니다. 아직은 완벽한 답변을 기대하기는 어려운 수준이긴 합니다.

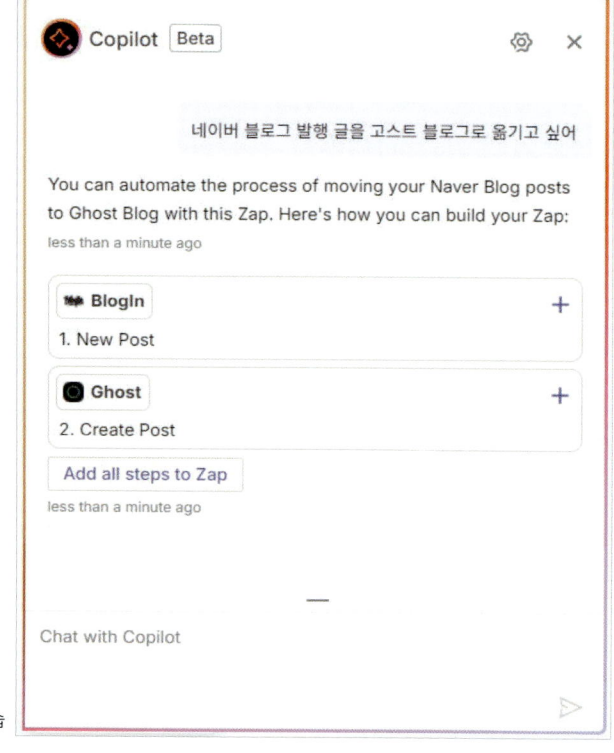

▶ 코파일럿 이용 모습

1단계 트리거로 [RSS]를 선택합니다. RSS는 네이버 블로그에 발행한 글을 자동으로 수집해서 저장을 해주는 기능을 합니다. RSS에 새로운 데이터가 들어올 때 트리거가 활성화되는 것이고, 그다음에 설정하는 액션을 통해 원하는 태스크를 수행할 수 있게 됩니다.

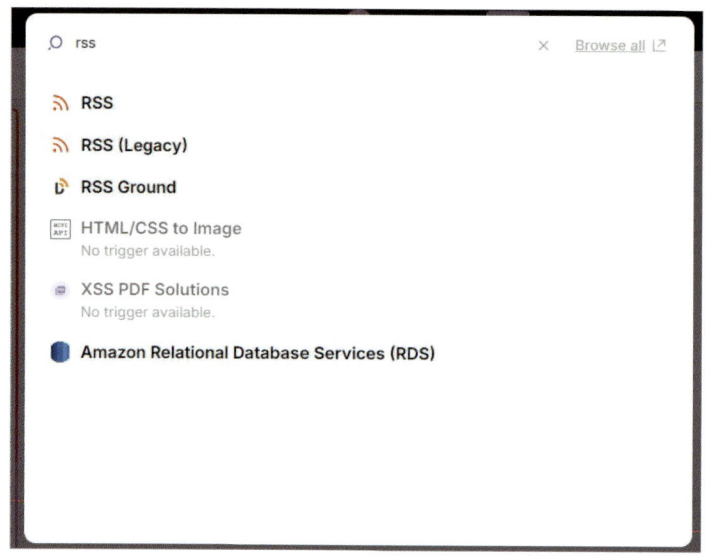

▲ [RSS] 선택

이렇게 설정한 후에는 'RSS 링크'를 만들어야 합니다. RSS 링크는 네이버 블로그의 경우 'PolitePol'을 활용하는 것이 좋습니다. 일반적으로 RSS 리더로 'Innoreader'를 쓰는 경우가 많지만, Innoreader는 네이버 블로그 데이터를 가져오는 RSS 툴로서는 연동성이 떨어집니다.

- **폴라이트폴 홈**: https://politepol.com/en/

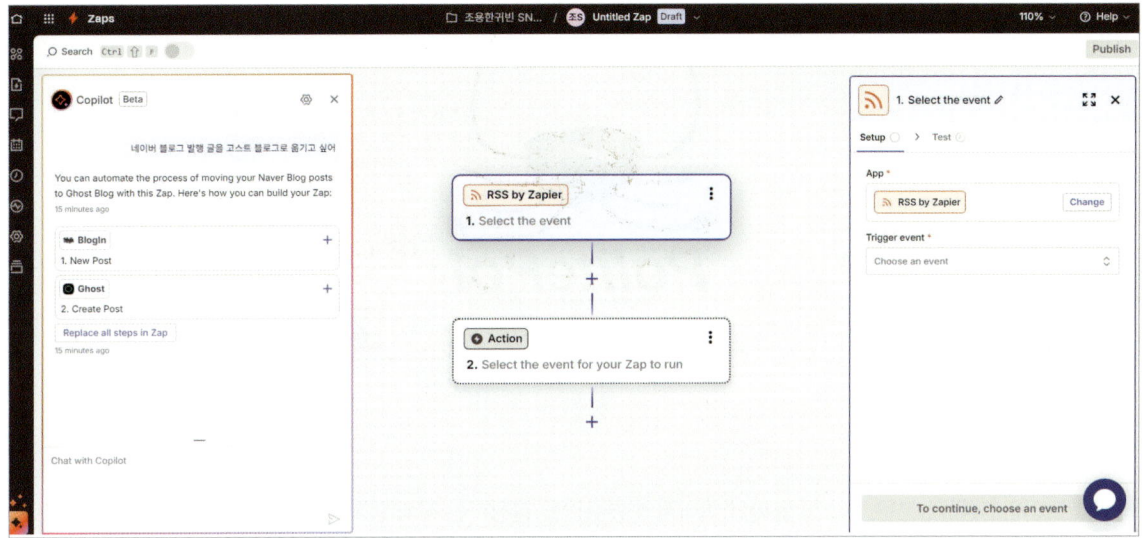

▲ 1단계 트리거 설정 모습

01 우선, 자신의 네이버 블로그에 접속한 후 1개의 카테고리에 마우스 포인터를 올린 후 마우스 오른쪽 버튼을 클릭해 컨텍스트 메뉴에서 [링크 주소 복사]를 눌러서 카테고리 링크 주소를 복사합니다.

▲ 네이버 블로그 카테고리 링크 주소 복사

02 이후 폴라이트폴 사이트(https://politepol.com/en/)에 접속한 후 앞서 복사한 블로그 링크 주소를 붙여 넣은 후 [Go!] 버튼을 눌러 줍니다.

▲ 폴라이트폴 홈

03 그러면, 제목과 본문, 포스팅 날짜와 이미지의 변수값을 설정하는 창과 함께 내 블로그 카테고리 글의 리스트가 나타납니다.

- **Title (변수값)**: 블로그 제목
- **Description (변수값)**: 블로그 원문
- **Date**: 포스팅 날짜
- **Image**: 이미지

▲ 폴라이트폴에서 변수값 설정

04 [Title] 버튼을 누른 후, 하단의 블로그에서 '제목 영역'을 클릭합니다.

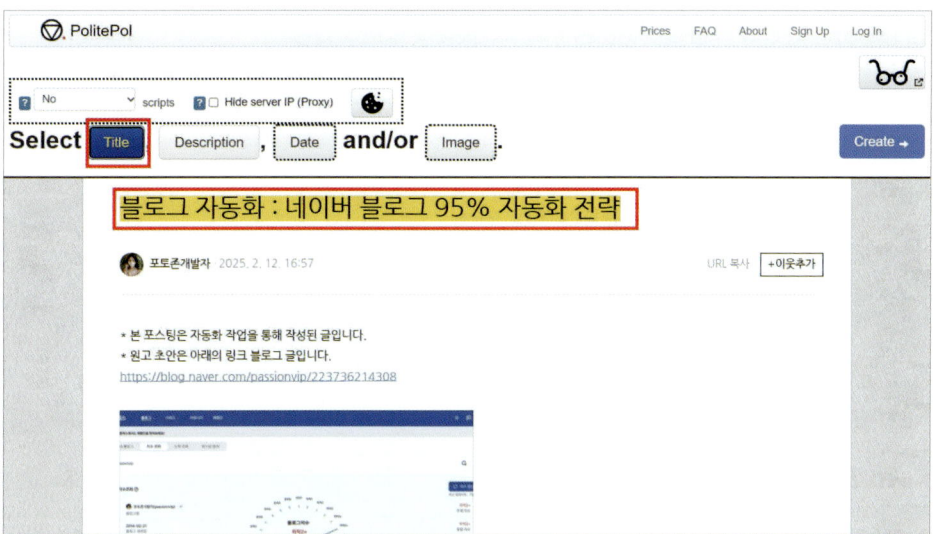

▲ [Title] 변수값 설정

05 마찬가지로 [Description] 버튼을 클릭한 후 하단의 블로그 본문 전체를 눌러 선택해 주세요.

▲ [Description] 변수값 설정

06 다음은 [Date] 버튼을 누른 후, 블로그에 포스팅할 날짜를 선택해 줍니다. [Image]의 변수값은 생략합니다. 폴라이트폴에서 제공하는 이미지 변수값의 수집은 1개의 이미지만 가져오기 때문에 큰 의미가 없습니다. 이렇게 3개의 변수값을 설정한 뒤 오른쪽 상단의 [Create] 버튼을 눌러 주세요.

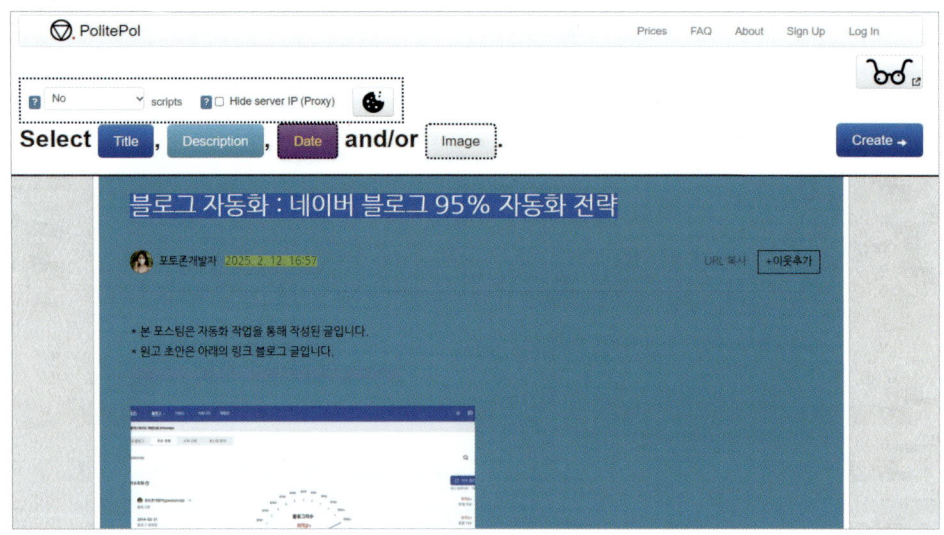

▲ [Date] 변수값 설정

07 그러면 이렇게 'RSS Feed' 링크가 생성됩니다. [Copy] 버튼을 눌러 주세요.

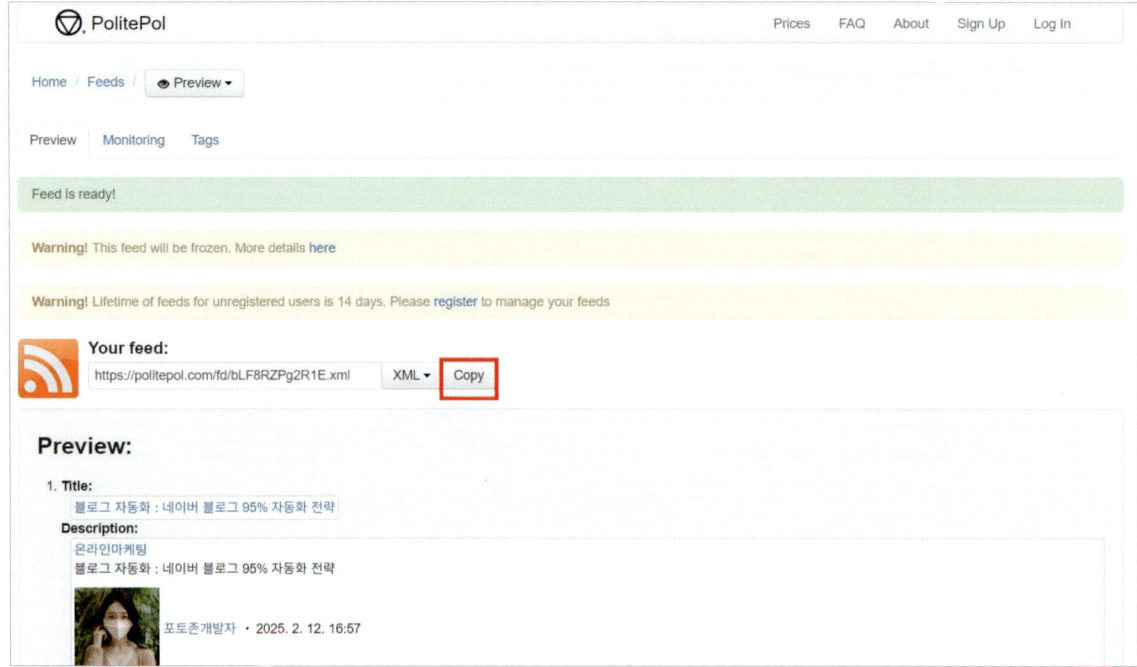

▲ RSS Feed 링크 생성

08 다시 재피어로 돌아와서 [Trigger Event]를 [New Item in Feed]로 설정합니다. 트리거로서 RSS Feed에 새로운 아이템(글)이 들어오는 것을 설정한다는 의미입니다.

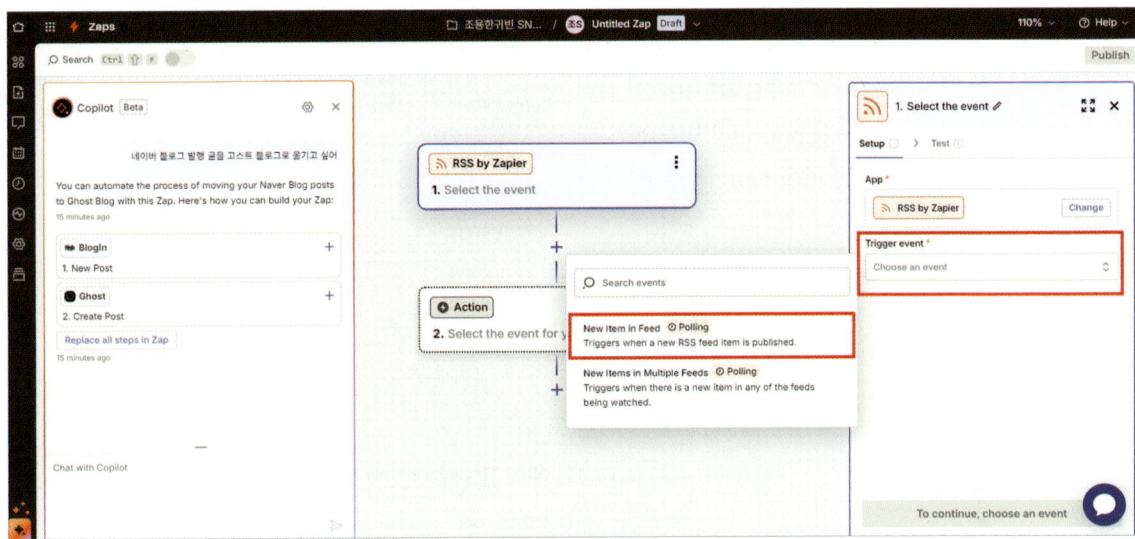

▲ 재피어 트리거 이벤트 설정

09 다음으로 [Continue] 버튼을 눌러 주세요.

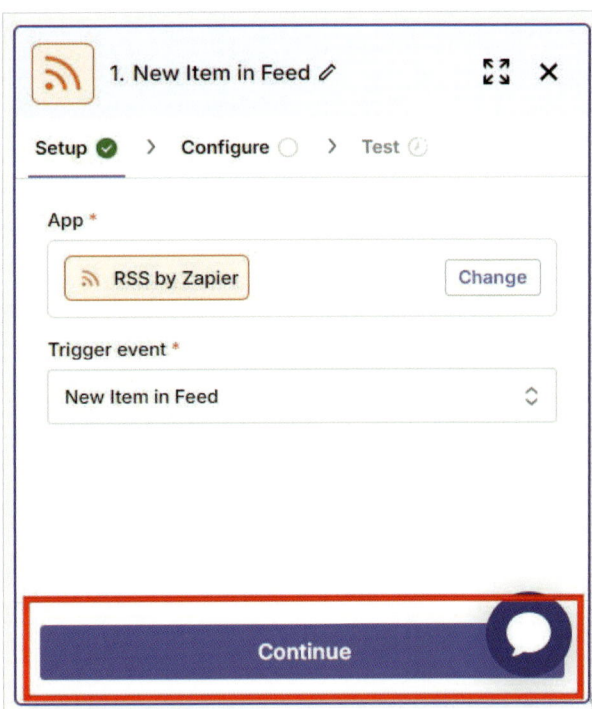

▶ 트리거 이벤트 설정

10 그러면 Feed URL을 입력하는 창이 나옵니다. 여기에 07에서 폴라이트폴에서 만들어 온 링크 주소를 복사해 주면 됩니다. '*' 표시가 없는 [Username]과 [Password]는 입력하지 않아도 상관 없습니다. Feed URL을 넣어 주면 다시 하단에 [Continue] 버튼이 활성화됩니다. 활성화된 [Continue] 버튼을 눌러 주세요!

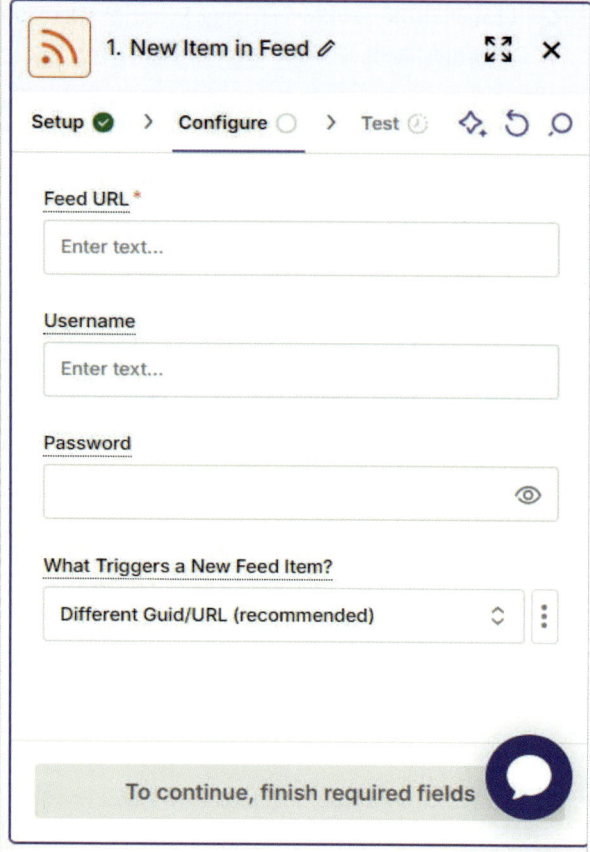

▶ 트리거 이벤트 설정

11 모든 설정이 끝나면 [Test trigger] 버튼을 클릭합니다.

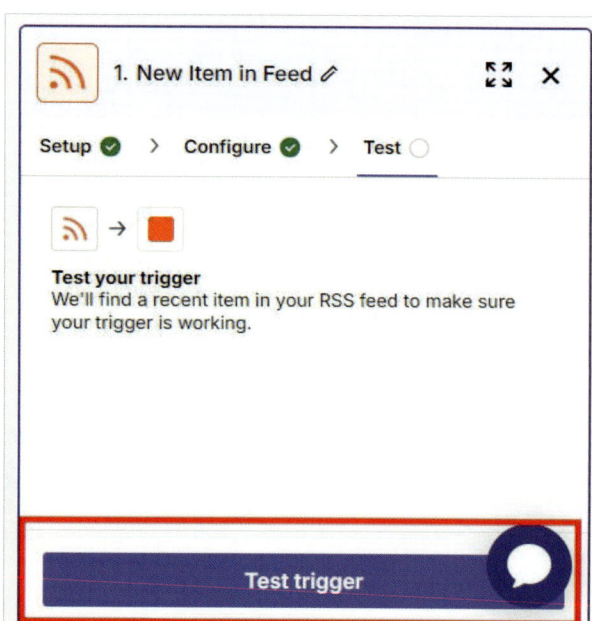

▶ [Test trigger] 버튼 클릭

12 이후 테스트를 진행한 다음에 설정한 변수값(제목, 본문, 날짜) 데이터가 제대로 들어오는지 확인해 줍니다. Raw Title 부분이 블로그 제목, Raw Description 부분이 블로그 본문이죠. 데이터가 잘 들어오고 있습니다.

Raw Title	블로그 제목
Raw Description	블로그 본문

그런데 생김새가 조금 이상하죠? 이건 데이터가 HTML 소스로 들어오기 때문입니다. 우리는 Editor 버전으로 프론트를 보지만, 실제로 백엔드에서 구동되는 모습은 HTML이기 때문에 이렇게 나타나는 것입니다.

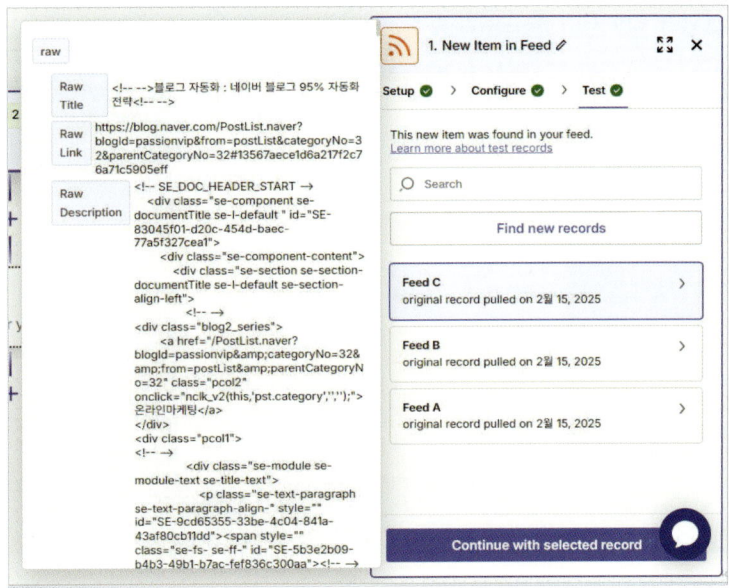

▲ Test에 성공한 모습

이제 1단계의 설정이 끝났습니다.

10-2 챗GPT를 이용한 게시물 자동화

01. 챗GPT 계정 연결하기

다음 단계로 챗GPT를 활용해 보겠습니다.

01 다시 Zap으로 돌아가 'ChatGPT'를 검색합니다.

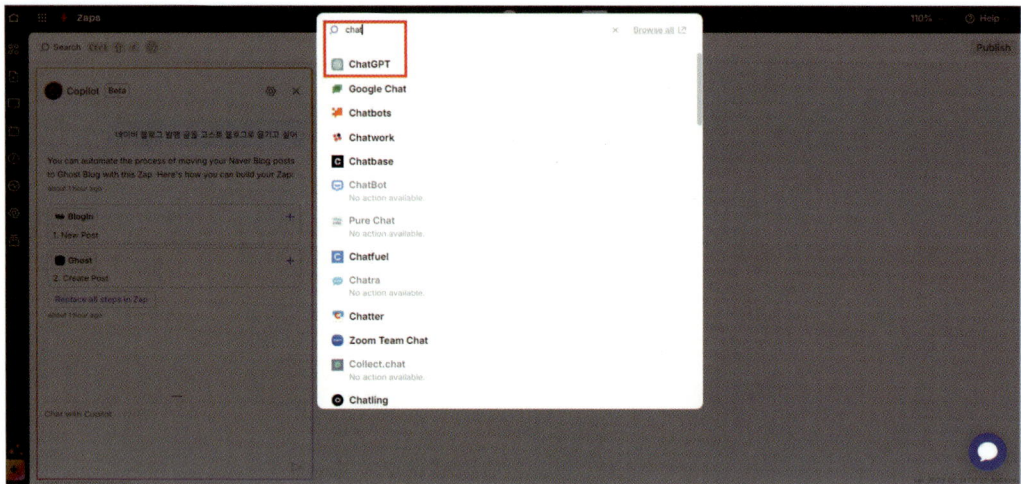

▲ ChatGPT 검색

02 다음으로 Conversation 이벤트를 설정합니다. ChatpGPT Zap은 다양한 기능이 있습니다. 주로 Conversation을 많이 사용하니 꼭 기억해 두세요.

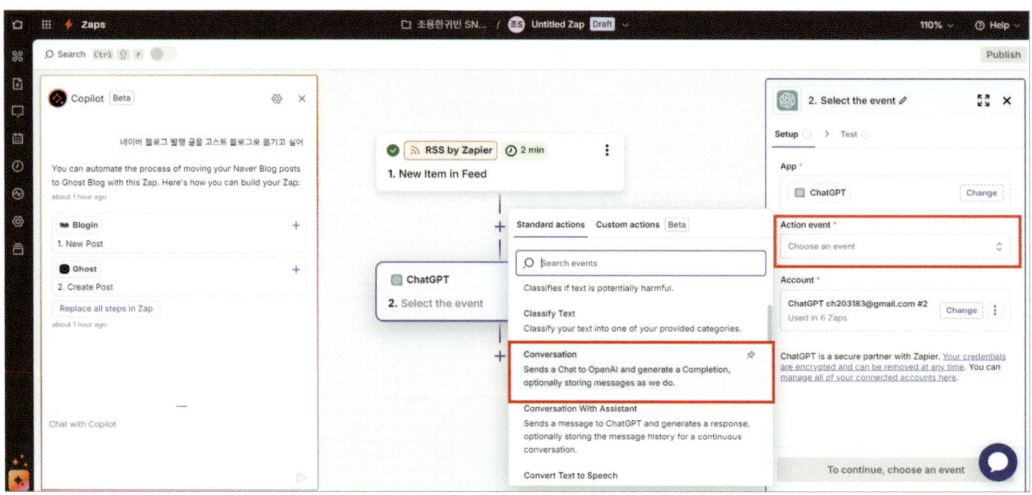

▲ Conversation Action Event 설정

03 그리고 Open AI(ChatGPT) 계정과 연결해 주어야 하는데요, 만약 재피어를 처음 사용한다면 [계정 연결] 버튼을 눌렀을 때 이 화면이 나타날 겁니다. OpenAI 계정에 신용카드를 등록하고 API Key를 발급받아야 챗GPT의 자동화 API를 활용할 수 있습니다.

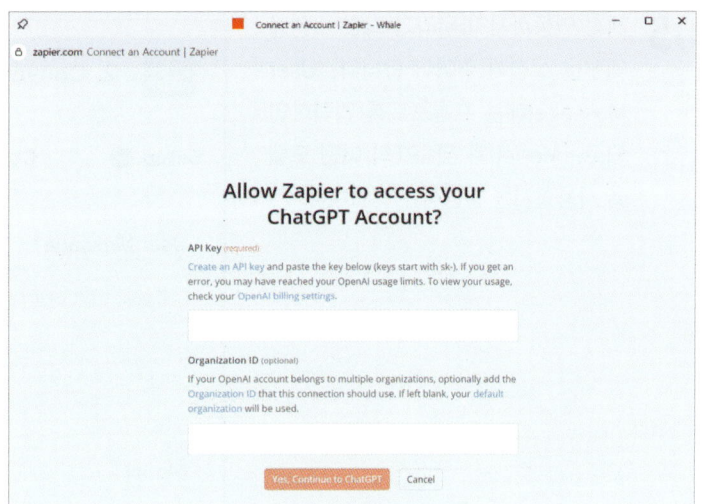

▲ ChatGPT 계정 연결

04 다음 링크에 접속한 후 로그인한 다음에 오른쪽 상단에 [Create new secret key]를 발급받아 주세요. 이후에 해당 시크릿 키를 재피어 페이지에 복사한 후 붙여 넣으면 됩니다.

- API 키 발급: https://platform.openai.com/account/api-keys

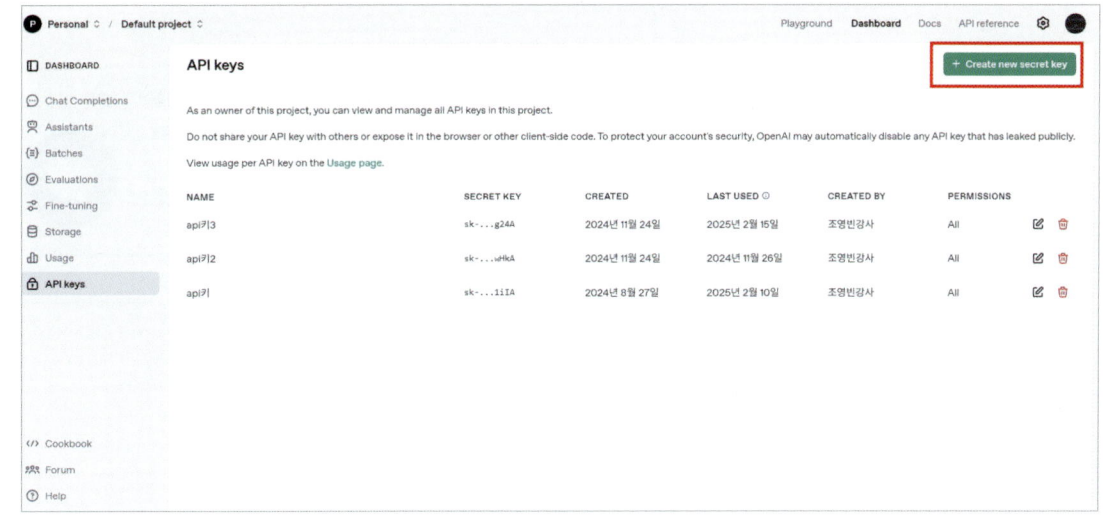

▲ OpenAI API 키 발급

> API를 활용할 경우 자동화를 사용할 때마다 비용이 과금됩니다. 비용은 매우 저렴한 편이긴 합니다만, 타인에게 공개되어서 다른 사람이 사용하면 다른 사용자의 사용값을 제가 지불하게 되겠죠? 그러므로 API 가 공개되지 않도록 유의하세요.

05 계정 연동까지 마무리가 되면 수행할 액션을 설정해 주어야 합니다. [User Message]에는 프롬프트를 입력하면 되고, [Model]은 챗GPT의 어떤 모델을 사용할지를 결정하는 것입니다.

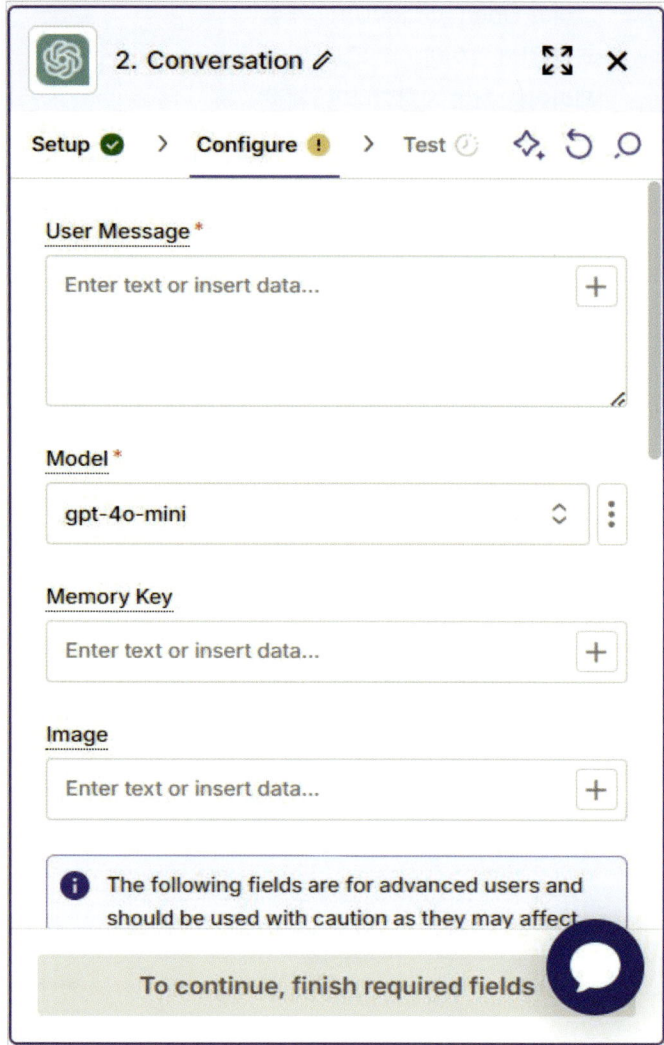

▲ [Configure] 설정

다음 단계부터는 조금 어려우니 집중해 주세요!

02. 블로그 글 자동으로 작성하기

[+] 버튼을 눌러 준 후 [Description] 버튼을 클릭하면 [User message] 부분에 Description 데이터가 자동으로 들어가게 됩니다. 즉, 블로그 본문이 자동으로 입력되는 시스템입니다.

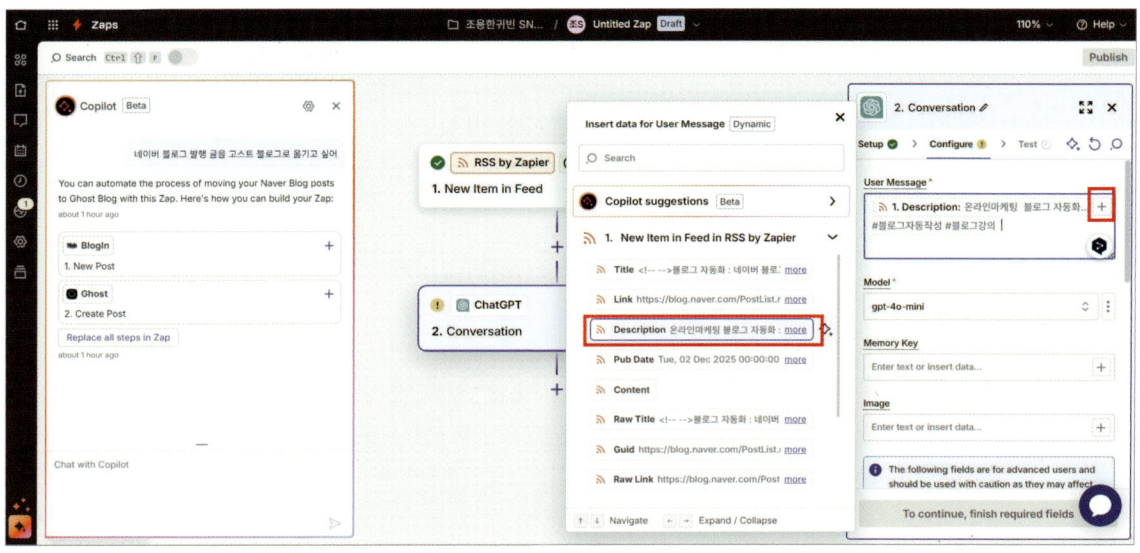

▲ 변수값 입력

간단하게 설명하자면, 챗GPT와의 대화창(프롬프트창)에 제가 작성한 블로그 원고를 넣었다고 생각하면 됩니다. 당연히 원고만 넣으면 안 되겠죠? GPT에게 이 원고에 대해 수행시킬 일을 함께 프롬프트로 제공해야 합니다. 이번 예시에서는 블로그 제목을 바꾸는 것으로 보여 주겠습니다. 이렇게 입력하고 다음의 해당 프롬프트를 입력합니다.

> 내가 작성한 네이버 블로그 글이야. 해당 글에 잘 어울리는 블로그 제목을 만들어 줘. 너가 만들어 준 블로그 제목은 구글 블로그(고스트)에 해당 원고와 함께 포스팅에 사용할 예정이야. 내가 제공한 블로그 글의 본문을 잘 분석하고 주요 키워드 3개를 활용해서 스토리텔링 형태로 구글에 적합한 블로그 제목을 만들어 줘.

이 프롬프트를 COT로 적용한 프롬프트로 생성하면, 아래와 같습니다.

본문 분석

내가 작성한 네이버 블로그 글의 본문 내용을 꼼꼼히 읽고 핵심 주제를 파악한다.

글에서 강조하고 있는 메시지와 글의 흐름을 정리한다.

핵심 키워드 선정

본문의 전체 맥락에서 가장 중요한 3개의 키워드를 찾아낸다.

이 키워드들이 독자나 검색엔진(구글) 관점에서 의미가 있는지 판단한다.

스토리텔링 요소 적용

선정된 키워드 3개를 자연스럽게 연결하는 서사를 구상한다.

해당 글의 핵심 아이디어를 독자들이 흥미롭게 느낄 수 있도록 문맥을 구성한다.

검색 최적화 고려

스토리텔링형 제목이 구글 검색 노출에 유리하도록, 핵심 키워드를 제목 내에 적절히 배치한다.

너무 길지 않고, 명확하며, 클릭을 유도할 수 있는 형태로 만든다.

최종 블로그 제목 제시

구글 블로그(고스트)에 해당 원고와 함께 포스팅할 '블로그 제목'을 최종 출력한다.

독자 입장에서 한눈에 주제와 가치를 파악할 수 있도록 매력적인 문구를 사용한다.

"위 과정을 순차적으로 실행해, 본문에 잘 어울리는 스토리텔링형 블로그 제목을 제시해줘."

▲ 블로그 원고와 함께 COT가 적용된 프롬프트를 삽입

저는 'o1-preview' 모델로 설정한 후 테스트를 진행해 봤습니다. 보통 노코드 툴에서 사용하는 GPT의 모델은 요금 과금 구간이 적은 'mini' 모델을 많이 활용합니다. 자동화로 매일 돌아가면서 조금씩 비용이 지불될 텐데, 굳이 비싼 모델을 사용할 필요는 없으니까요. 다만, 좋은(비싼) 모델일수록 똑똑한 답변이 나오는 것은 사실입니다.

테스트를 통해서 GPT가 어떻게 답변을 해 주는지 확인할 수 있습니다.

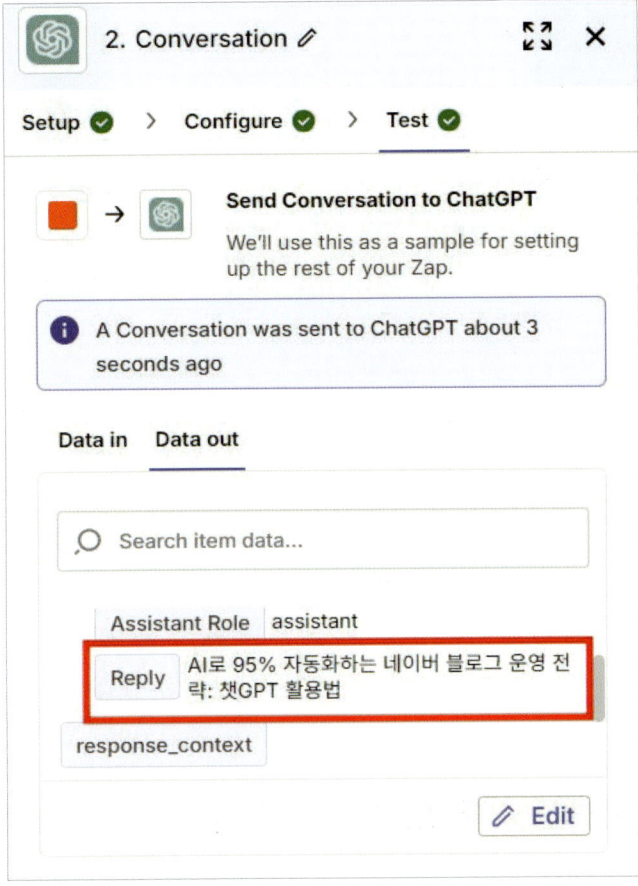

▲ GPT 답변 모습

다시 Zap에서 'Ghost'를 검색합니다.

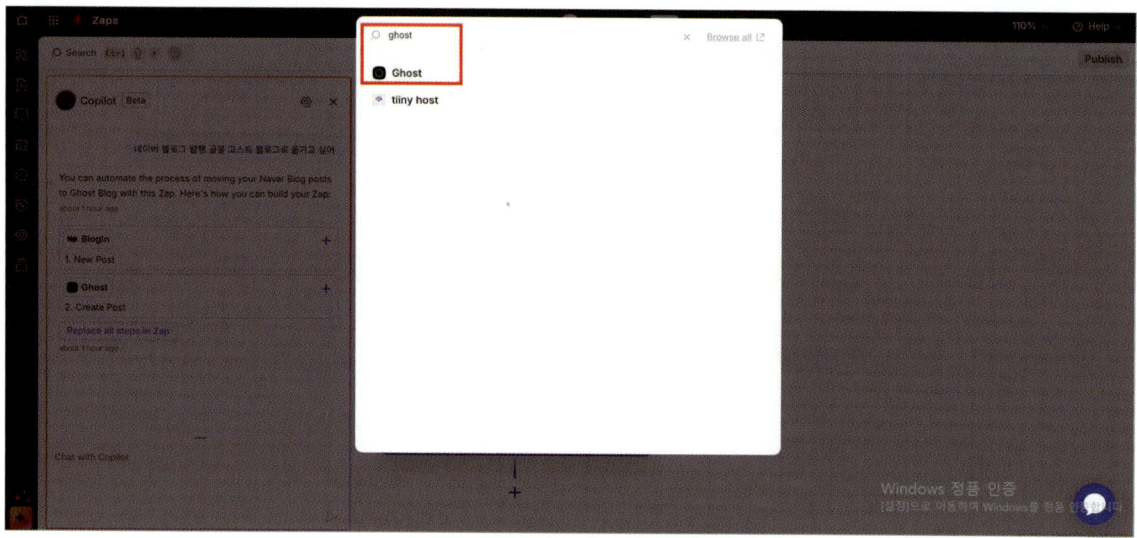

▲ Ghost 설정

다음 단계로 고스트 블로그를 설정해 줍니다. 네이버 블로그 원고도 있고, 제목도 바꾸었습니다. 구글 블로그(고스트나 워드프레스)에 포스팅할 준비가 된 것이죠.

액션 이벤트로는 [Create Post]를 설정해 주면 됩니다. 마찬가지로 고스트 블로그도 설정 후 계정 연결을 해 주어야만 합니다. 워드프레스와 달리 고스트 블로그는 처음 시작부터 유료입니다. 다만 SEO 세팅이 따로 손댈 게 없을 만큼 잘 되어 있기 때문에 구글 SEO가 어려운 초보 블로거들에게 접근하기 좋은 플랫폼입니다.

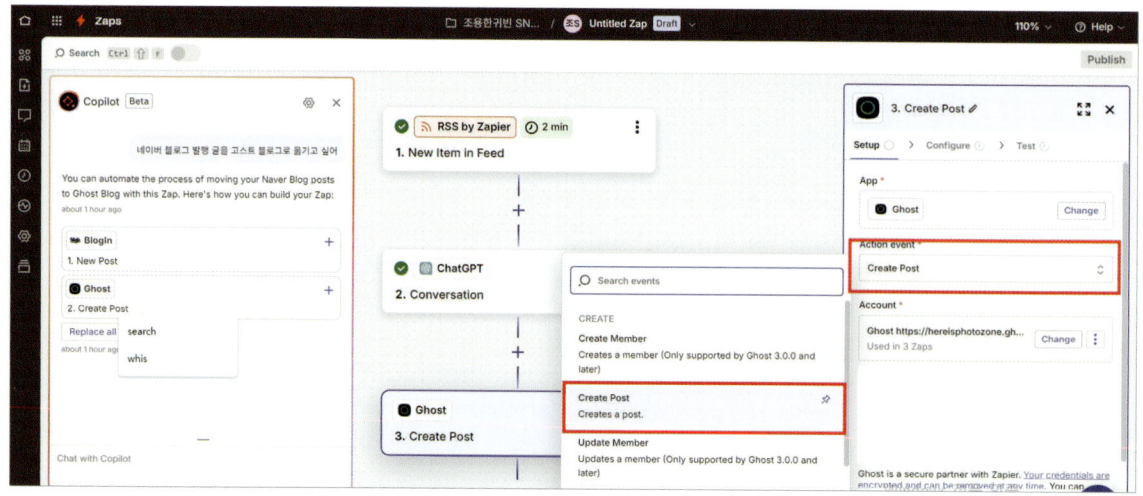

▲ Create Post 설정

[Title]에는 챗GPT로 만든 제목의 변수값을, [Content(HTML)]는 1번 RSS 데이터에서 Description 값을 넣어 주면 됩니다. Custom Excerpt 역시 1번 RSS 데이터에서 Link 값을 넣어 주면 고스트 블로그 포스팅 자동화가 완성됩니다.

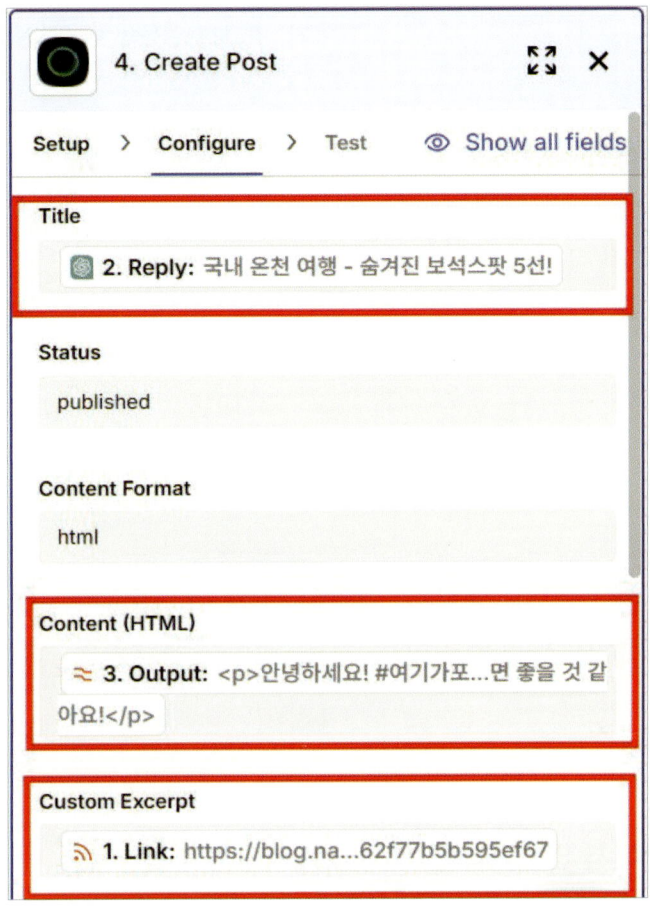

▲ 고스트 블로그 변수값 설정

이렇게 하면 간단하게 네이버 블로그 글을 고스트 블로그로 쉽게 옮길 수 있습니다. 약간의 테크닉만 있다면 네이버 블로그 원문을 영어로 번역하고 영문으로 고스트 블로그로도 옮길 수 있고, 달리를 활용해서 이미지를 만든 뒤 고스트 블로그에 이미지 삽입도 가능합니다.

10-3 재피어로 블로그 문서 OSMU 자동화하기

재피어를 활용해서 다른 SNS에 OSMU를 자동화하는 방법도 소개하겠습니다. 블로그에 글을 발행하기만 하면 자동으로 인스타그램, 쓰레드, 페이스북 페이지, 링크드인 등의 다른 SNS에 OSMU를 자동화하는 방법입니다.

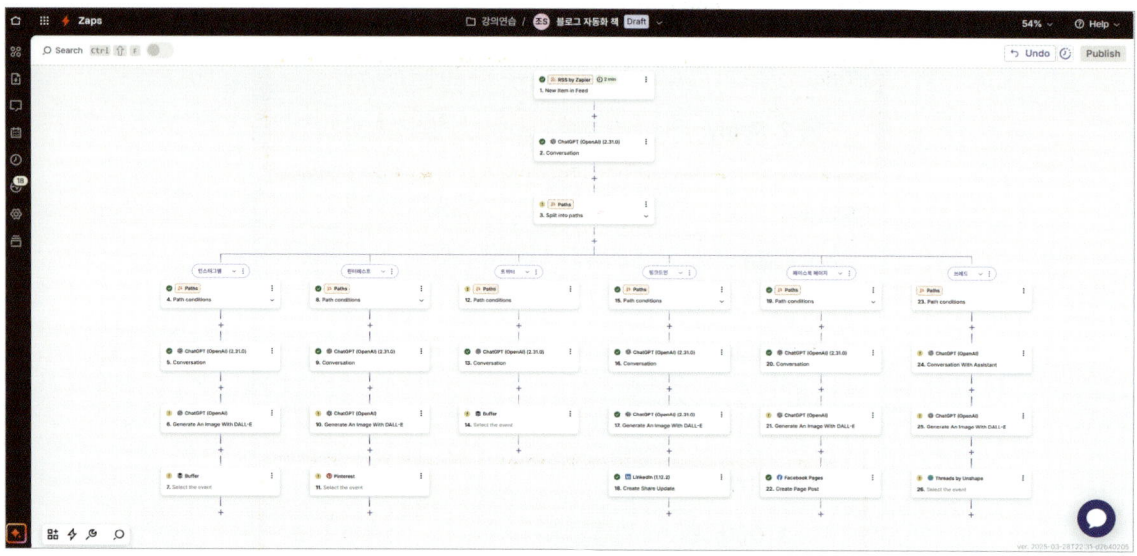

▲ 재피어

01. 네이버 블로그에서 인스타그램 게시물로 자동화하기

01 앞서 진행했던 4단계에 ChatGPT Zap을 추가합니다. 이번 단계에서는 네이버 블로그 원문 문서를 다른 SNS의 톤앤매너에 맞게끔 수정을 요청할 것입니다.

02 [Action Event]로 [Conversation]을 선택한 후 [Continue] 버튼을 눌러 주세요.

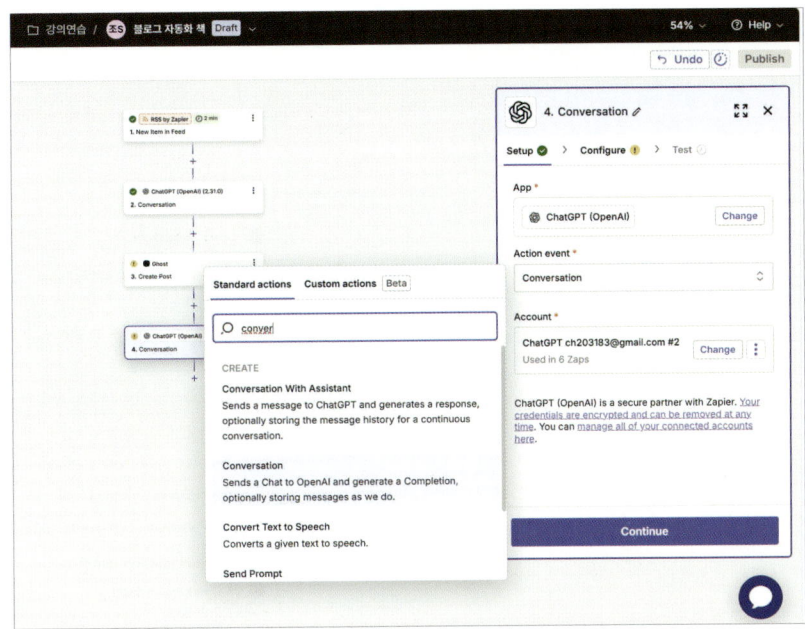

▲ Action Event 설정

03 User Message에 [+] 버튼을 누르고 1번 Zap의 Description 변수값을 선택합니다. 참고로 이 과정을 진행하기 전에 Formatter 기능을 활용해서 HTML로 작성된 원문을 Markdown 형태로 변환한 후에 변수값 설정을 해도 상관 없습니다!

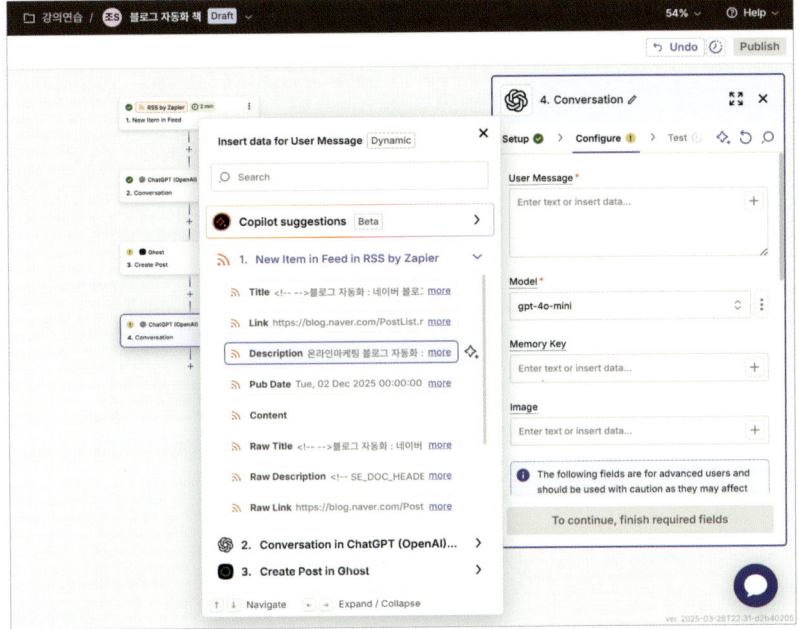

▲ Action Event 설정

04 다음의 프롬프트를 함께 넣어 준 후 하단의 [Continue] 버튼을 눌러 줍니다.

> "위 글은 네이버 블로그에 작성한 글이야. 위 글을 인스타그램에 업로드할 수 있게 톤앤매너의 수정과 더불어 글을 요약해줘. 글은 약 700글자 내외로 부탁해."

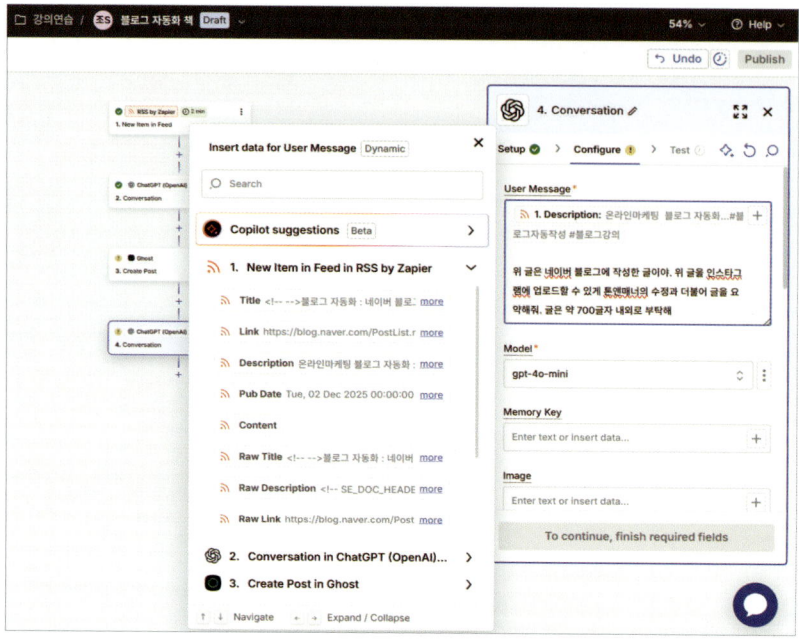

▲ 네이버 블로그에서 인스타그램 글로 수정 요청

05 다음으로 [Test step] 버튼을 눌러서 입력한 프롬프트가 제대로 작동하는지 확인해 줍니다.

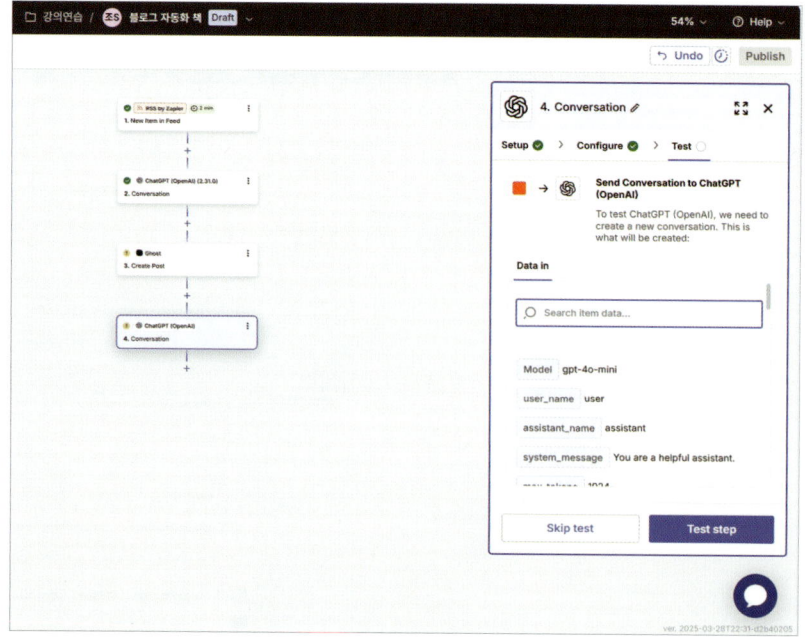

▲ 테스트 실행

그러면 [Data Out] 부분에서 Reply가 GPT Zap에서 생성해 준 블로그 원고의 인스타그램 글 변형 내용을 확인할 수 있습니다.

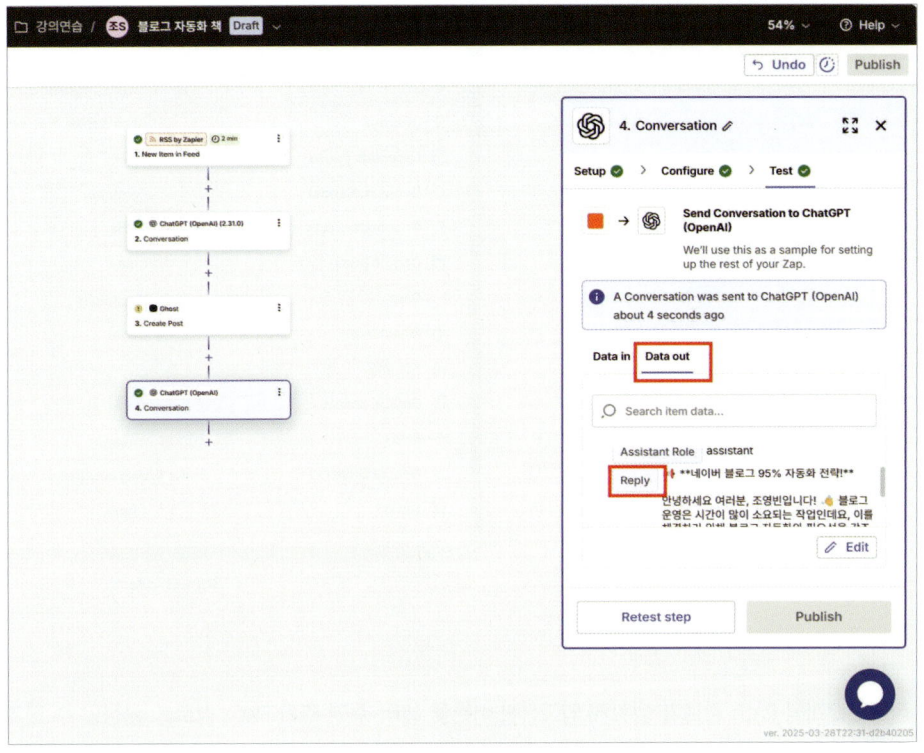

▲ 결과물 확인하기

이렇게 결과물을 확인하면서 앞서 설정했던 프롬프트의 입력값을 바꿔 가면서 원하는 결과물이 나올 때까지 테스트를 실행해 주면 됩니다. 계속 강조했던 것처럼 좋은 프롬프트가 들어가야 좋은 결과물을 얻을 수 있습니다.

이런 식으로 인스타그램, 쓰레드, X(구 트위터), 핀터레스트, 링크드인 등의 SNS에 블로그 원문을 각 플랫폼의 톤앤매너에 맞추어서 수정을 '자동'으로 진행되도록 요청할 수 있습니다.

02. 병렬 형태로 플로우 정리하기

Zap의 다음 단계인 플로우를 설정할 때 제가 지금까지 설명했던 것처럼 단계별로 설정을 하는 방법도 있지만, 조금 더 보기 편하게 병렬 형태로 정리하는 방법이 있습니다. 재피어의 Paths 기능을 활용해 주면 됩니다.

01 [스텝 추가] 버튼을 눌러 준 후 [Paths]를 선택해 주면 됩니다.

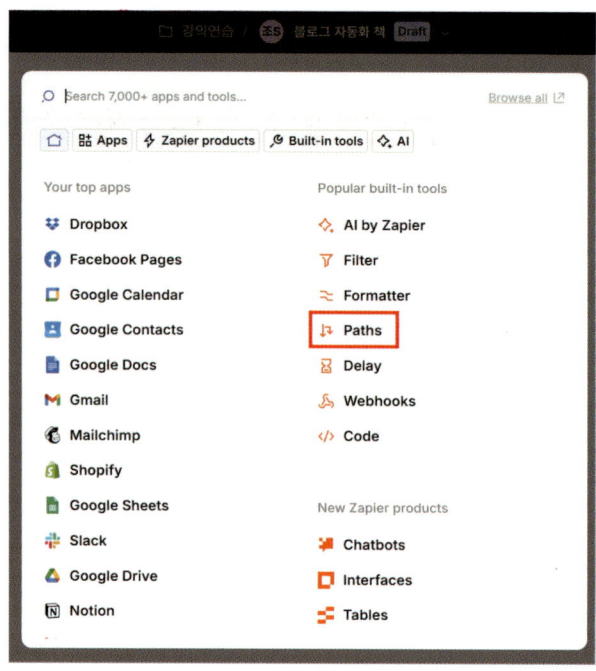

▲ [Paths] 설정

02 기본적으로 2개의 Path 경로가 생기게 되고, [+] 버튼을 눌러 주면 추가 Path 경로를 설정할 수 있게 됩니다. 만약 인스타그램, 쓰레드(Threads), X(구 트위터), 핀터레스트(Pinterest), 링크드인(LinkedIn)까지 설정한다면 총 5개의 Path가 필요하겠죠?

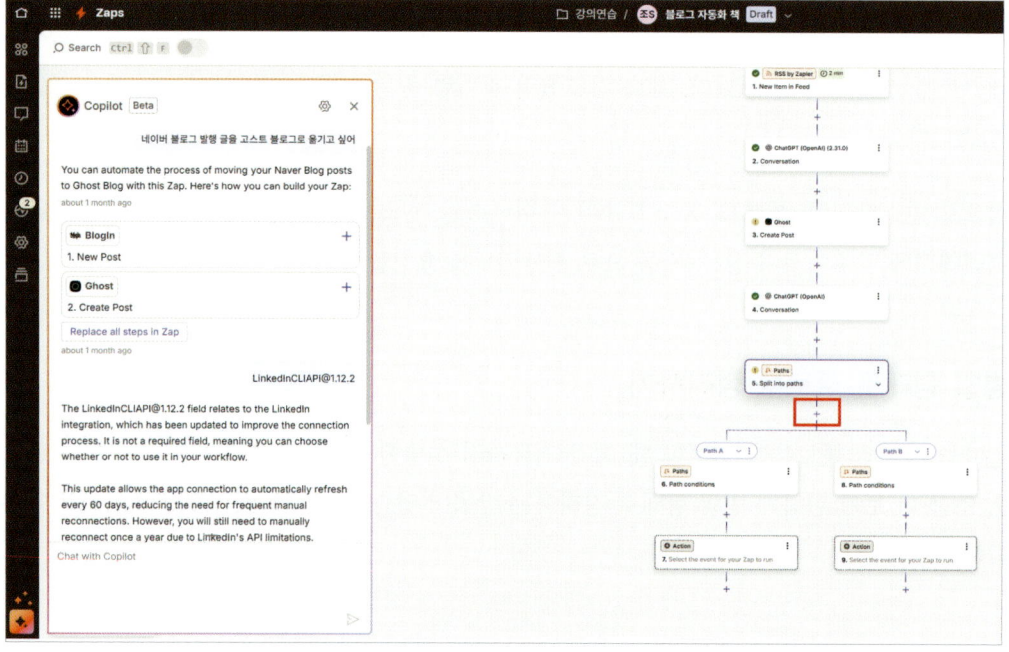

▲ [Path] 추가

03 Path가 많아지면 헷갈릴 수 있기 때문에 Path별 개별 이름을 설정해 주면 좋습니다. [Path A]의 오른쪽에 위치한 세로 점 세 개로 된 메뉴 버튼을 누른 후 [Rename]을 눌러 설정을 해 주면 경로별 이름 설정이 가능합니다.

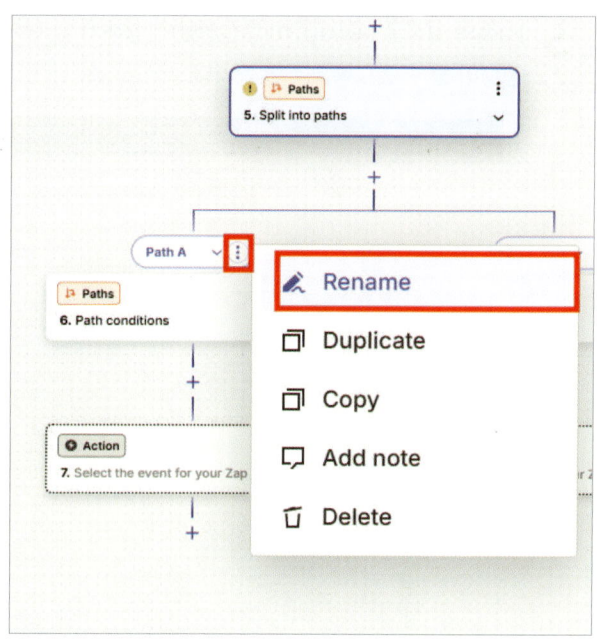

▲ Path 이름 수정

04 각 플랫폼별 이름을 설정해 준 모습으로 각 플랫폼과 패스가 한눈에 잘 들어옵니다.

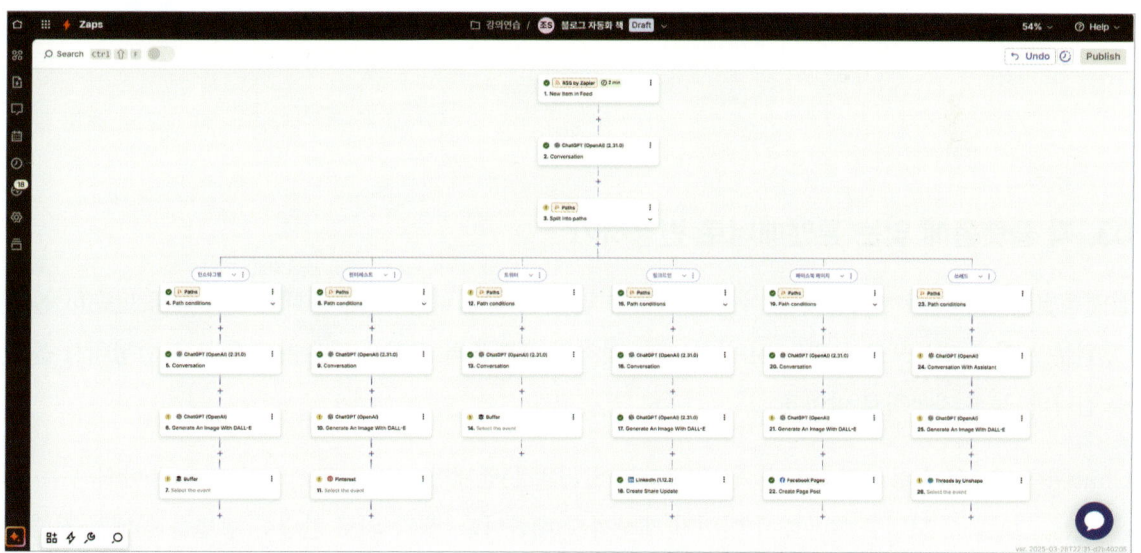

▲ Path별 이름 설정

05 Path의 설정은 [Always run] 설정을 진행해서 앞 단계의 이벤트가 실행이 되면 무조건 Path 경로의 단계들이 진행이 될 수 있도록 해주면 됩니다.

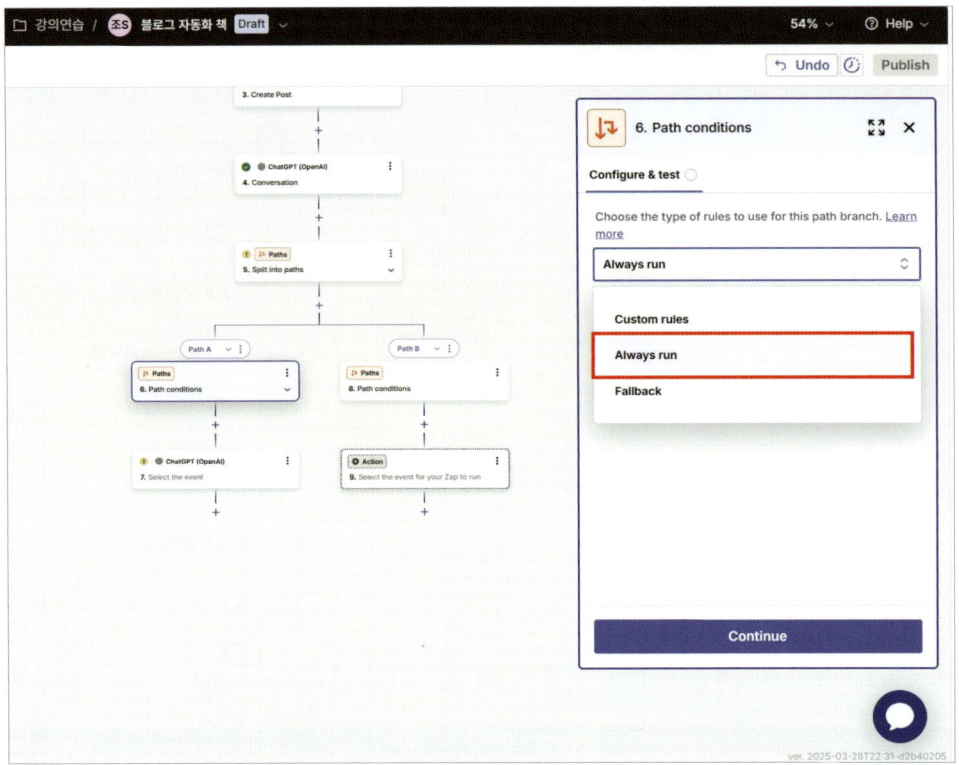

▲ Path 설정 – Always run

03. 각 플랫폼에 맞는 톤앤매너로 변경하기

플랫폼별로 톤앤매너가 다르다는 사실은 모두가 알고 있을 겁니다. 그렇기 때문에 우리도 단순히 블로그 원문을 각 플랫폼으로 옮기는 것이 아니라, 각각의 플랫폼의 성격에 맞추어서 원문을 변형해서 올려 줄 겁니다. 물론 자동화로 말이죠.

ChatGPT Zap을 활용하면 블로그 원문을 다른 SNS의 톤앤매너에 맞는 텍스트 콘텐츠로 바꿔 주는 것은 물론, DALL-E 모델을 활용해서 이미지 제작까지 해줍니다. 생각 외로 간단한 방법을 통해서 진행이 됩니다.

① 원고 작성

01 [ChatGPT Zap]에서 [Conversation] 액션을 설정합니다.

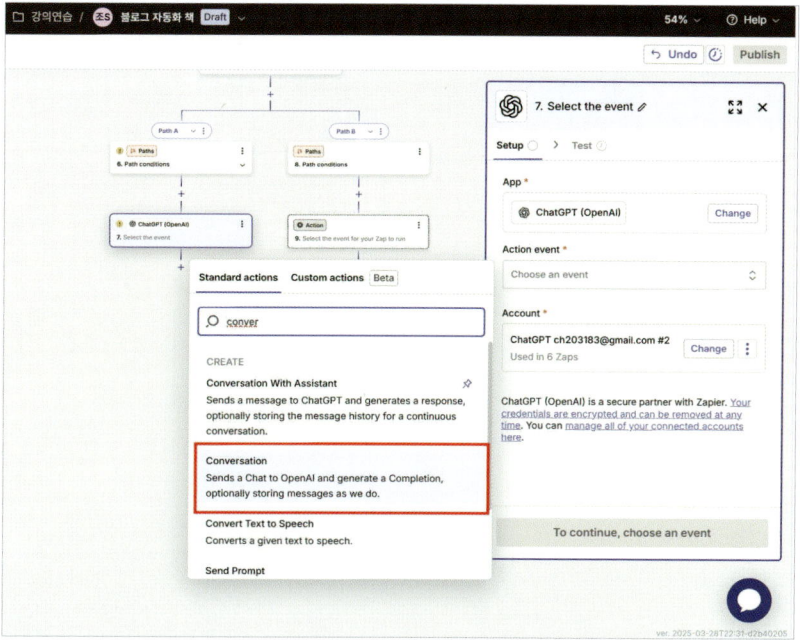

▲ ChatGPT – Conversation 설정

02 1번 [RSS Zap]의 [Description]을 [User Message]에 삽입한 후 아래와 같은 프롬프트를 입력합니다.

"위의 글은 내가 작성한 블로그 글이야. 해당 글을 요약해서 쓰레드에 업로드하고 싶어. 위의 글을 쓰레드의 톤앤매너에 맞추어서 300글자 정도로 요약해줘. 마지막에 해시태그 3개도 작성 부탁해."

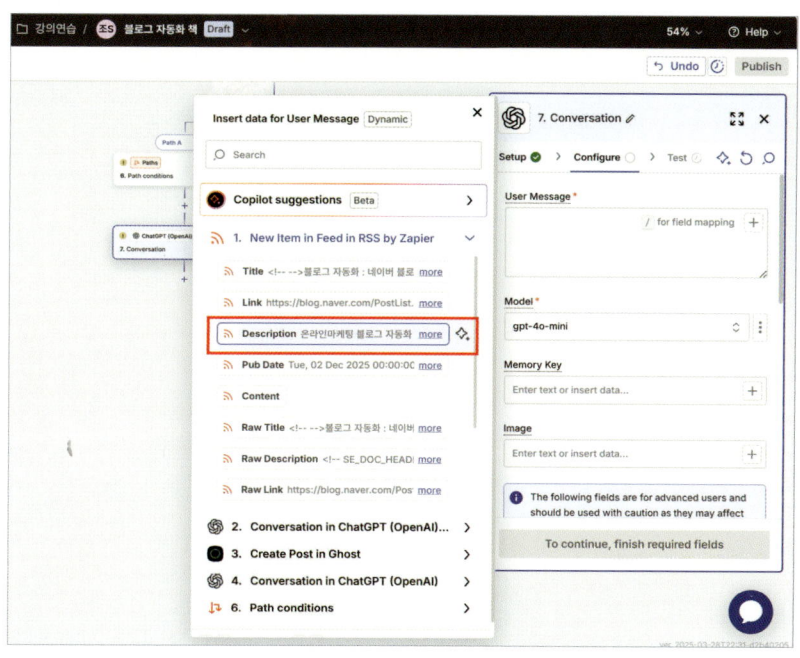

▲ 1번 [RSS Zap]의 [Description] 삽입

03 [Test step] 버튼을 눌러서 Test를 통해서 어떤 결과물이 나오는지 확인해 줍니다.

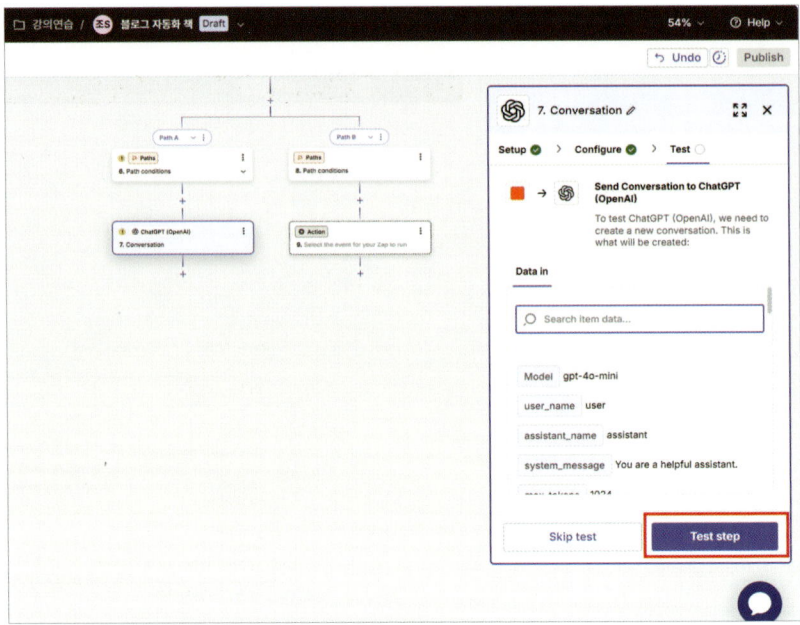

▲ Test step 진행

04 [Data Out] 부분에서 [Reply]가 GPT Zap에서 생성한 블로그 원고가 쓰레드에 맞게 변형된 내용을 확인할 수 있습니다.

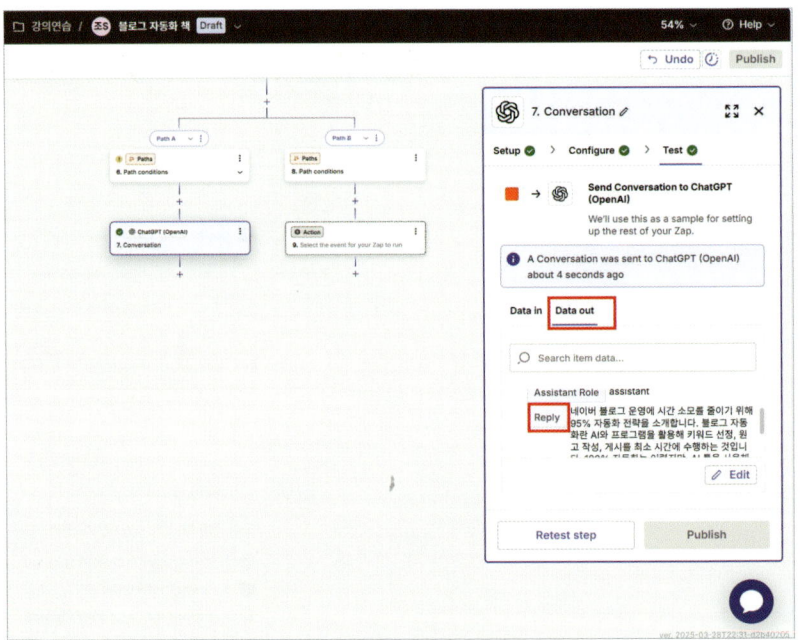

▲ [Data Out]에서 [Reply] 찾기

결과물이 원하는 플랫폼의 톤앤매너에 맞는지 잘 확인해 봅니다. 저는 예시로 쓰레드를 소개했는데요. 개인적으로 결과물이 줄 간격을 사용하지 않아서 마음에 썩 들지 않습니다. 이런 경우에는 다시 한 번 이전 단계로 넘어가서 프롬프트를 수정해야 합니다. 이전에 작성했던 프롬프트에 원하는 내용을 더 추가해 주는 것이죠. 예를 들어서, 이런 경우엔 다음과 내용을 첨부하거나, 아니면 하나의 예시를 들어주는 것도 좋습니다.

> "너가 작성해준 원고를 실제로 쓰레드에 업로드할 거야. 실제 이용자처럼 줄간격과 이모지도 사용해줘."

② **이미지 생성**

05 이번에는 작성한 쓰레드 원고에 잘 어울리는 이미지를 만들어야 합니다. ChatGPT Zap의 달리 모델을 활용해서 이미지 제작을 진행합니다. [Generate An Image With DALL-E]를 선택합니다.

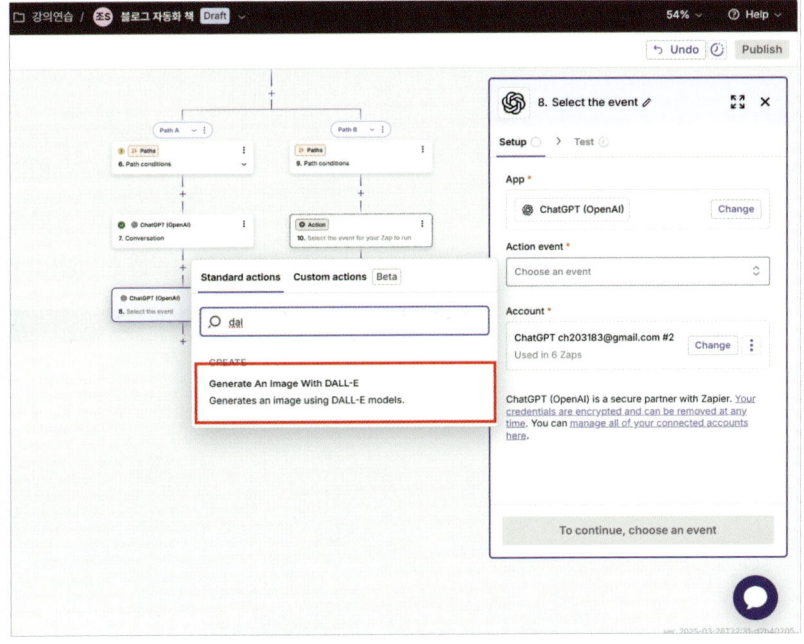

▲ [Generate An Image With DALL-E] 액션 이벤트 설정

06 이번에는 이전에 작성한 쓰레드 원고(매개 변수값, Description)를 넣어 줍니다. 그리고 아래와 같은 프롬프트를 입력해 줍니다.

> "위 내용으로 쓰레드에 업로드를 진행할 예정이야. 이 내용에 적합한 이미지 제작을 부탁해.
> 이미지는 한국 웹툰 스타일로 만들어줘."

*model 설정은 당연히 dall-e-2보다는 dall-e-3이 훨신 더 퀄리티가 좋습니다. 다만 ChatGTPAPI의 가격, 달리 모델의 API 활용 가격이 매우 높기 때문에 너무 많은 빈도로 활용하다 보면 실청구 금액에 깜짝 놀랄 수 있습니다.

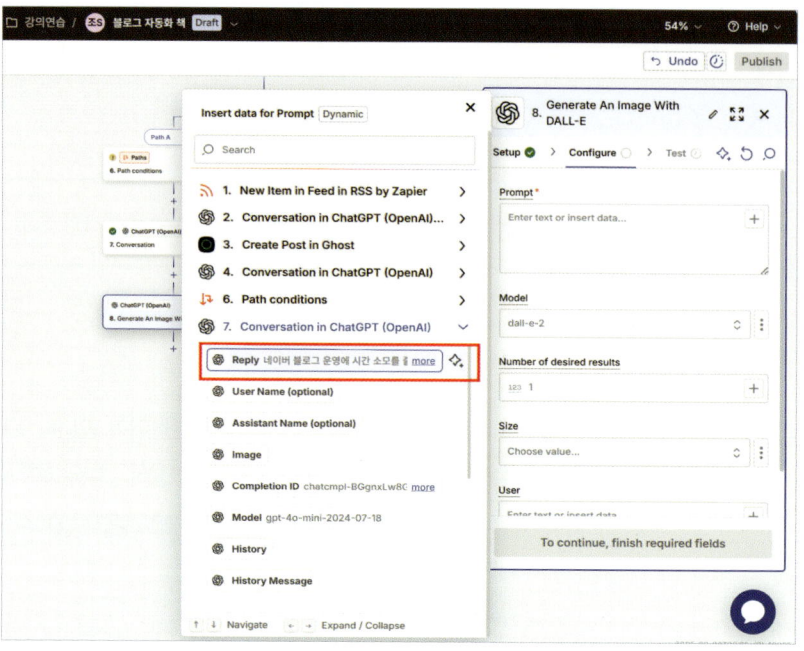

▲ 이미지 제작을 위한 프롬프트 입력

07 설정을 마친 이후 마찬가지로 [Test step] 버튼을 눌러 테스트를 진행합니다.

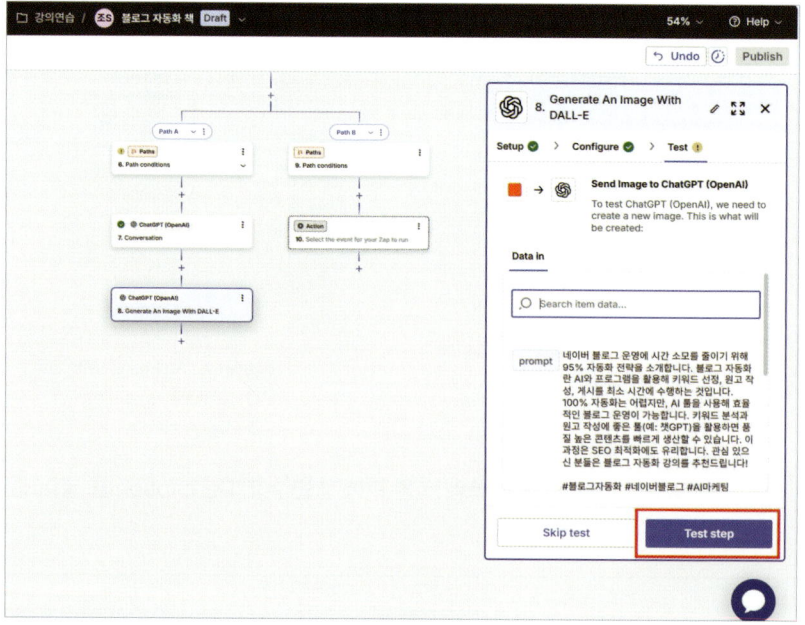

▲ 테스트 진행

08 [Data Out] 부분에서 Reply가 ChatGPT Zap에서 생성해 준 이미지를 확인할 수 있습니다. 달리 모델로 이미지를 만드는 경우 결과값(이미지) 데이터가 즉각적으로 사진의 형태로 나타나는 것이 아니라 사진을 보거나 다운로드할 수 있는 경로 페이지가 나오게 됩니다.

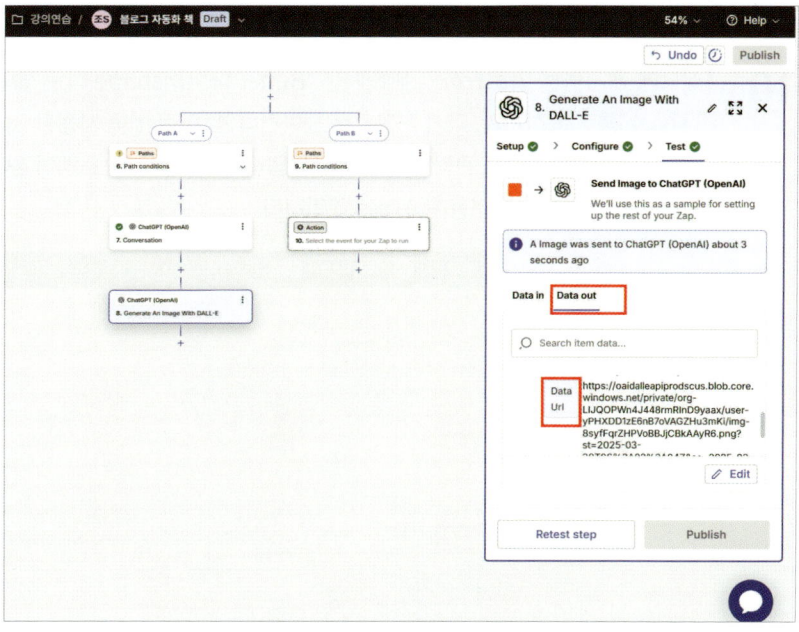

▲ 테스트 결과 확인

09 챗GPT가 만들어 준 이미지입니다. "블로그 자동화"라는 주제의 블로그 원문을 챗GPT가 쓰레드에 맞는 원고로 수정해 주었고, 이 텍스트 콘텐츠를 다시 한 번 챗GPT가 분석해서 1장의 이미지로 만들어 준 결과물입니다.

▲ 달리3 모델로 만든 이미지

앞의 이미지가 어떤가요? 저는 아직 만족스럽지 못해서 실제로 활용할 예정이라면 프롬프트를 더 고도화해서 더 직관적이고 단순한 썸네일 스타일의 이미지가 나올 때까지 테스트해 볼 것 같습니다.

③ 게시물 업로드

10 쓰레드에 게시물을 업로드하기 위해서는 'Buffer'나 'Unshape'라는 앱과 [Zap]을 활용해야 합니다. 저는 [Unshape]를 사용하지만, 다시 처음으로 돌아간다면 [Buffer]를 사용할 것 같습니다. 다른 플랫폼과의 연동성도 편하고, 무엇보다 결제 관리가 편하기 때문입니다. 두 앱 모두 소액의 월 과금이 발생되며, 쓰레드 자동화를 하기 위해선 필수적으로 이용해야 하는 앱입니다.

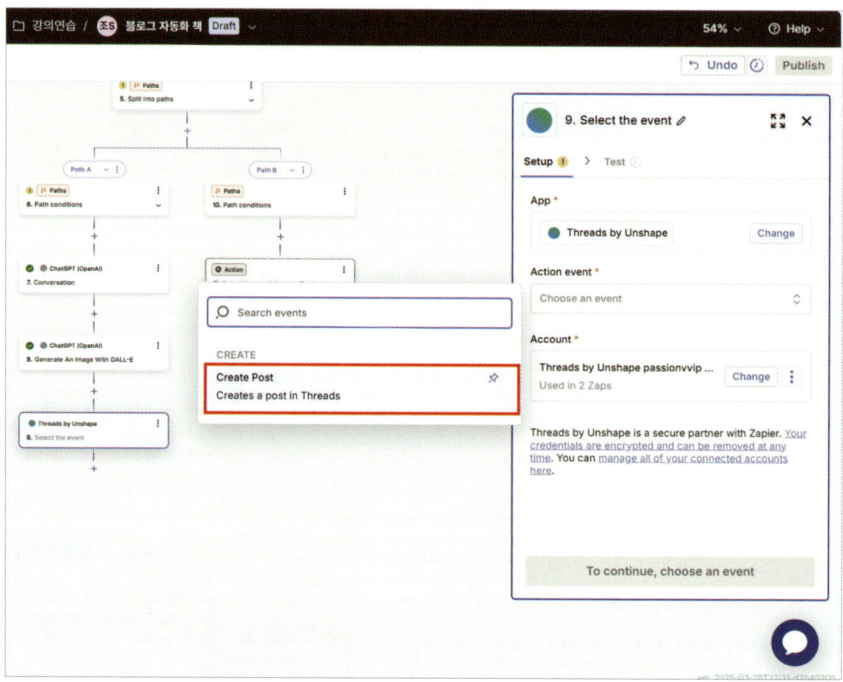

▲ 'Threads by Unshape Zap'으로 쓰레드에 게시물 업로드하기

11 다음의 안내에 따라 텍스트를 설정해 줍니다.

- **Text 설정**: 두 단계 전에 있던 ChatpGPT Zap(Conversation)의 Reply 결과를 넣어 주면 됩니다.
- **Media type 설정**: Image로 설정해 줍니다.
- **Image URL**: 두 단계 전에 있던 ChatGPT Zap(DALL-E)의 Data Url 결과를 넣어 주면 됩니다.

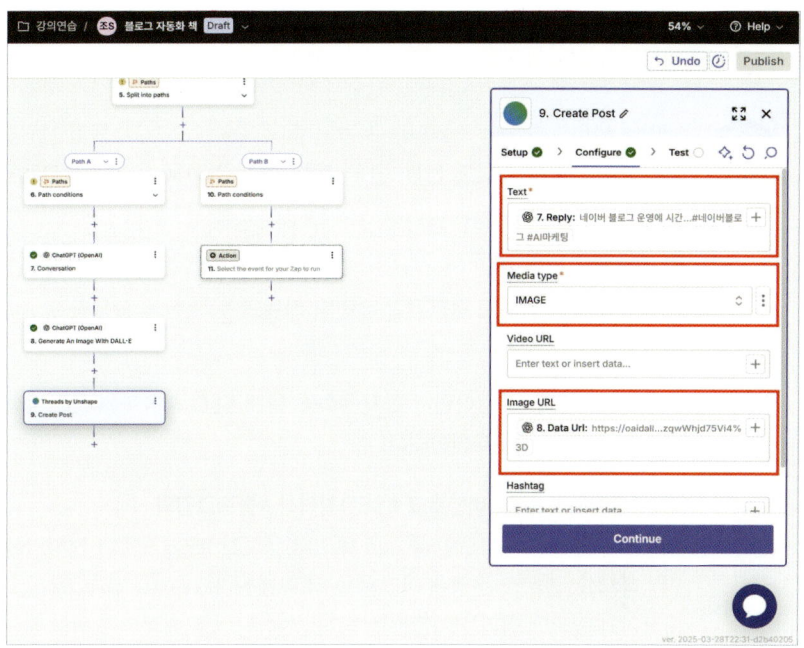

▲ 쓰레드 업로드를 위한 설정

이렇게 하면 자동으로 네이버 블로그 글이 쓰레드의 톤앤매너에 맞추어서 새로운 이미지 제작과 함께 쓰레드 업로드가 됩니다. 다른 플랫폼들의 설정 역시 내용은 같습니다. 플랫폼별 요구 사항이 조금씩 다르기 때문에 프롬프트 내용만 살짝 달라질 뿐 기본적인 골조는 모두 같습니다!

다만 추후 Zapier의 활용이 더 능숙해진다면 Google Drive Zap이나 Dropbox Zap을 추가해서 이미지 링크를 다이렉트로 넣지 말고, 클라우드에 저장한 다음에 활용하는 자동화를 사용하면 좋습니다. 더 안정적인 OSMU 자동화를 누릴 수 있습니다.

또한 이러한 단계가 익숙해지면 단순히 블로그 글을 OSMU하는 것이 아니라, 유튜브 쇼츠를 틱톡, 인스타그램, 쓰레드, 핀터레스트 등의 여러 플랫폼에 OSMU하는 것도 가능합니다. 여기에 음성을 바꾸고, 언어도 바꾸는 것까지도 가능합니다. 현재 자동화 툴을 활용해서 만들어 낼 수 있는 자동화 시스템은 아이디어만 있다면 무궁무진하다고 할 수 있습니다.

최대한 구체적으로 매뉴얼을 설명했습니다. 익숙해질 때까지 차근히 따라해 보면서 재피어를 손에 익히기 바랍니다. 말했듯, 자동화/노코드 툴 중에서는 재피어가 가장 쉽습니다. 재피어를 통해 충분한 연습을 진행한 후 다른 툴을 활용하면 훨씬 더 쉽게 접근할 수 있습니다.

04. 네이버 블로그 자동화 전략

네이버 블로그 운영에 소요되는 시간을 줄이기 위한 95% 자동화 전략을 소개합니다.

블로그 자동화는 키워드 선정, 원고 작성, 게시 과정을 AI와 프로그램을 활용해 최소한의 시간으로 진행하는 것입니다. 완전한 자동화는 어렵지만, 효율적인 툴을 사용하면 짧은 시간 안에 고퀄리티의 콘텐츠를 생산할 수 있습니다.

키워드 소싱은 키워드 랭크픽과 네이버 키워드 도구 등을 활용하고, AI를 통해 원고를 신속하게 작성하는 방법을 배워보세요.

블로그 스타일을 통일하면서도 자동화를 통해 SEO 최적화된 포스팅이 가능하니 관심 있는 분들은 강의에 참여해 보기를 추천합니다.

#블로그자동화 #네이버블로그 #SEO최적화 #블로그강의

GPT가 생성해준 링크드인 글 : ## 네이버 블로그 95% 자동화 전략: 온라인 마케팅의 새로운 패러다임

안녕하세요! 블로그 운영에 어려움을 겪고 계신가요?

글쓰기와 관리에 걸리는 시간은 상당히 많은데, 이를 해결하기 위한 훌륭한 대안이 바로 '블로그 자동화'입니다. 하지만 완전한 자동화는 현실적으로 어렵기 때문에, 95%의 자동화를 도모하는 방법을 소개하겠습니다.

블로그 자동화란 무엇인가?

블로그 자동화는 키워드 조사, 원고 작성, 게시 등 블로그 운영의 모든 과정을 AI와 프로그램을 활용해 최소한의 시간으로 수행하는 것을 의미합니다.

반복적인 작업을 줄이고 콘텐츠 생산 속도를 높이며, 고품질의 포스트를 제작할 수 있습니다.

100% 자동화가 어려운 이유 네이버 블로그는 자동 게시 기능이 지원되지 않아 완전한 자동화는 불가능합니다. 게다가, 불법적인 방법으로 콘텐츠를 복제하는 경우 SEO에 악영향을 미칠 수 있습니다. 따라서, 합법적이고 윤리적인 방법을 통해 블로그 자동화를 실시하는 것이 중요합니다.

블로그 자동화의 장점

1. **시간 절약**: AI를 활용하여 신속한 키워드 선정 및 원고 작성을 가능하게 합니다.
2. **일관된 품질 유지**: AI가 작성한 원고를 바탕으로 블로그 스타일을 통일할 수 있습니다.
3. **SEO 최적화**: 검색 노출에 유리한 콘텐츠를 쉽게 작성할 수 있습니다.

필요한 도구들

- **키워드 분석 도구**: 키워드 랭크픽, 네이버 키워드 도구
- **원고 작성 도구**: 챗GPT, 네이버 클로바 이 도구들은 블로그 자동화를 더 효과적으로 만들어주는 필수 아이템입니다.

효과적인 키워드 소싱과 원고 작성 좋은 키워드를 선정하여 네이버 블로그에 최적화된 원고를 작성하는 것은 성공적인 블로그 운영의 핵심입니다.

AI를 활용하면 키워드를 입력하여 빠르게 포스팅 초안을 생성할 수 있고, 이를 즉시 수정하여 자연스러운 원고로 만들 수 있습니다.

SEO 최적화 전략
SEO 최적화를 위해 키워드를 본문에 자연스럽게 포함하고, 제목 및 태그에 적절하게 배치하는 것이 중요합니다.
이를 통해 검색 결과에서 상위에 노출될 가능성을 높일 수 있습니다.

결론 지금까지 소개한 방법을 통해 블로그 운영의 효율성을 크게 향상시킬 수 있습니다.
블로그 자동화에 관심이 있다면, 현재 진행 중인 강의에도 참여해 보세요!
더 알고 싶다면 [이 링크](https://www.i-boss.co.kr/ab-5817-386)를 클릭해 주세요.

#블로그자동화 #SEO최적화 #AI #온라인마케팅 #네이버블로그

글을 보면 '#' '*'이 많이 들어간 것을 볼 수 있는데요, 이는 글의 문단을 나누거나 글씨에 효과를 주는 HTML 문법입니다. 그래서 GPT에게 프롬프트를 요청할 때 애초에 이런 기능을 사용하지 말라고 요청하는 것이 좋습니다.

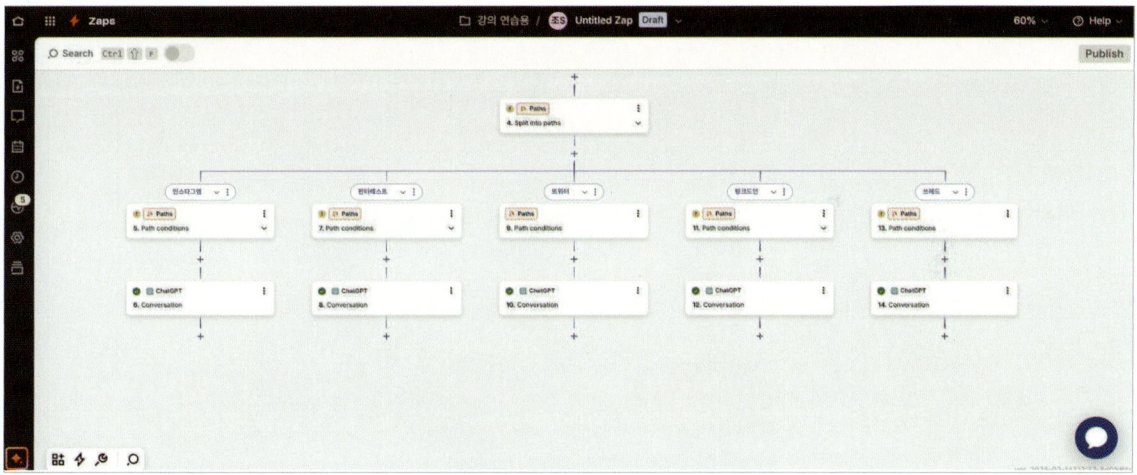

▲ 각 플랫폼별 톤앤매너 수정 요청

지금까지의 내용을 정리해 보겠습니다.

1) Politepol을 활용해서 내 블로그 글을 가져오는 RSS Feed를 만듭니다.
2) 재피어의 RSS Zap으로 해당 RSS Feed 데이터를 실시간으로 받아 옵니다.
3) ChatGPT Zap을 통해 받아 온 블로그 원문 데이터를 활용하여 블로그 제목을 수정합니다.
4) Ghost 블로그에 자동으로 수정된 블로그 제목과 기존 원문을 첨부하여 블로그 발행합니다.
5) Path 경로를 만들어서 각 플랫폼별 OSMU를 위한 블로그 원문의 톤앤매너 및 글 수정을 요청합니다.

생성형 AI를 활용해서
블로그 자동화하기 2 - 메이크 편

CHAPTER 11   메이크로 블로그 자동화하기
CHAPTER 12   자신이 작성하지 않은 글로 자동화하기

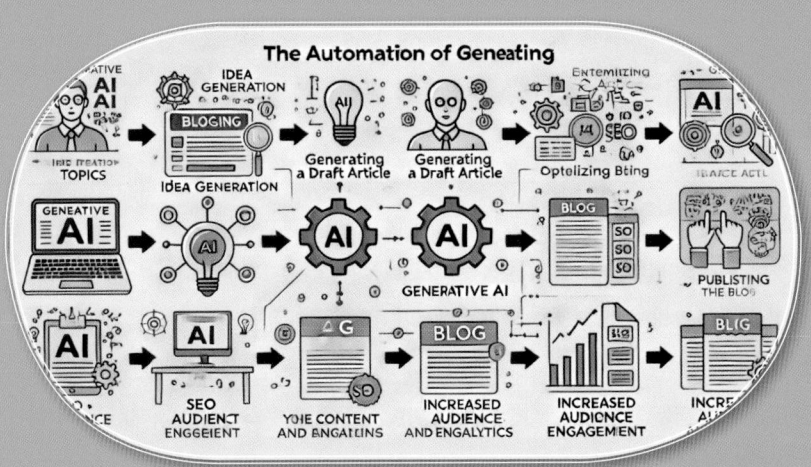

CHAPTER 11

메이크로 블로그 자동화하기

11-1 메이크 시나리오 살펴보기

네이버 블로그에 발행한 글을 워드프레스로 '자동'으로 옮기는 자동화 시나리오를 만드는 방법을 안내하겠습니다. 앞전에 재피어를 활용하는 방법을 안내했으니, 이번에는 메이크의 시나리오를 활용해서 OSMU 자동화를 하는 방법을 소개해 보겠습니다.

▲ 시나리오 구성

시나리오는 다음 이미지의 모습으로 구성이 되어 있습니다. 간단하게 메이크의 구조를 설명을 먼저 드릴게요. 메이크에서는 자동화 시스템/설계본을 '시나리오'라고 부릅니다. 그리고 이 시나리오를 구현하기 위해 각각의 '모듈'이 존재합니다. 재피어의 Zap과 같은 역할을 수행하는데요, 각각의 모듈에는 번호가 있습니다.

재피어와 메이크 모두 일방향성의 시나리오 흐름을 가져갑니다. 한 번 흘러들어 가면 돌아오지 않습니다. 물론, 여러 번 반복하는 기능이 존재하긴 합니다만, 다시 되돌아와서 수행하는 기능은 없습니다. 이런 기능을 수행하기 위해서는 n8n이나 Relavance AI처럼 메이크나 재피어보다 더 어려운 자동화 툴을 활용해야 합니다. 당연히 더 어려운 툴을 활용할 수록 훨씬 더 많은 기능과 자동화를 구현할 수 있습니다.

시나리오는 8개의 모듈로 구성이 되어 있습니다.

01. 모듈 1

RSS 피드 데이터를 받아 오는 설정입니다. 네이버 블로그 포스팅이 업로드가 되면 RSS Feed 데이터가 활성화되면서 위에서 설정했던 제목, 원문, 날짜의 변수값이 자동으로 불러와집니다. 네이버 블로그에서 워드프레스 블로그로 데이터를 "자동"으로 옮기기 위해서는 네이버 블로그 글이 발행될 때마다 새로 발행된 글의 데이터가 저장된 '창고'가 있어야 겠죠? 그 창고의 역할을 수행해 주는 것이 RSS Feed URL이라고 생각하면 됩니다. 이 RSS Feed URL 생성은 폴라이트폴을 활용해서 만듭니다. 우리는 'Watch RSS feed items' 기능을 활용할 예정입니다.

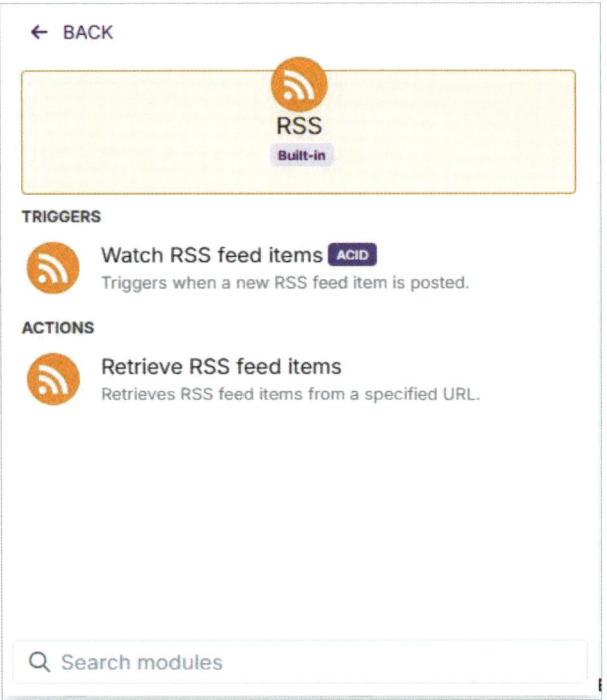

▲ RSS 모듈

02. 모듈 2

Text Parser, RSS를 통해 데이터를 받으면 기본적으로 HTML 데이터 값으로 들어오게 되는데, 이를 보기 편하게 Text 값으로 변환(Parsing)하는 기능을 해줍니다. 사실 이번 시나리오에서 굳이 없어도 되는 모듈이긴 합니다만, 시나리오를 관리하는 사람은 HTML보다 Text가 보기 편하기 때문에 Text로 변환해서 관리를 좀 더 쉽게 하기 위해 변환을 해 주는 것입니다.

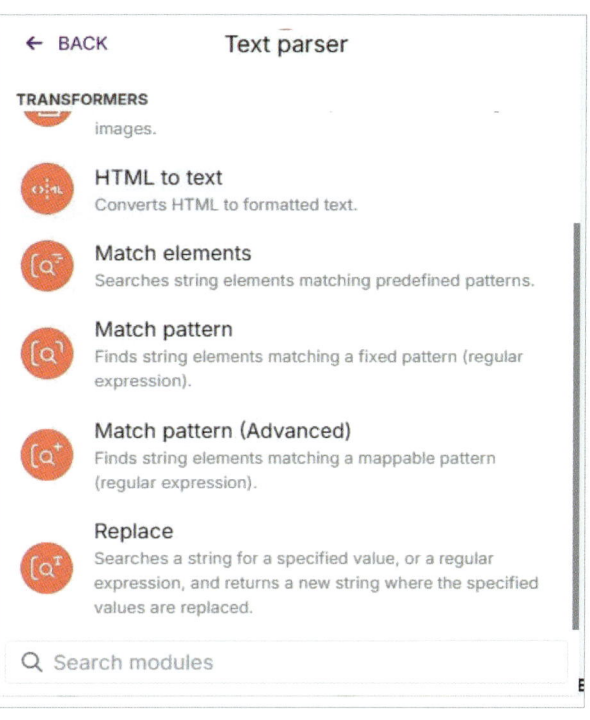

▲ Text parser 모듈

03. 모듈 3~5

챗GPT, 네이버 블로그 원문 글을 구글 SEO에 맞게끔 변환해 주는 GPT와 이미지를 생성해 주는 GPT, 그리고 제목을 생성해 주는 GPT 모듈입니다. 하나의 모듈에도 여러 개의 기능이 존재합니다. 챗GPT, OpenAI 모듈이 대표적인데요. 챗GPT와의 API 연동을 통해 자동 대화 기능을 하는 'Create a Completion' 기능부터 달리3 모델을 활용해서 이미지를 제작하는 'Generate an Image' 기능 등 정말 다양한 기능이 있습니다. 이번 시나리오에서는 이렇게 두 가지의 기능을 활용합니다.

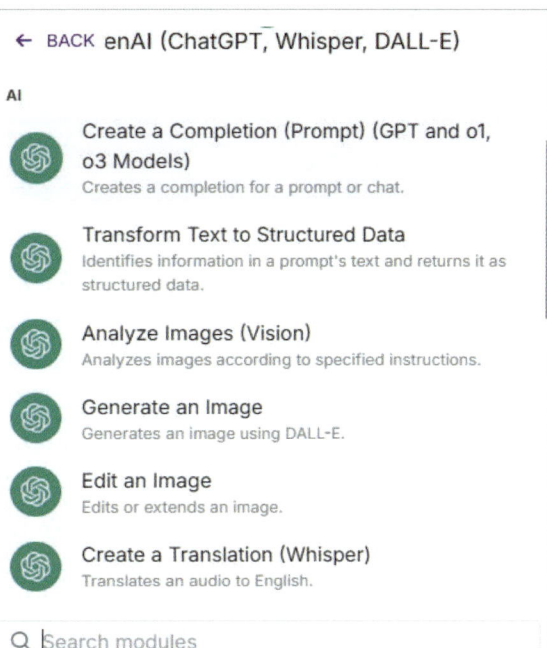

▲ 챗GPT(OpenAI) 모듈

04. 모듈 6

HTTP, GPT로 생성한 이미지를 HTTP 데이터로 받아서 저장해 두는 기능을 합니다. HTTP 모듈은 추후 메이크가 익숙해지면 가장 많이 활용하는 모듈입니다. 다른 API 데이터를 받아 올 때 인증을 하거나, 데이터를 저장할 때 이 모듈이 없으면 안 됩니다. 다른 형태로 저장된 API 정보를 이 HTTP 모듈을 통해서 우리가 활용할 수 있는 데이터로 가지고 올 수 있다고 이해해 주면 됩니다.

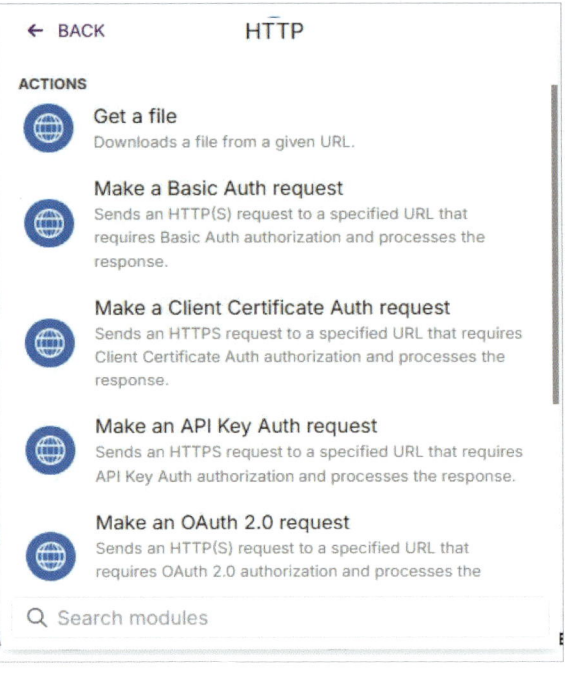

▲ HTTP 모듈

05. 모듈 7

워드프레스로 생성한 이미지와 GPT로 생성한 이미지를 HTTP 데이터로 저장한 후 워드프레스에 저장합니다.

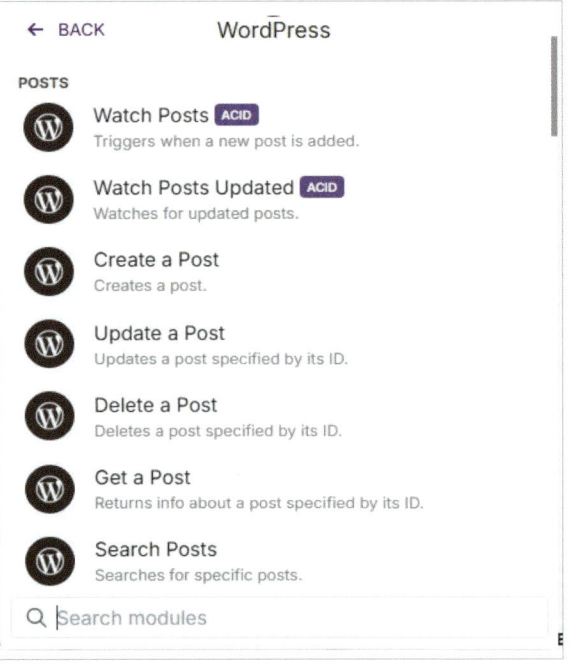

▲ WordePress 모듈

06. 모듈 8

챗GPT로 생성한 제목과 원고, 그리고 HTTP 데이터로 저장된 이미지를 포함한 블로그 문서를 워드프레스로 발행하는 기능을 수행합니다. 워드프레스 모듈도 굉장히 다양한 기능이 존재합니다. 이번 파트에서는 단순히 이미지가 포함된 블로그 문서를 워드프레스에 작성하는 방법을 안내하지만 이 외에도 댓글 관리, 포스팅 관리, 관리자 관리, 태그 관리 등 다양한 기능을 자동으로 수행할 수 있습니다.

11-2 메이크로 하는 OSMU 자동화 방법

자, 그럼 메이크를 통해 네이버 블로그의 문서를 자동으로 워드프레스로 옮겨 담는 자동화, 블로그 OSMU 자동화 방법을 설명하겠습니다.

01. 메이크를 활용한 블로그 자동화 준비

우선, 폴라이트폴 사이트에 접속합니다. 가장 우선적으로 RSS Feed 데이터를 받아야만 하는데 네이버 블로그의 글을 RSS Feed 데이터로 담을 때는 폴라이트폴만한 사이트가 없는 것 같습니다.

▲ 폴라이트폴에서 RSS Feed URL 생성하기

내 블로그 접속 → 특정 카테고리에서 마우스 오른쪽 버튼 클릭 → [링크 주소 복사]를 클릭해 줍니다.

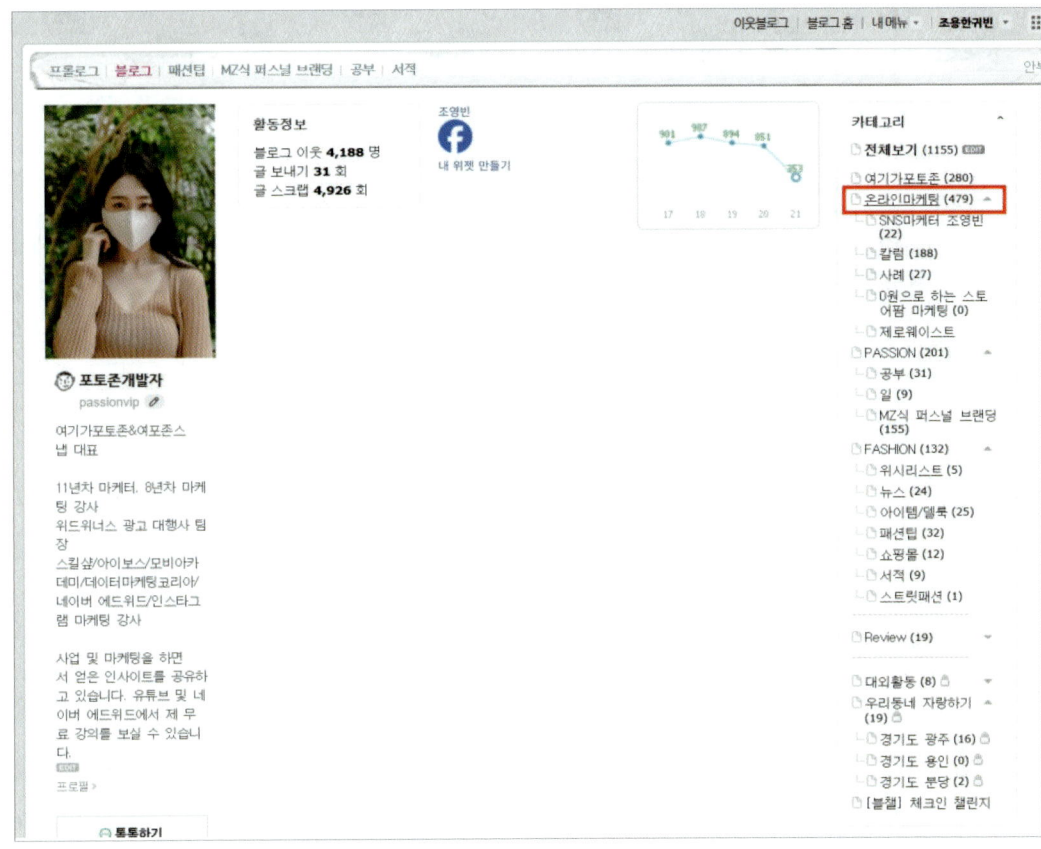

▲ 특정 블로그 카테고리 링크 주소 복사

그리고 다시 폴라이트폴로 돌아와서 복사한 링크를 넣어 주면 됩니다. 그러고는 [Go!] 버튼을 눌러 주세요.

▲ 링크 생성하기

이후 타이틀(Title), 디스크립션(Description), 데이트(Date) 변수값을 설정해 주면 됩니다. 설정을 모두 마치면 [Create] 버튼을 눌러 주세요.

Title	블로그 제목
Description	블로그 원문
Date	포스팅 날짜

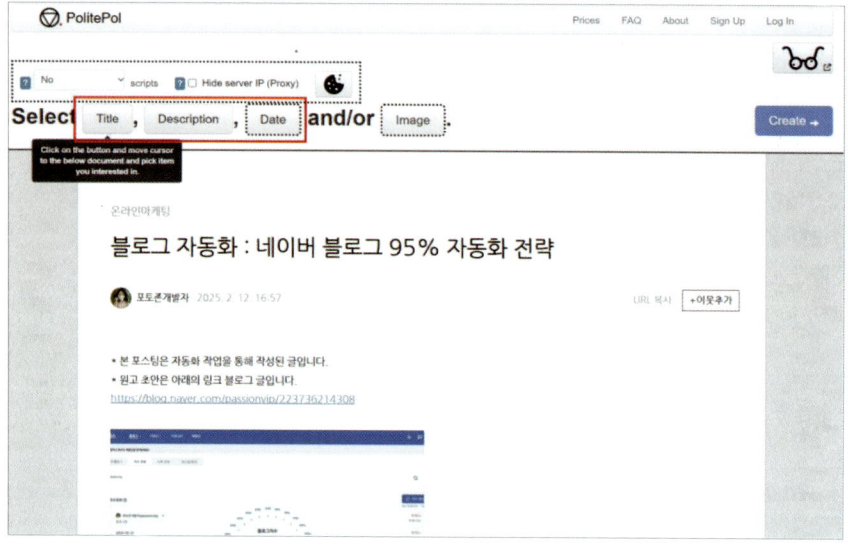

▲ 변수값 설정

그러면 RSS Feed URL이 생성됩니다. [Copy] 버튼을 눌러 주세요.

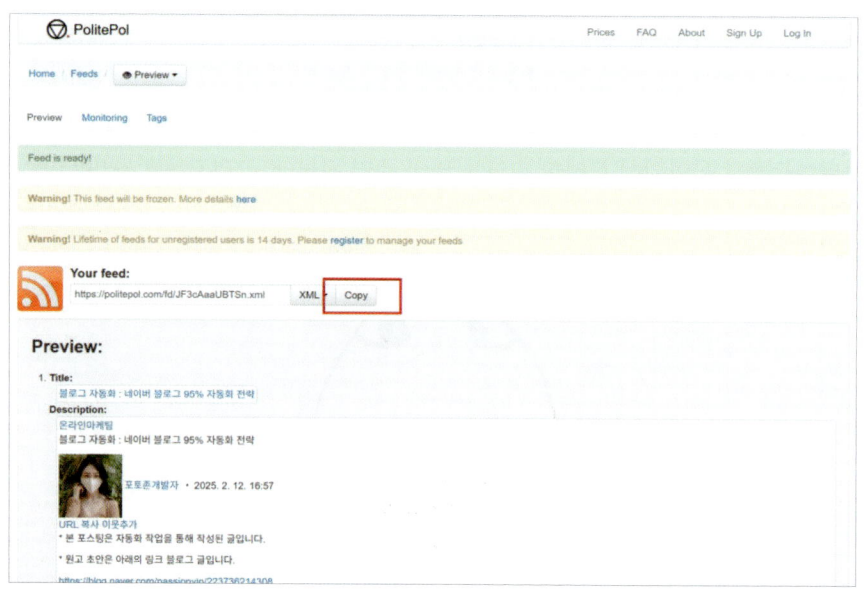

▲ RSS Feed URL 복사

여기까지 잘 따라 왔다면 메이크를 활용한 블로그 자동화 준비가 완료된 것입니다. 블로그 원문 소스를 받아 올 데이터를 준비한 것이죠.

02. 메이크로 블로그 자동화하기

01 메이크에 로그인한 다음에 오른쪽 상단의 [Create a new scenario] 버튼을 눌러 주세요.

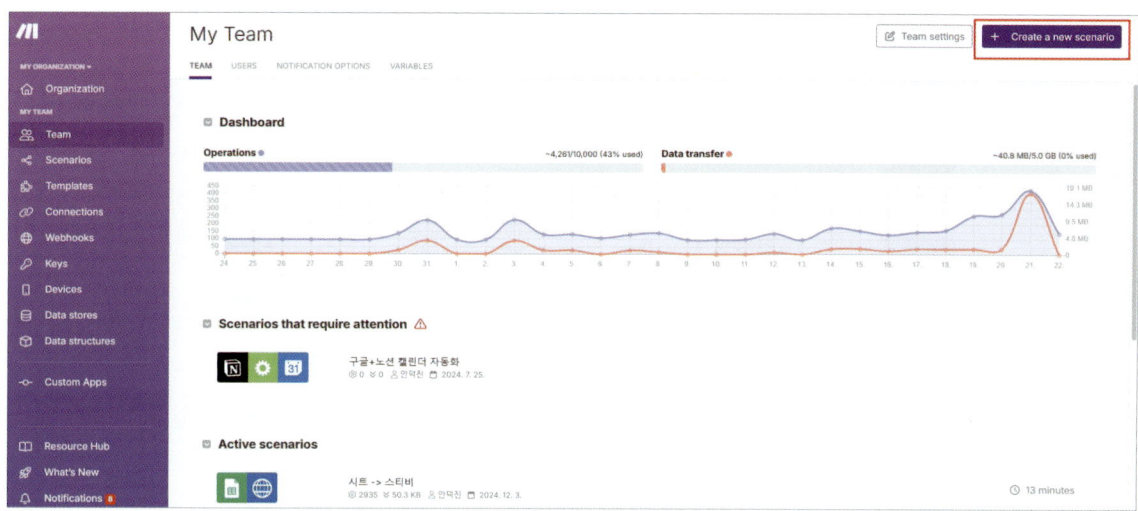

▲ 시나리오 생성하기

02 RSS 모듈을 검색하고 [Watch RSS Feed Items] 기능(트리거)을 선택합니다.

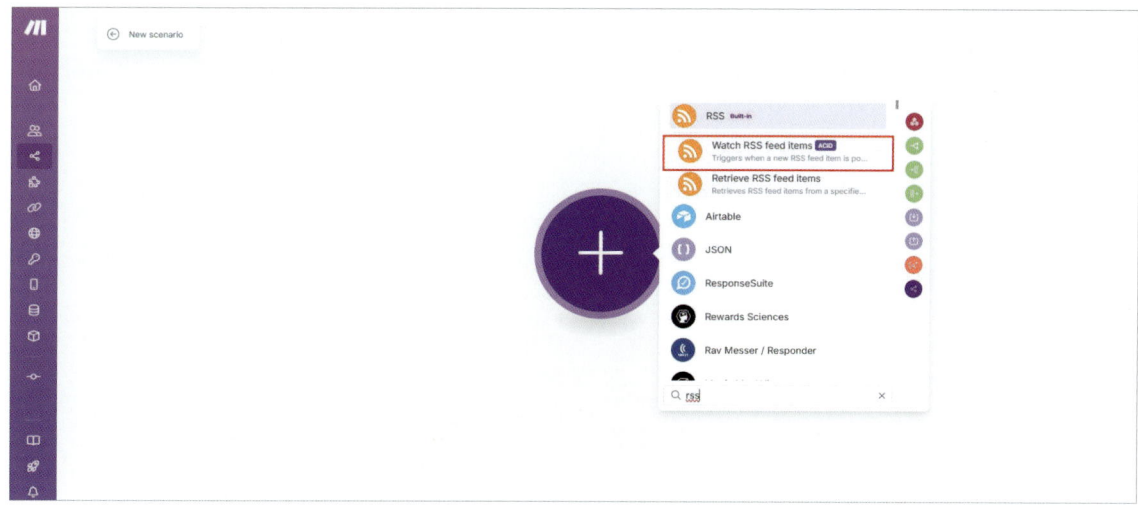

▲ RSS 모듈 - Watch RSS Feed Items

03 폴라이트폴에서 생성한 링크값을 넣어 주세요. 아래 빨간박스의 설정값은 크게 중요하지 않습니다. 양산형 블로그가 아니라면 '1'로 설정해도 큰 문제는 없습니다.

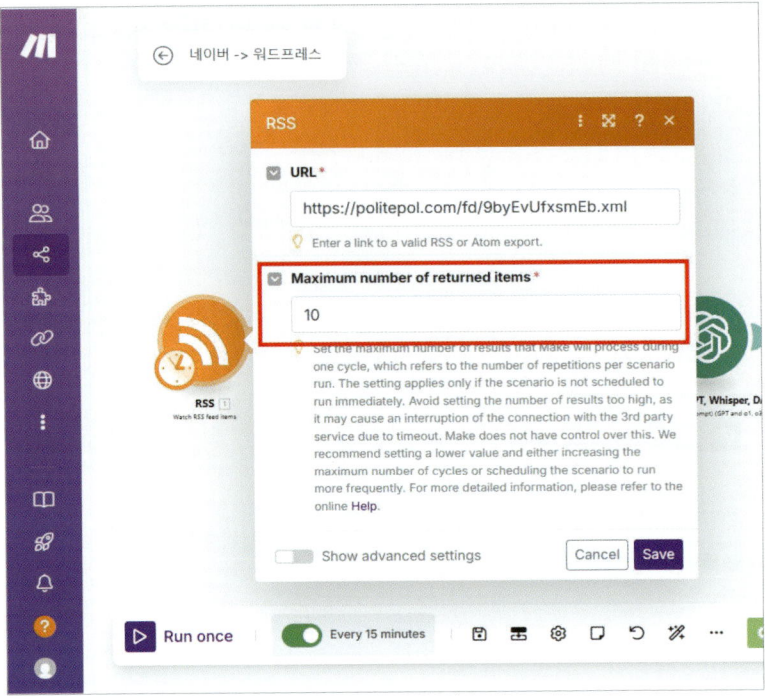

▲ RSS 모듈 데이터 설정

04 마우스 오른쪽 버튼을 눌러서 [Choose where to start]를 누른 후 가장 최근의 글을 선택한 다음 [Save] 버튼을 눌러 주세요. 이 과정은 "반복적"으로 진행이 될테니 꼭 기억하기 바랍니다.

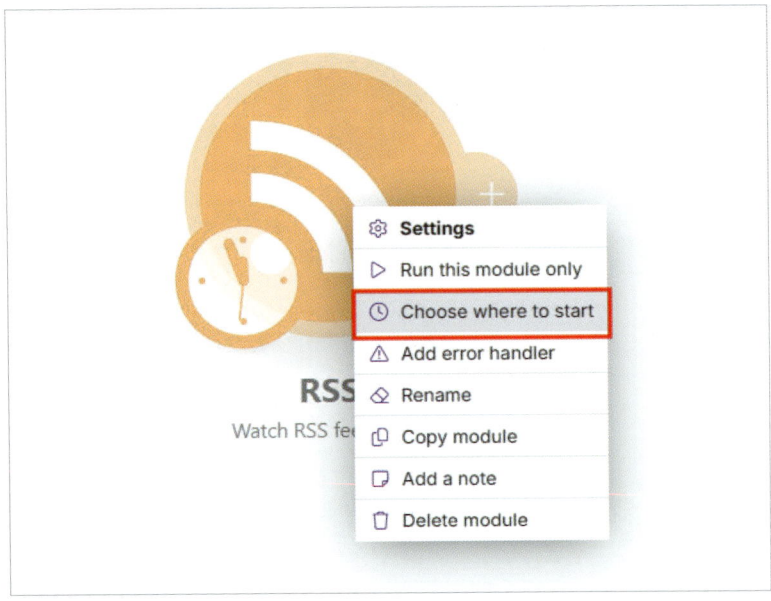

▲ 위치 지정

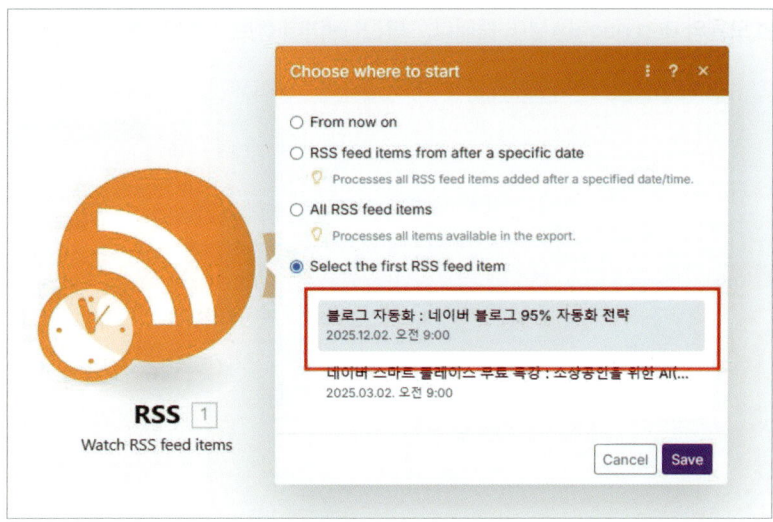

▲ RSS Feed URL 시작점 설정하기

05 다음으로 [Text parser] 모듈을 [HTML to Text]로 선택합니다.

▲ 2번째 모듈: Text parser 〈HTML to Text〉

PART 04 • 생성형 AI를 활용해서 블로그 자동화하기2-메이크 편

06 변수값에 1번 모듈의 Descrition을 넣어 줍니다. 그러면 네이버 블로그 원문 데이터가 들어가게 됩니다.

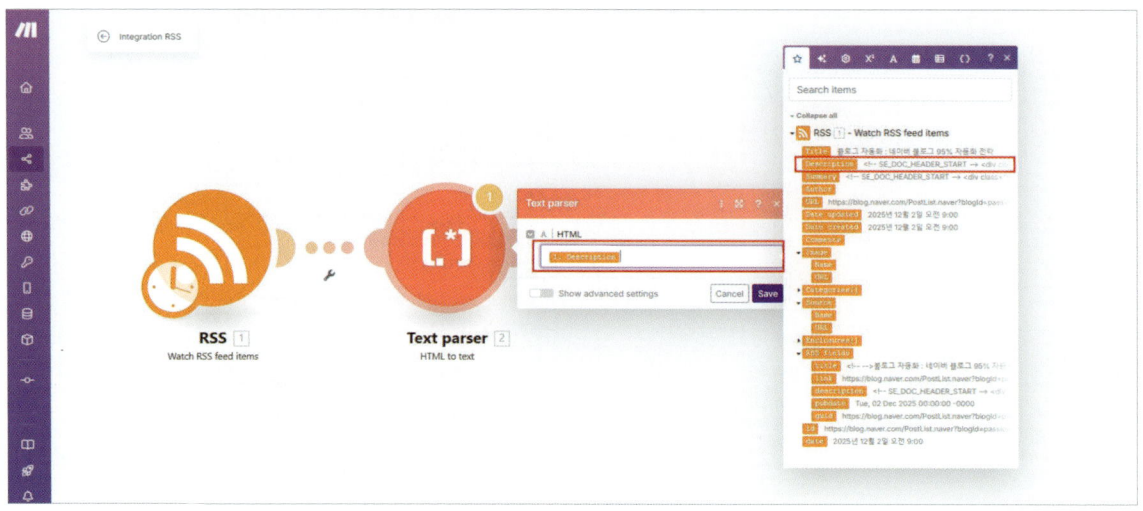

▲ 블로그 원문 변수값으로 넣어 주기

07 다음으로 챗GPT 모듈을 생성합니다. [Create a Completion]이 우리가 알고 있는 일반적인 프롬프트형 대화를 의미합니다. 챗GPT에게 무언가를 요청할 때 사용하는 모듈 기능입니다.

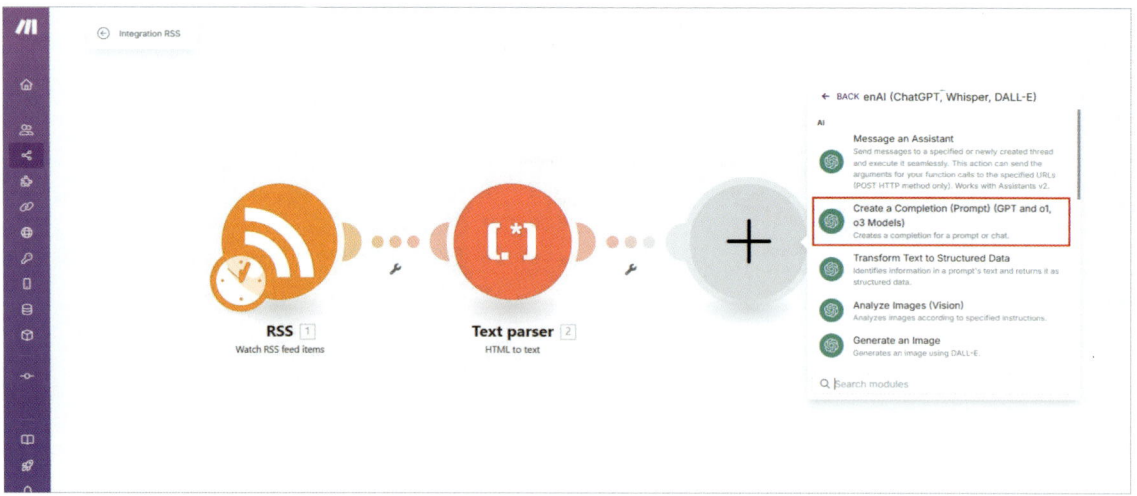

▲ 챗GPT(OpenAI) 모듈 생성

08 네이버 블로그에 작성된 글을 구글 SEO에 맞추어서 새로운 제목으로 만들어 달라는 프롬프트가 작성된 내용입니다.

모델(model) 선택	mini 버전을 사용해야 토큰 비용이 많이 발생하지 않습니다.
롤(role)	유저로 선택해서 프롬프트를 입력하는 역할을 선택하면 됩니다.
텍스트 콘텐트 (text content)	프롬프트 내용을 넣어 주고, 블로그 본문값을 Text Parser에서 변형한 블로그 원문 내용을 함께 담아 주면 됩니다.

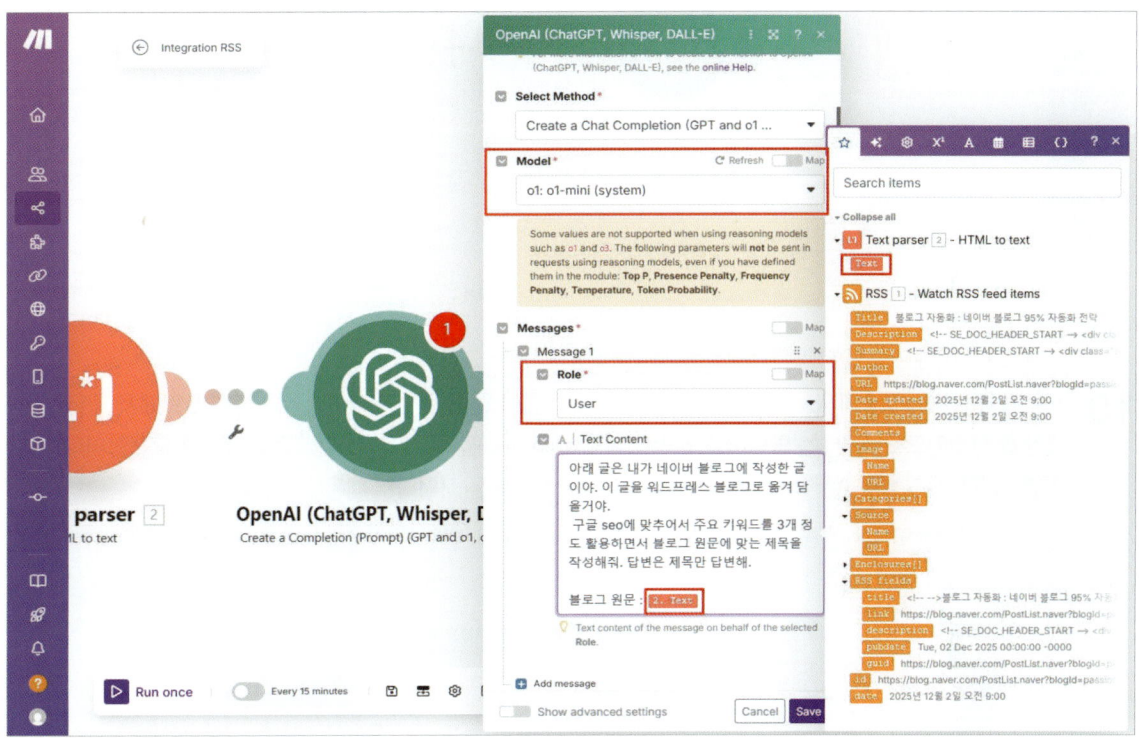

▲ 챗GPT 모듈(프롬프트) 설정

제가 사용한 프롬프트는 다음과 같습니다.

 "아래 글은 내가 네이버 블로그에 작성한 글이야. 이 글을 워드프레스 블로그로 옮겨 담을 거야. 구글 seo에 맞추어서 주요 키워드를 3개 정도 활용하면서 블로그 원문에 맞는 제목을 작성해줘. 답변은 제목만 답변해."

"제목만 답변해."라고 하지 않으면, 자동화 모듈에서 종종 "구글 seo에 적합한 답변을 안내드립니다"와 같은 답변이 섞여 나옵니다. 우리는 변수값을 자동으로 제목값에 쓰기 때문에 이러한 답변이 나오면 내 워드프레스 블로그 제목에 저런 답변이 흘러 들어가 버립니다.

09 다음 단계도 챗GPT를 활용합니다. 이번에는 네이버 블로그 원문을 구글 SEO에 맞춰서 변형을 할 예정입니다. 앞에서 진행한 설정과 다를 것 없습니다. 앞에서 '제목'을 요청했다면, 이번에는 본문 수정을 요청하는 것이 다르니까요.

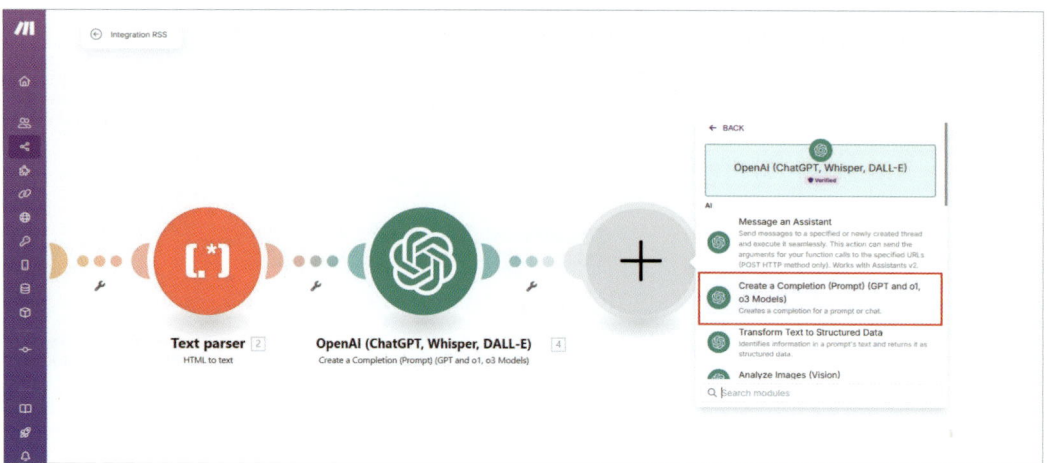

▲ 챗GPT(OpenAI) 모듈 활용

10 모듈로 활용하는 챗GPT의 경우 "요약"을 해 주려는 경향이 많이 강하기 때문에 저는 프롬프트에서 "원고 내용 수정을 최소한으로 하라."는 명령어를 입력합니다. 그리고 더불어서 HTML 형식으로 답변을 요청합니다. 왜냐하면 워드프레스 블로그는 기본적으로 HTML 형태로 포스팅을 작성하기 때문에 그렇습니다.

물론 마크다운 모듈을 활용해서 답변받은 결과물을 HTML로 변형하는 방법도 있긴 하지만, 애초에 HTML로 답변해 달라고 하면 시나리오 과정을 한 번 줄일 수 있습니다.

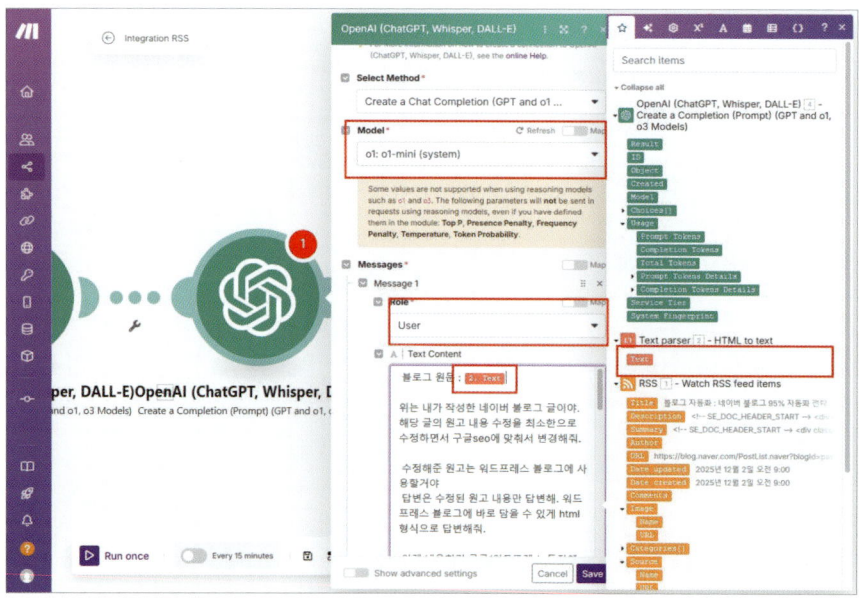

▲ 챗GPT 모듈 설정

11 여기까지 진행하고 왼쪽 하단에 있는 [Run once] 버튼을 눌러 주세요.

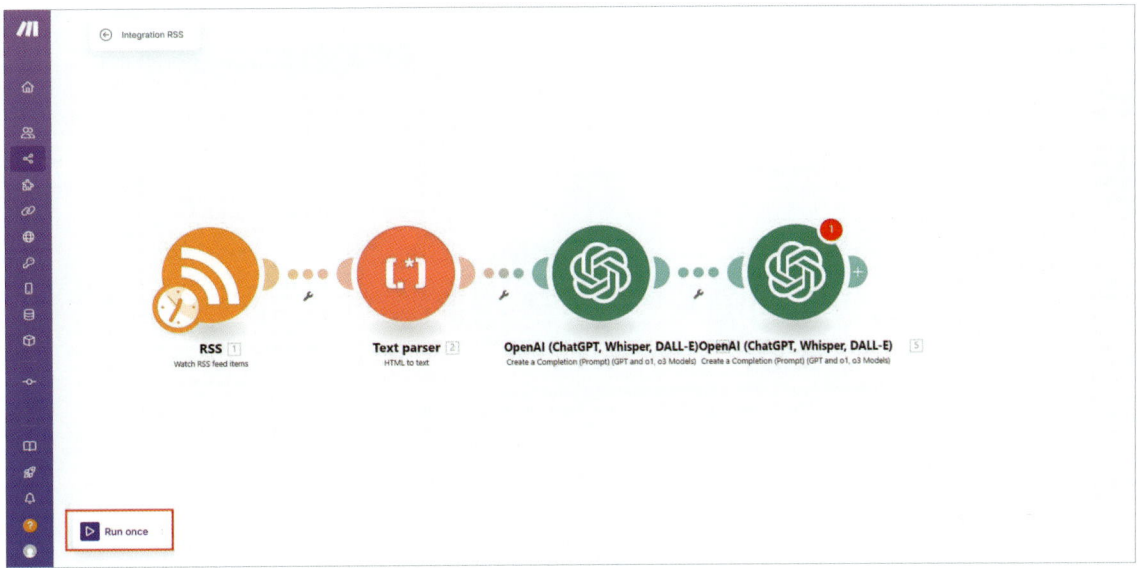

▲ 테스트 실행하기

12 말풍선과 함께 숫자가 생성되면, 테스트 진행에 성공한 것입니다. 지금까지 문제 없이 잘 설정이 되었다는 것을 의미합니다.

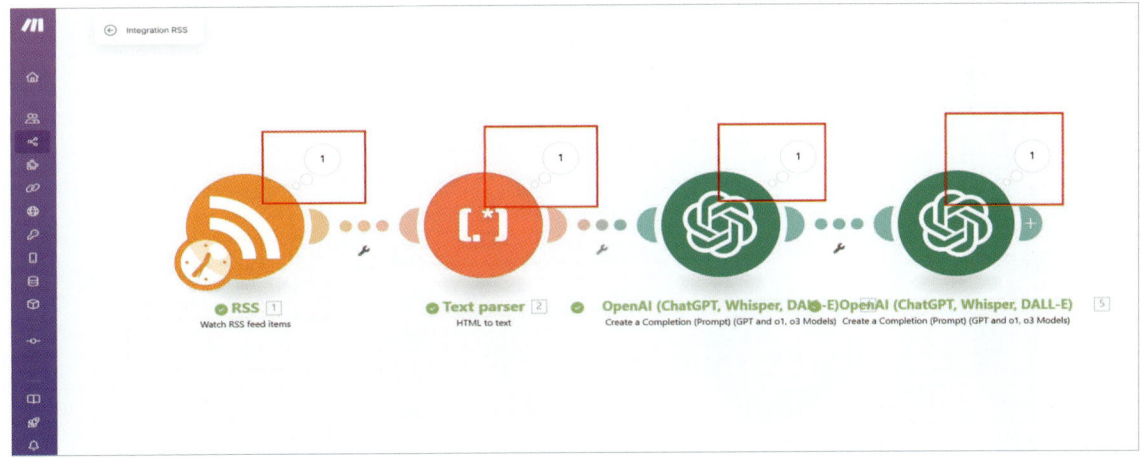

▲ 테스트 성공 모습

13 모듈 각각의 말풍선 버튼을 눌러 보면 결과값(Result)을 확인할 수 있습니다. HTML 값으로 블로그 원문 문서가 제대로 나온 것을 확인했습니다.

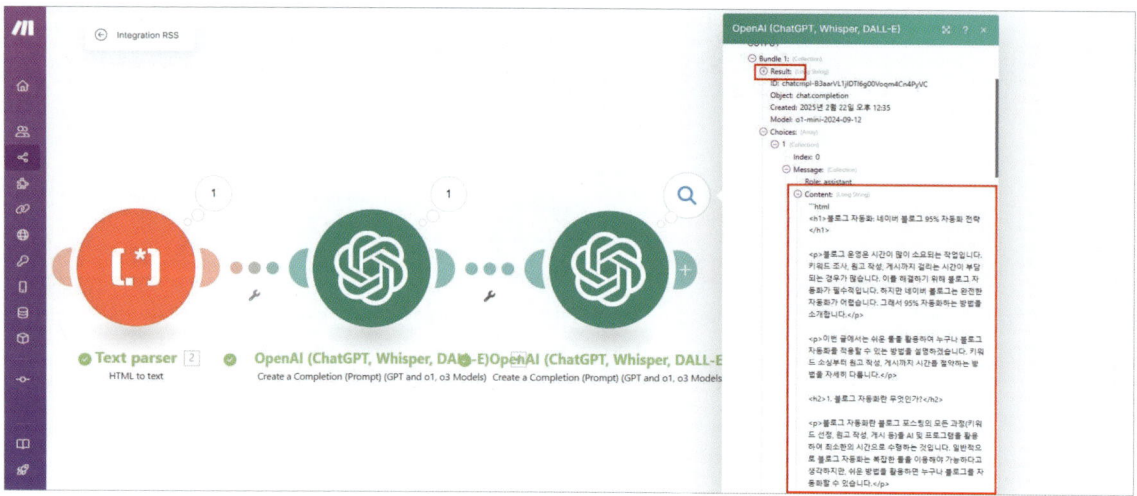

▲ Result 결과 모습

14 4번 모듈에서 생성한 제목값을 활용해서 프롬프트와 함께 이미지 생성 요청을 보냅니다. 블로그 제목을 생성한 모듈의 결과물(4번 모듈 결과물)을 넣어 주고 "이미지 만들어 줘." 하면 됩니다. "블로그 원문을 넣어 주고 원문에 대해 잘 어울리는 이미지 만들어 줘."가 아닌, "제목에 맞는 이미지 만들어 줘."라고 하는 이유는 간단합니다. 이미지 생성 모듈에 들어가는 텍스트(명령어)는 4,000바이트까지만 가능하기 때문에 그렇습니다.

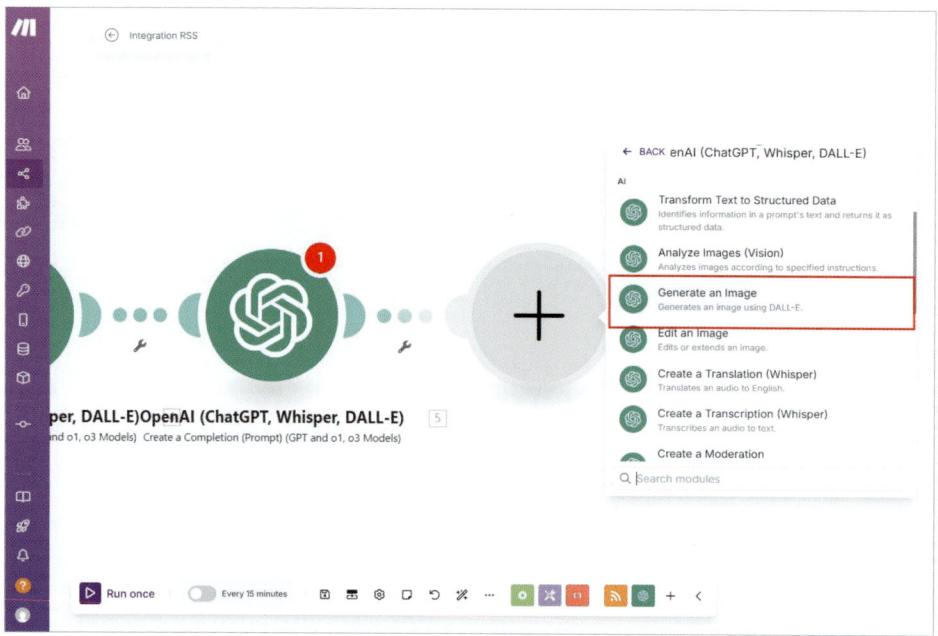

▲ 챗GPT 모듈로 이미지 생성하기

15 다시 한번 시작점을 선택한 후 [Run once] 버튼을 눌러서 테스트 실행을 다시 한 후, 이미지 생성까지 다 문제 없이 진행되는지 확인합니다.

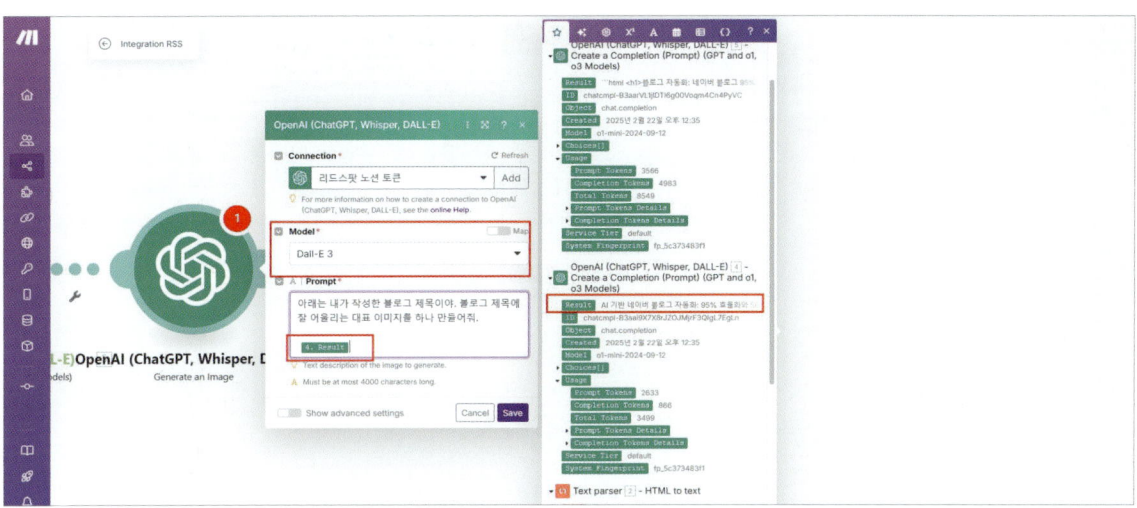

▲ 블로그 제목 생성 결과값 변수로 넣기

16 정상적으로 말풍선과 숫자가 뜨면 [Choose where to start]를 눌러 다음 단계로 이동하면 됩니다. 만약 문제가 된다면 문제가 되는 부분을 파악해서 해결하고 넘어가야 다음 단계의 설정에서 추가적인 문제가 발생하지 않습니다.

▲ 말풍선과 숫자 확인

PART 04 • 생성형 AI를 활용해서 블로그 자동화하기2-메이크 편　161

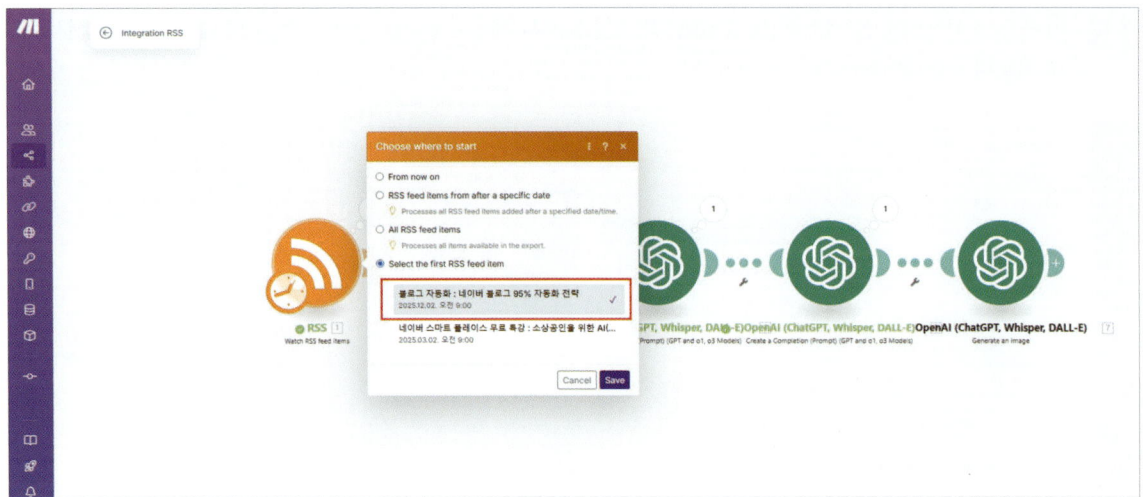

▲ 다시 한번 테스트 진행

17 다음으로 HTTP 모듈의 [Get a file] 기능을 설정합니다. 달리3을 활용해서 만든 이미지를 HTTP 모듈에 저장해야 합니다. Get a file 설정을 해준 다음 URL 필드에 달리3의 Data Result 값을 넣어 주면 됩니다.

▲ HTTP 모듈 설정

18 설정값이 이해가 어려울 수 있으니 천천히 따라 해 보기 바랍니다. HTTP 모듈의 활용은 난이도가 있는 편이니, 이미지를 잘 보면서 따라해 보기 바랍니다.

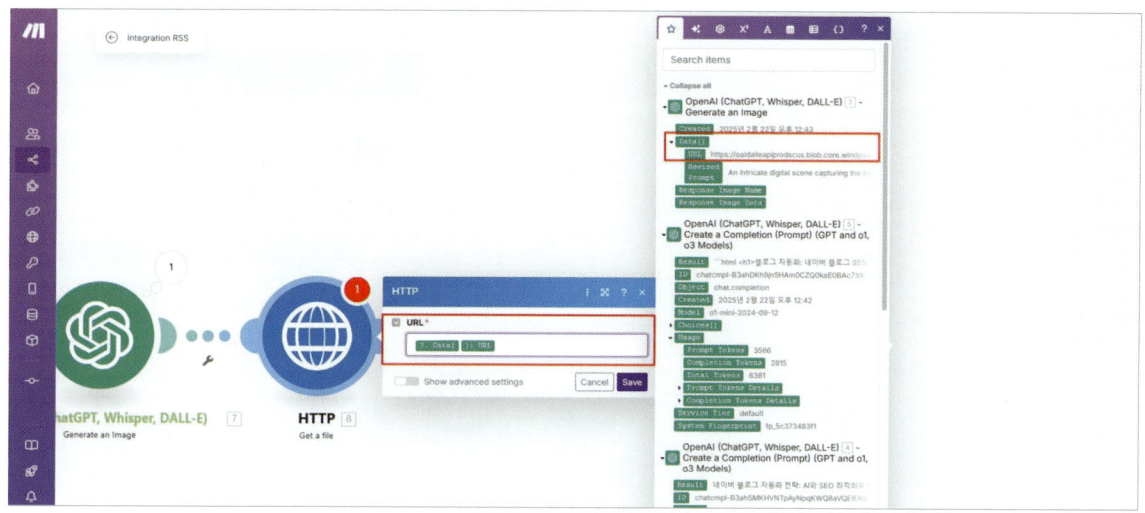

▲ 달리3으로 생성한 이미지 HTTP 모듈로 저장하기

19 이렇게 해 주고 다시 한번 테스트 진행을 해 주세요. HTTP 모듈까지 정상적으로 작동했다면 마지막으로 워드프레스 블로그 모듈을 [Create & Media Item]으로 설정해 주면 끝입니다.

▲ WordPress 모듈 – Create a Media Item 기능 설정

PART 04 • 생성형 AI를 활용해서 블로그 자동화하기2-메이크 편

20 File은 HTTP 모듈에서 받아 온 데이터를 설정하고, Title은 HTTP 모듈의 Data 변수값을 넣은 후 뒤에 확장자인 '.png'를 꼭 넣어 주세요.

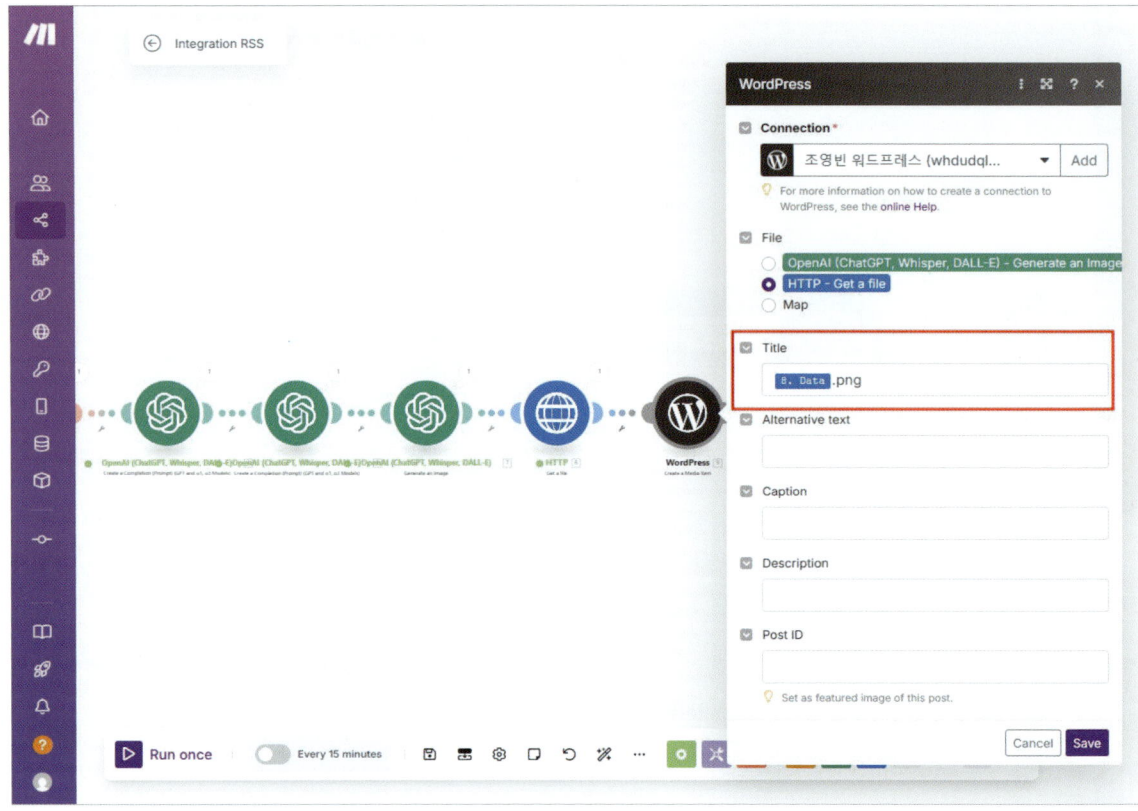

▲ 변수값 설정

21 POSTS는 [Create a Post]를 선택합니다.

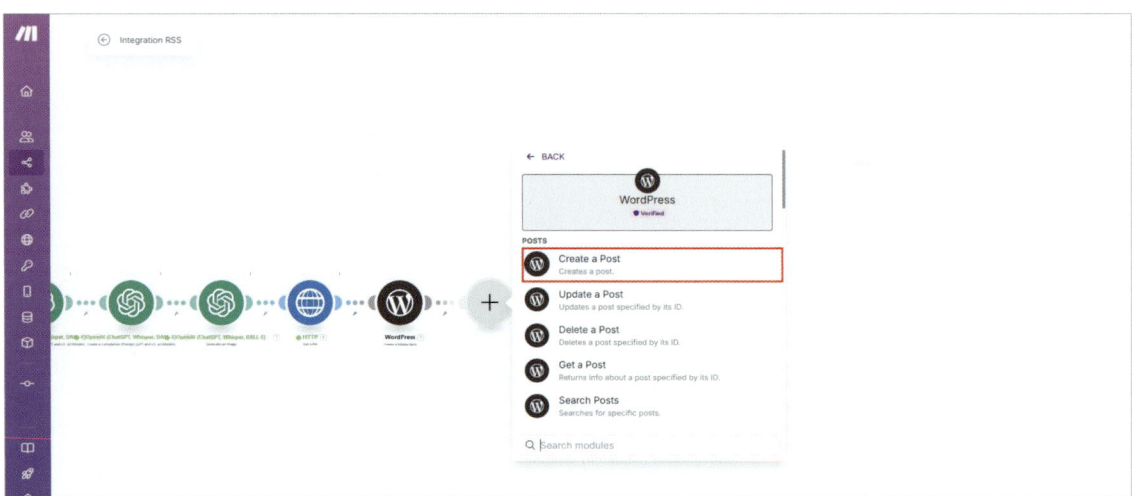

▲ WordPress 모듈, Create a Post 기능

22 [Title]은 4번 모듈에서 설정한 '제목값', [Content]는 5번 모듈에서 설정한 '블로그 본문 HTML 데이터'를, [Status]는 바로 발행할 수 있도록 'Publish'를 넣어 주면 됩니다.

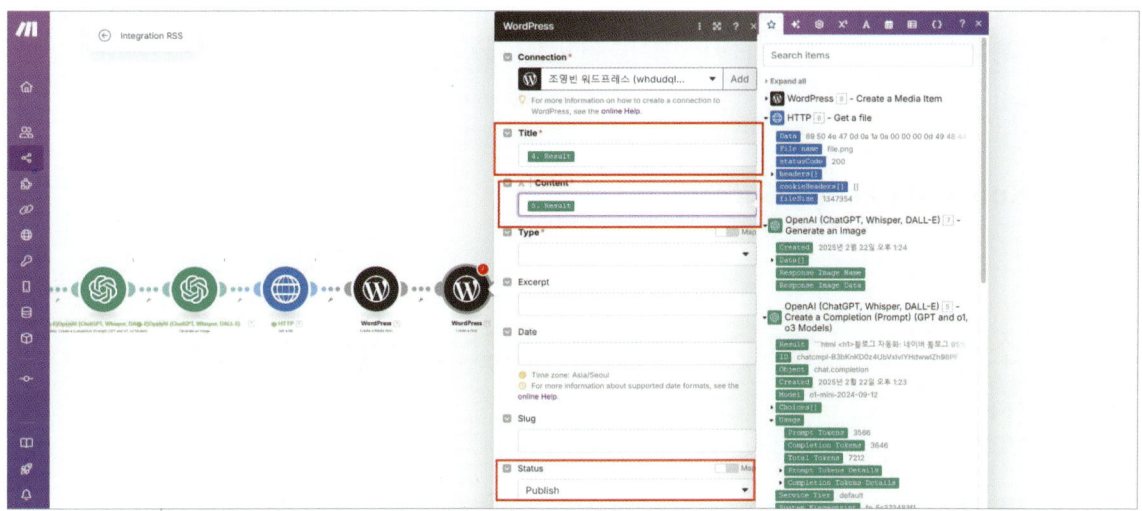

▲ 제목, 본문, 글상태 설정

23 그리고 맨 하단에 [Featured media ID]에는 바로 전 단계의 워드프레스 모듈에서 가져온 이미지 데이터, Media Item ID를 넣어 주면 됩니다.

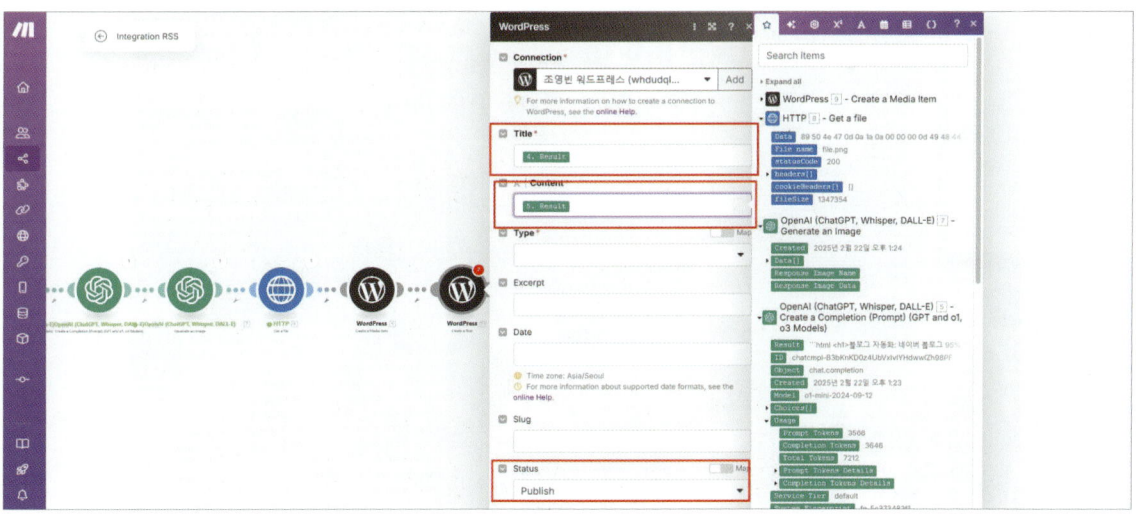

▲ [Featured media ID] 설정

PART 04 • 생성형 AI를 활용해서 블로그 자동화하기2-메이크 편   **165**

24 이렇게 하고 다시 테스트 실행을 돌려준 다음 워드프레스 블로그로 들어가서 제대로 글이 발행되었는지 확인해 주면 됩니다. 테스트로 만든 워드프레스 블로그입니다. 잘 옮겨진 모습을 확인할 수 있습니다.

네이버 블로그 글을 워드프레스로 옮기는 OSMU 자동화를 구동함으로서 네이버와 구글의 SEO 마케팅을 동시에 진행할 수 있습니다. 경우에 따라서는 영어로 번역해서 해외 네이버는 한국 타겟, 워드프레스는 해외 타겟으로 동시 운영도 가능합니다.

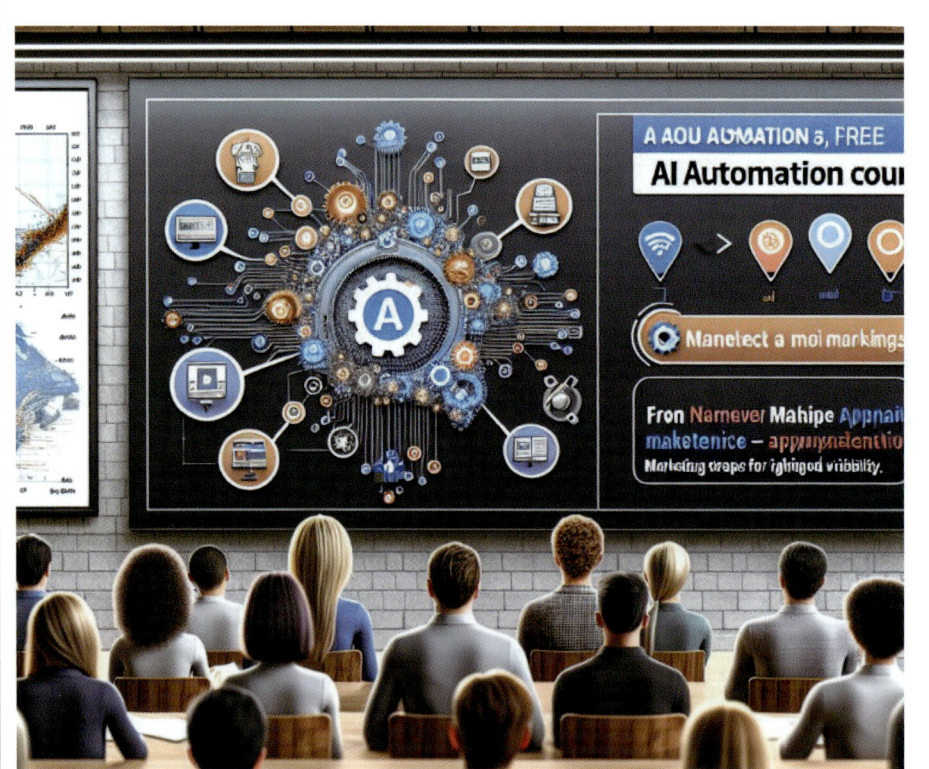

▲ 워드프레스 블로그에 글이 옮겨진 모습

CHAPTER 12

자신이 작성하지 않은 글로 자동화하기

다음으로는 다른 사람의 글을 활용해서 네이버 블로그로 옮기거나 고스트 블로그로 바로 발행하는 방법도 소개하겠습니다. 마찬가지로, "이렇게 해라!"가 아니라, "이런 방식도 있다!"라는 것을 알려 주기 위함이며, 다른 사람이 열심히 작성한 콘텐츠를 훔쳐서 자동화를 취하는 방법이기 때문에 권하지 않습니다.

우선, 자신이 작성하지 글을 수집하기 위해서는 RSS Feed가 필요합니다. 네이버 블로그의 특정 카테고리를 사용할 때는 앞서 설명한대로 폴라이트폴을 사용하면 되지만, 일반적으로 구글에서 많이 찾아볼 수 있는 영문 칼럼 자료는 Inoreader의 데이터가 더 방대합니다.

12-1 시나리오 구성 방법

시나리오 구성 방법에 대해 먼저 설명하겠습니다.

01 이노리더를 통해서 RSS Feed URL 데이터를 수집하고, HTTP 모듈로 정리를 해준 뒤, Text Parser로 HTML 문서를 Text로 바꿔 줍니다.

02 GPT로 RSS로 가져온 데이터 속 원문의 주요 키워드(3개)를 추출하라는 프롬프트를 생성하고 그 결과를 받아 옵니다.

03 다음으로, 해당 키워드를 미리 준비한 구글 스프레드시트에 정리하고, 2번째 GPT 모듈에서는 추출한 원고와 새로 생성한 키워드 3개를 활용한 네이버 블로그 문서를 작성하라는 명령을 내립니다.

04 3번째 GPT 모듈에서는 새로 작성한 네이버 블로그 글과 새로 추출한 키워드 3개를 활용한 네이버 블로그 제목을 생성하라는 명령을 내린 후 마지막으로 구글 스프레드시트에 제목을 넣어 줍니다.

▲ 남의 글을 기반으로 블로그 자동화하는 시나리오 구성

이렇게 시나리오를 만들어 두면 이노리더의 RSS Feed 데이터가 새로 수집될 때마다 자동으로 새로운 글과 제목, 키워드가 구글 스프레드시트에 자동으로 업데이트가 되며, 구글 스프레드시트에 들어가서 제목, 키워드, 블로그 글을 복사한 후 붙여 넣어서 네이버 블로그에 등록하기만 하면 됩니다.

여기서 추가로 OSMU를 더하고 싶다면, 이전에 설명했던 고스트/워드프레스 모듈을 덧붙일 수도 있고, 다른 SNS 플랫폼으로 OSMU할 수 있는 모듈을 추가하는 방법도 있습니다.

이렇게 자신이 작성하지 않은 글로 자동화를 함으로서 애드센스나 네이버 블로그 자동화를 통해 블로그를 최적화하는 경우를 심심찮게 볼 수 있습니다. 저는 오리지널 콘텐츠를 작성하는 사람 중 한 사람으로서 남의 글을 훔치는 것은 온라인 생태계에 좋지 않다고 생각하여 활용하고 있지 않습니다. 그럼에도 불구하고 이 방법을 안내하는 것은, 이런 식으로 활용할 수 있다는 것을 알려 주는 것과 더불어 시나리오 구성을 잡을 때 풍부한 원문 데이터의 추출을 통해 공부할 수 있기 때문입니다. 그럼 하나씩 설명하도록 하겠습니다.

12-2 시나리오 구성 준비

시나리오 구성을 위해 준비해야 할 준비물은 2개로, 이노리더 세팅과 구글 스프레드시트 세팅입니다.

01. 이노리더 세팅

01 가장 먼저 이노리더 사이트에 접속 후 회원가입을 진행합니다. 그리고 왼쪽 사이드바에서 [+] 버튼을 눌러 주세요.

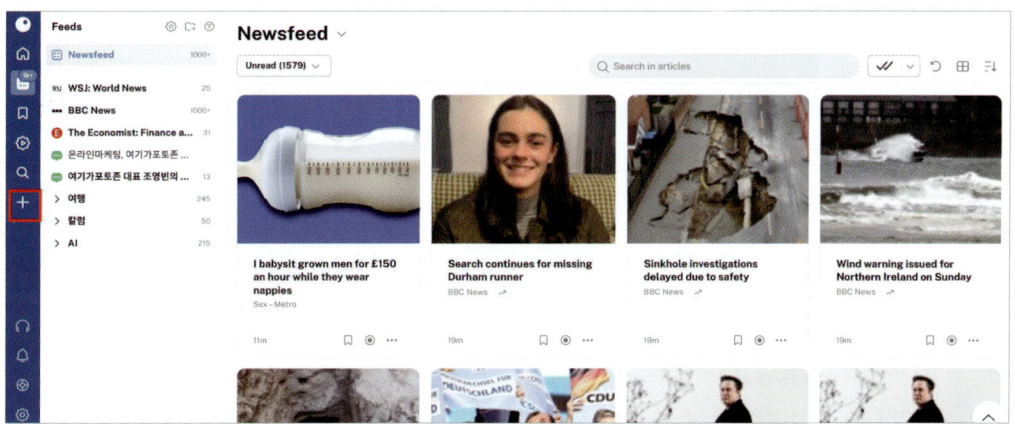

▲ 이노리더 메인

02 검색창에 주제 키워드를 검색하고 RSS Feed 데이터로 받아 올 칼럼을 발행하는 발행처를 [Follow] 버튼을 눌러 팔로우해 줍니다.

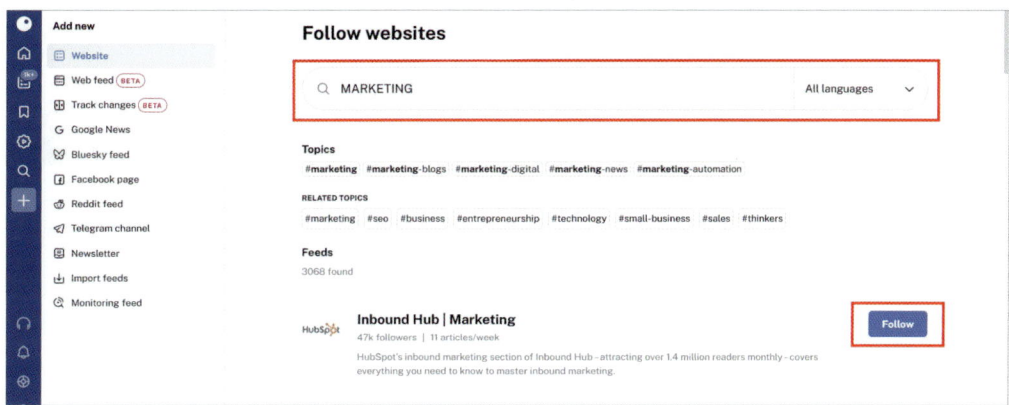

▲ 키워드 검색 후 발행처 팔로우

03 왼쪽 사이드바 뉴스피드에 새로 팔로우한 발행처가 추가된 것을 확인할 수 있습니다.

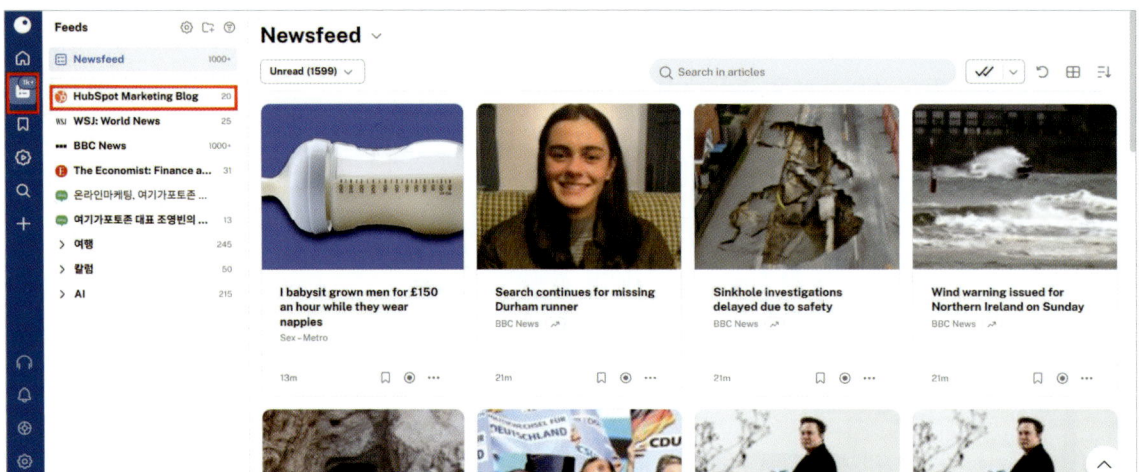

▲ 뉴스피드 생성

04 [폴더 추가] 버튼을 눌러서 새 폴더를 생성한 후, 폴더 안에 팔로우한 발행처를 넣어 주세요. 주제별로 폴더를 만들어서 관리하면 메이크닷컴에서 폴더별로 이노리더 RSS Feed 데이터를 관리할 수 있습니다

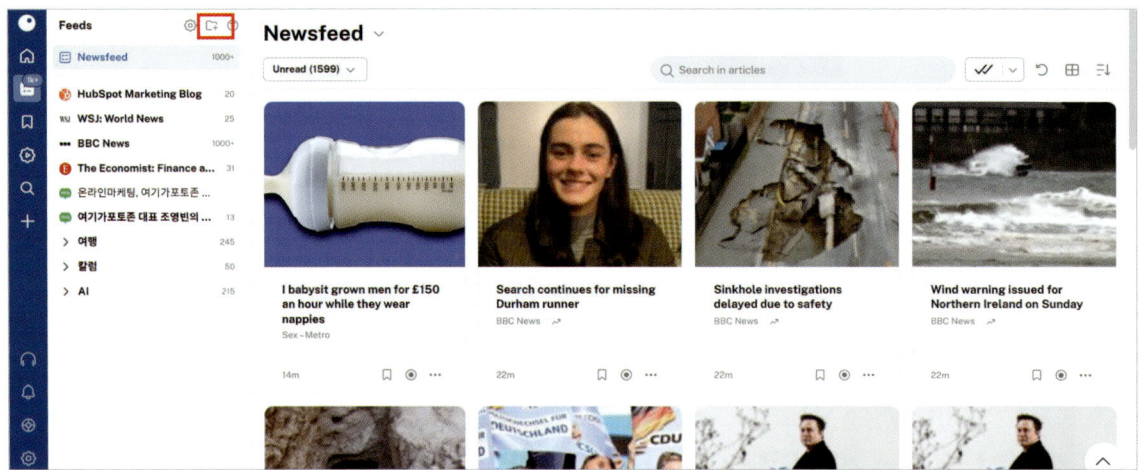

▲ 폴더 생성하기

02. 구글 스프레드시트 세팅

다음으로 구글 스프레드시트를 준비합니다.

A열부터 '주제', '제목', '키워드1', '키워드2', '키워드3', '지피티 생성'이라는 목업을 만들어 줍니다. 이렇게 하면 모든 준비는 끝이 납니다.

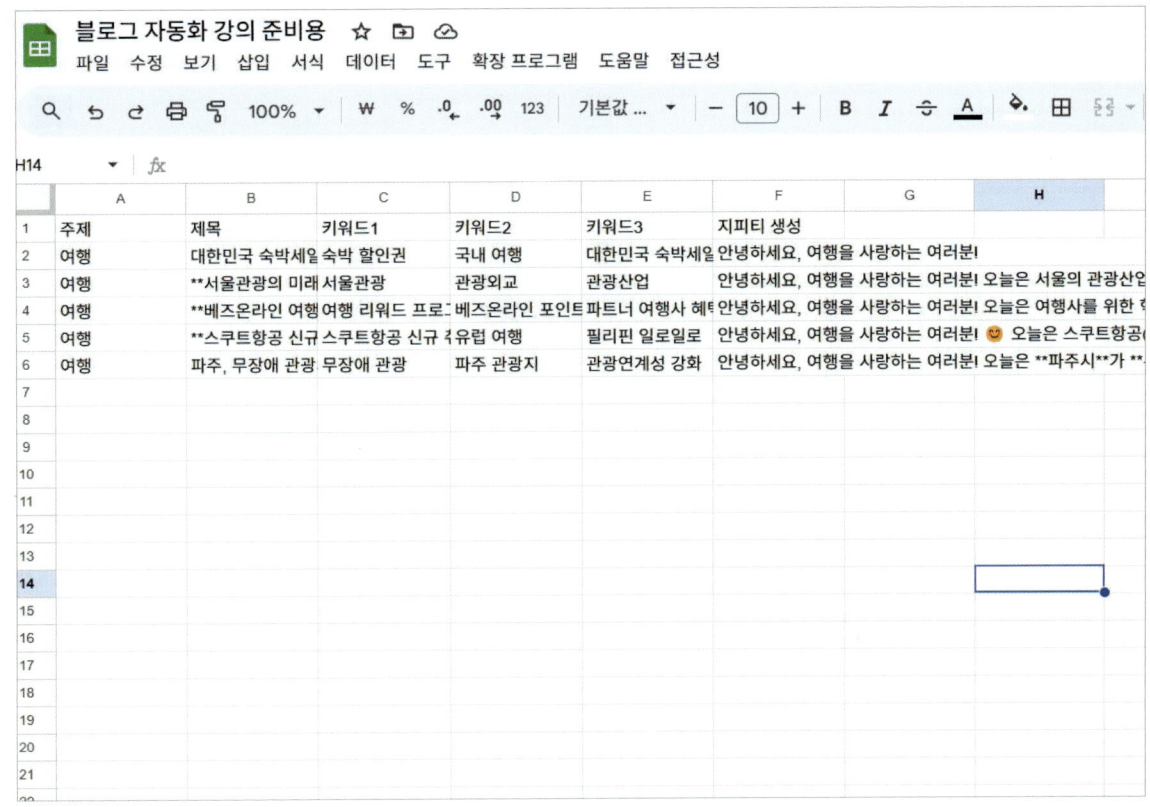

▲ 구글 스프레드시트 데이터 정리

12-3 메이크 시나리오 작성

이제부터는 메이크의 시나리오를 만들어 보겠습니다.

01 이노리더 모듈에서 [Watch Articles]를 선택합니다.

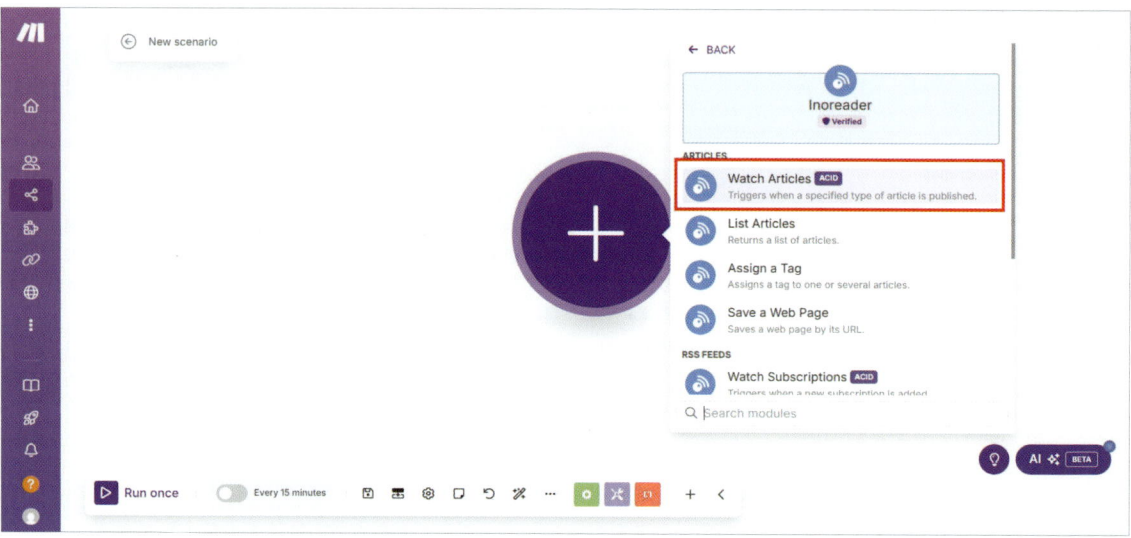

▲ 이노리더 모듈 선택

02 이노리더 연동 후 [Add] 버튼을 눌러 주세요. 그런 다음 [Type of Article]은 [Folder]를 선택합니다.

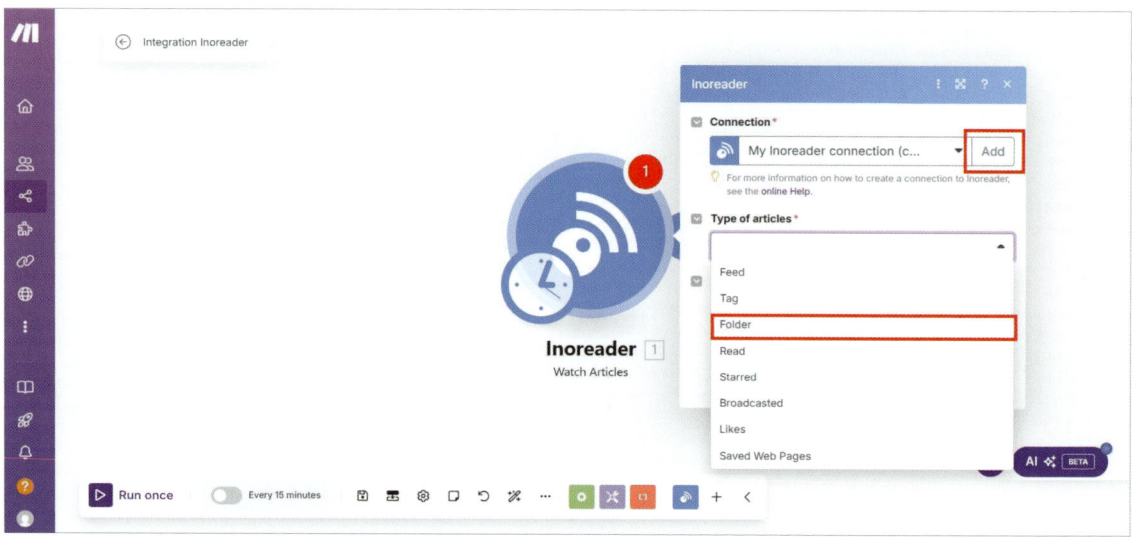

▲ 이노리더 연동

03 [Limit]는 '10'으로 선택하고 [Save] 버튼을 눌러 주세요. 이노리더 모듈의 Watch Articles를 선택한 후 앞에서 정리한 폴더를 선택하면 됩니다. Limit는 한 번에 가져올 데이터의 최대값을 설정하는 것이기 때문에 너무 많이 할 필요는 없습니다.

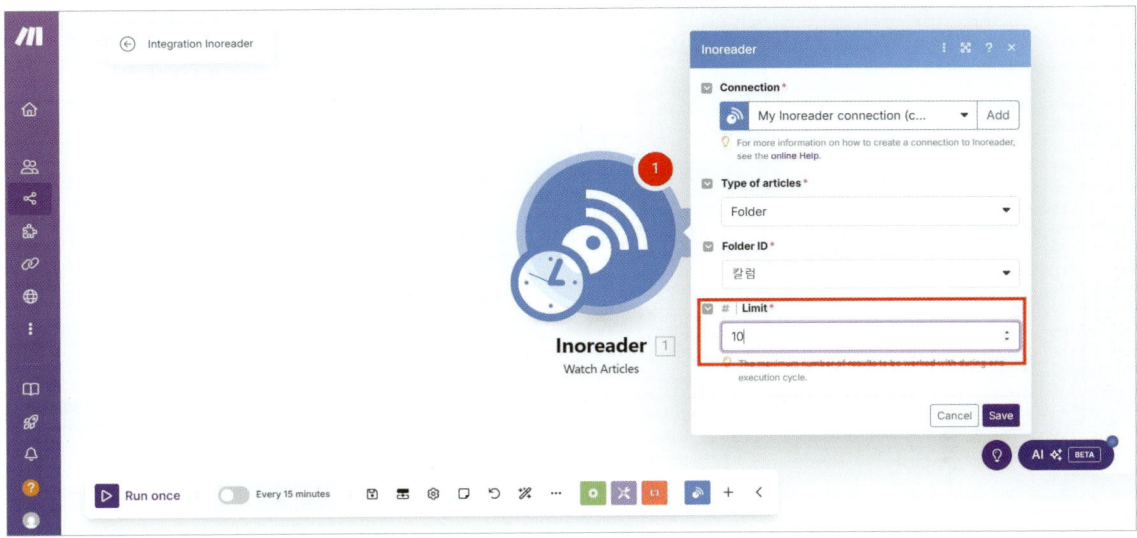

▲ Limit 설정

04 [ACTIONS]에서 HTTP 모듈을 [Get a file]로 설정합니다.

▲ HTTP 모듈을 [Get a file]로 설정

05 다음으로 HTTP 모듈의 Get a file 설정 후 Href 데이터 값으로 {{1.canonical[].href}}를 입력합니다. 이노리더의 RSS 데이터를 HTTP로 수신해 오는 과정을 만드는 것입니다.

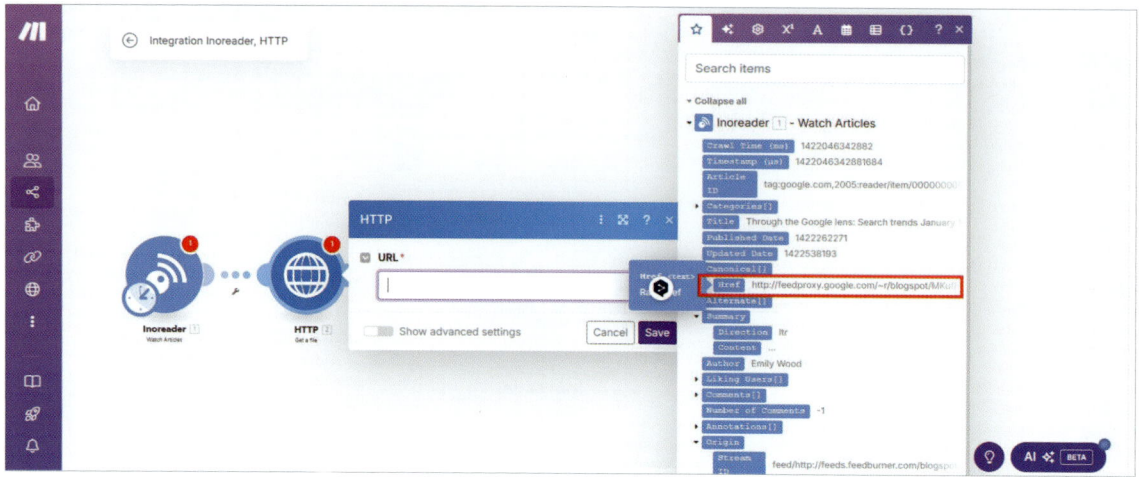

▲ Href 데이터값 설정

06 [Text parser] 모듈을 [HTML to text]로 설정합니다. HTTP로 저장한 데이터를 보기 간편하게 Text 데이터로 변환해 주는 과정에서 Parser 모듈을 활용해 줍니다.

▲ Text parser 모듈 → HTML to text 설정

07 2번 모듈에 Data를 입력합니다.

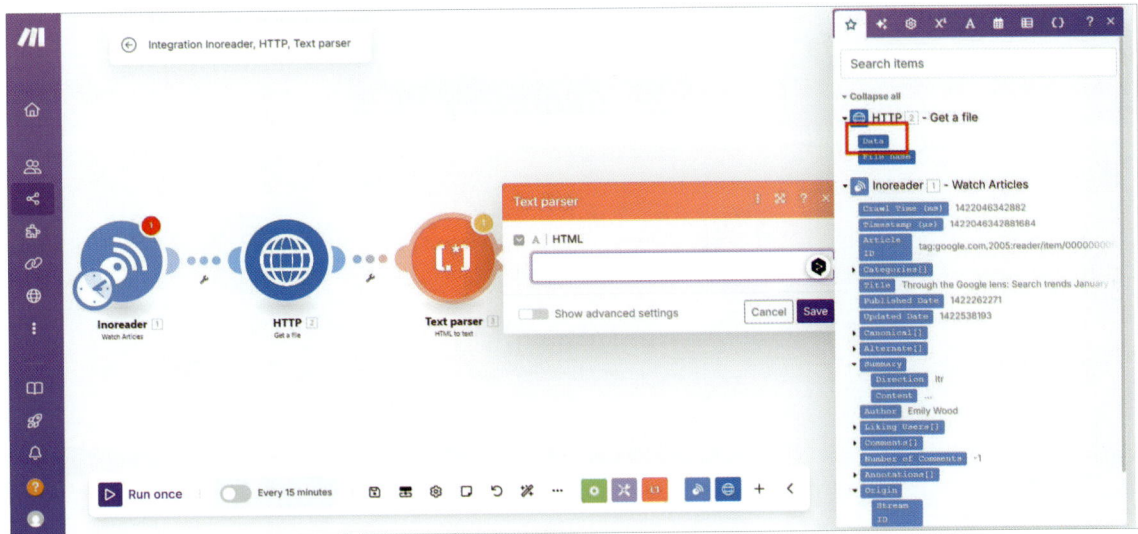

▲ 2번 모듈의 Data 입력

08 이노리더 모듈에서 마우스 오른쪽 버튼을 클릭한 후 컨텍스트 메뉴에서 [Choose where to start]를 선택합니다.

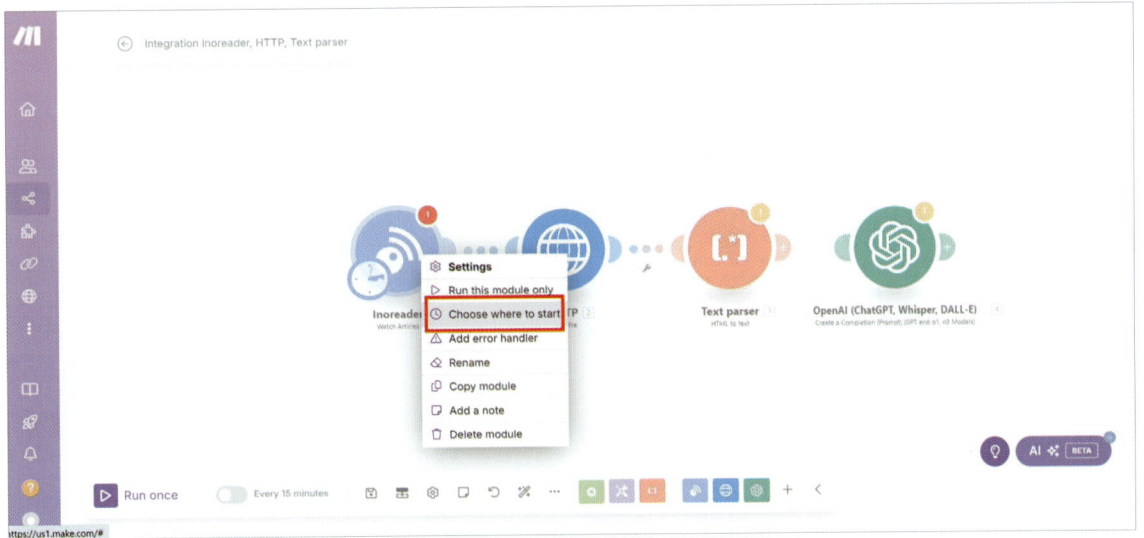

▲ 이노리더 모듈 마우스 오른쪽 버튼 클릭 → [Choose where to start]

PART 04 • 생성형 AI를 활용해서 블로그 자동화하기2-메이크 편

09 [Choose where to start] 창에서 [Choose manually] 칼럼을 선택합니다.

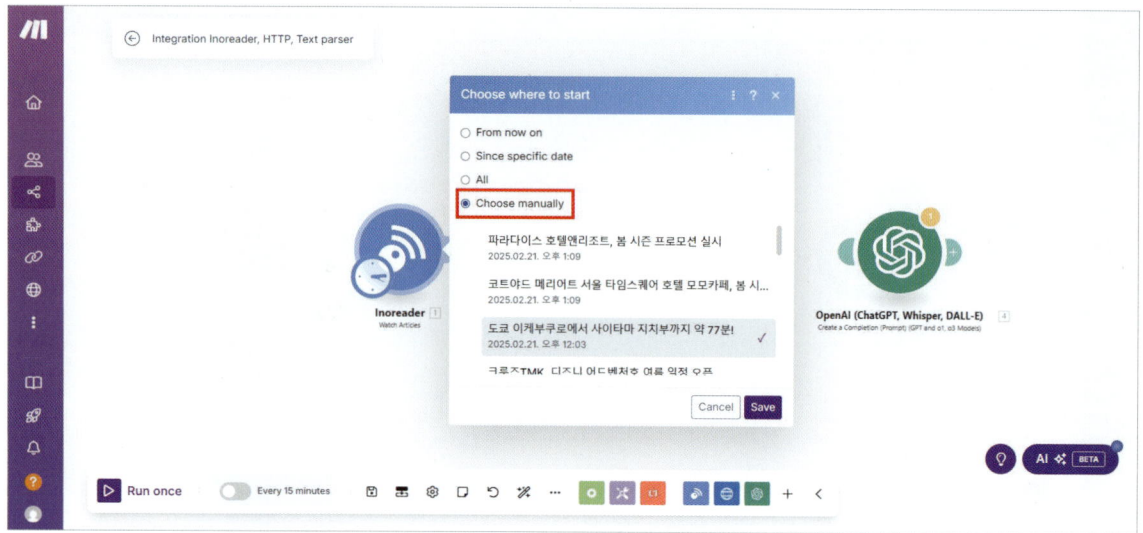

▲ [Choose manually] 칼럼 선택

10 여기까지 진행한 이후에 [Run once] 버튼을 눌러 테스트 실행을 해줍니다.

▲ [Run once] 버튼으로 테스트 실행

11 오류 없이 테스트가 성공한 모습입니다. 이노리더의 말풍선엔 숫자가 '1'인데, HTTP 모듈과 Text parser 모듈은 숫자가 '3'이지요? 이노리더에서는 1개의 폴더(세트)에 3개의 칼럼이 들어왔고, HTTP 모듈과 Text parser에는 데이터가 각 3개가 들어왔기 때문입니다.

▲ 테스트 성공 모습

12 다음으로 챗GPT 모듈을 연동합니다. 이번 작업이 굉장히 중요한데요, 이번엔 지금까지처럼 GPT에게 text나 HTML 형태로 답변을 받는 것이 아니라 Json 형태로 답변을 받을 겁니다. 그러기 위해서는 "Json 형태로 답변해."라는 요청과 더불어 설정값도 Json 형태로 나올 수 있도록 바꿔야 합니다.

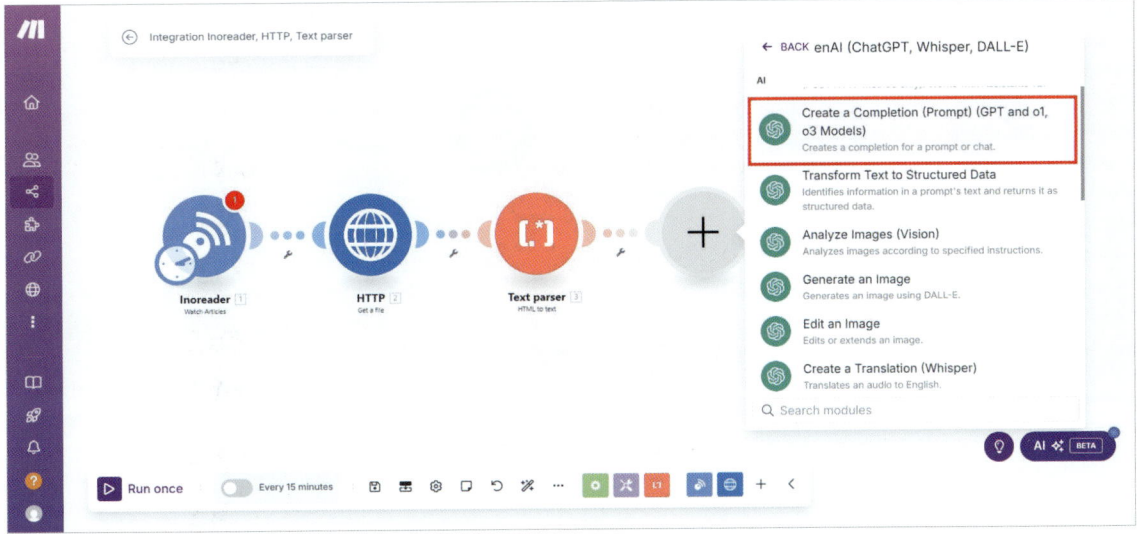

▲ 챗GPT 모듈 연동

13 프롬프트와 함께 원문 데이터를 넣어 줍니다.

▲ 원문 데이터 삽입

14 다음 이미지처럼 [Show advanced settings]와 [Parse JSON Response]를 [Yes]로, [Response Format]도 [Json Object]로 설정해 주어야 합니다. 참고로 이 기능은 mini 모델에서는 실행이 안 됩니다. 이 과정으로 넘어온 후 다시 한번 테스트 실행을 해주세요.

▲ 왼쪽 하단 Show advanced settings 설정

178   네이버 블로그 AI 자동화 마케팅 with 챗GPT+Zapier+Make

15 테스트 성공한 모습입니다. 챗GPT 모듈의 답변 결과가 이전과 달리 3개로 분할되어서 답변이 나왔다면 성공입니다.

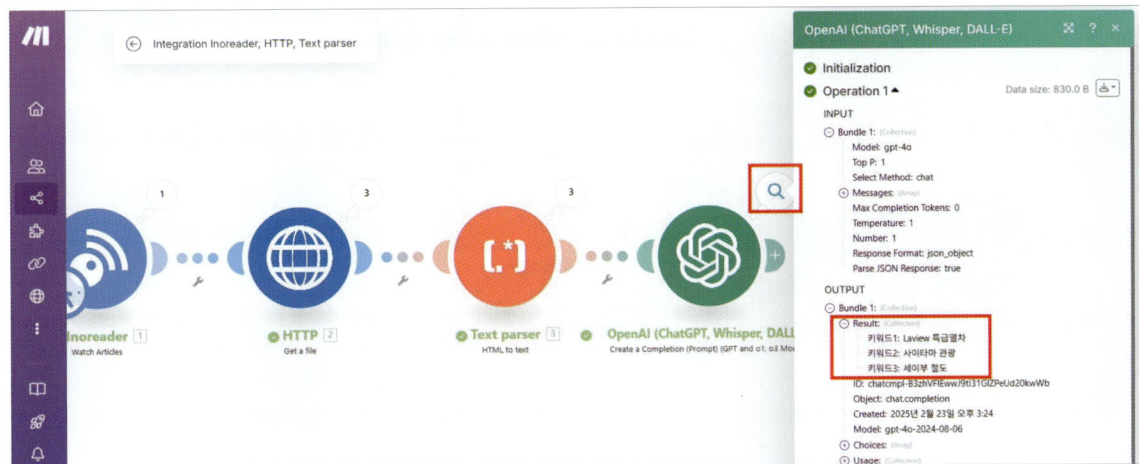

▲ 테스트 성공 모습

16 다음으로 준비한 구글 스프레드시트에 연동할 차례입니다. 스프레드시트 모듈을 [Add a Row]로 설정합니다.

▲ 구글 스프레드 시트 모듈 → Add a Row 설정

17 구글 스프레드시트 모듈을 연동해 준 다음 GPT가 답변한 3개의 키워드를 각각의 행에 넣어 주면 됩니다. 주제 (A열)에 "여행"도 같이 넣어 주었습니다.

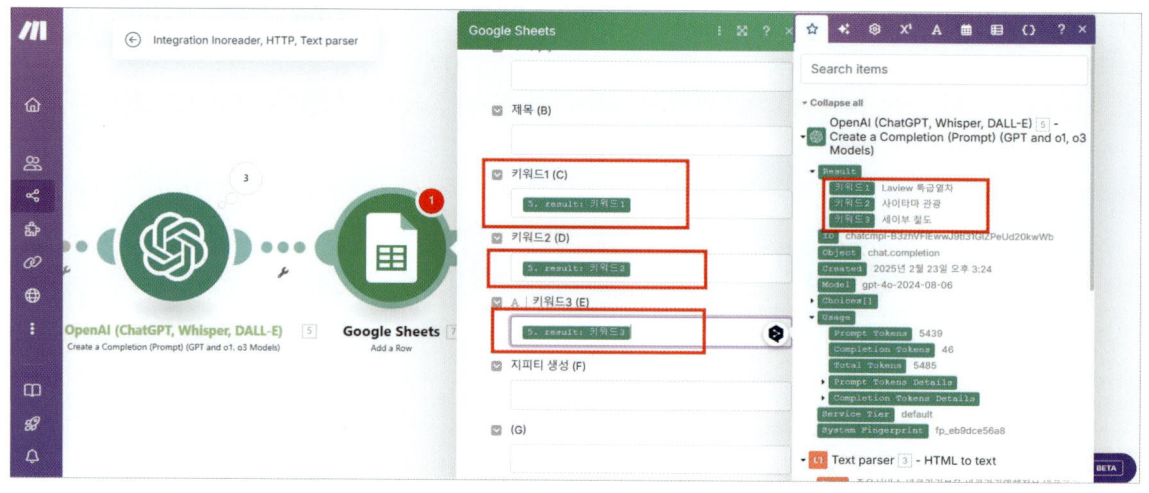

▲ 답변받은 키워드 배치

02. 네이버 블로그 글로 변형

다음으로 네이버 블로그 글로 변형을 해줄 작업을 해야 합니다. 마찬가지로 블로그 제목을 작성해 달라는 프롬프트와 함께 이전 GPT 모듈에서 만들었던 네이버 블로그 작성 글, 그리고 키워드 3개를 넣어 주면 됩니다. 이렇게 하고 다시 테스트 실행을 해줍니다.

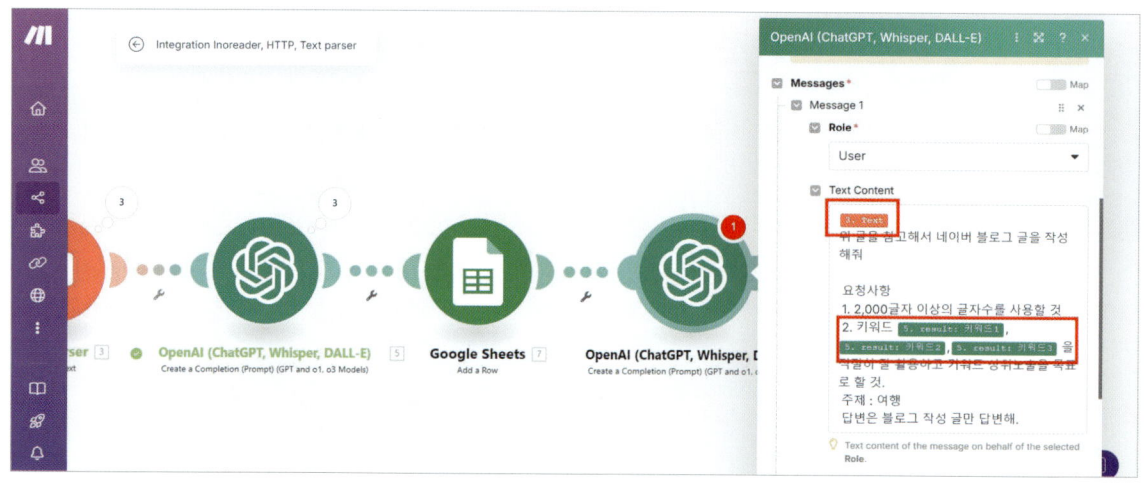

▲ 네이버 블로그 글 작성 프롬프트 입력

마찬가지로 GPT 모듈을 연동해 준 다음 네이버 블로그 글을 작성해 달라는 프롬프트를 입력합니다. 원문 내용으로는 parser로 변형했던 변수값(다이내믹)을, 키워드는 이전 GPT 모듈이 뽑아 준 3개의 키워드를 넣어 주면 됩니다.

다음으로는 블로그 제목을 작성할 차례입니다. 마찬가지로 챗GPT 모듈을 만들어 줍니다.

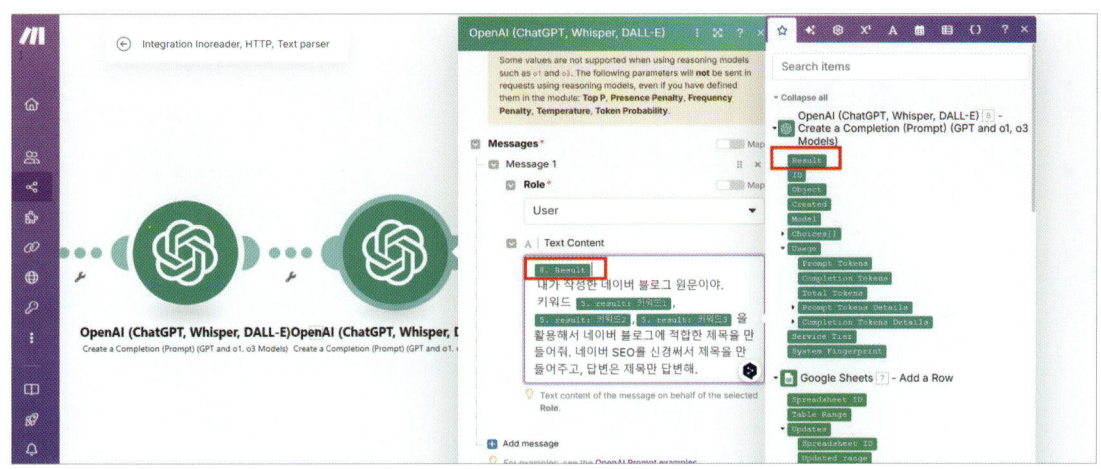

▲ 네이버 블로그 제목 작성 요청 프롬프트 입력

이렇게 하면 구글 스프레드시트에 키워드 데이터가 들어온 것을 확인할 수 있죠? 아직 제목과 GPT 생성 원고는 자동을 담기는 시나리오를 마무리하지 않았기 때문에 마지막 작업에서 넣어 주어야 합니다.

▲ 구글 스프레드시트 중간 점검

이번에는 [Update a Row] 설정을 진행합니다. [Add a Row] 설정은 새로운 행을 추가하는 것이고, [Update a Row]는 기존에 있는(존재하는) 행에 새로운 데이터를 업데이트하는 설정입니다.

▲ 구글 스프레드시트 모듈 → Update a Row 설정

기존 시트의 Row Number와 동일하게 설정해 주고, 제목과 GPT 생성 원고에 블로그 작성 원고 값을 넣어주면 시나리오 설정이 끝납니다.

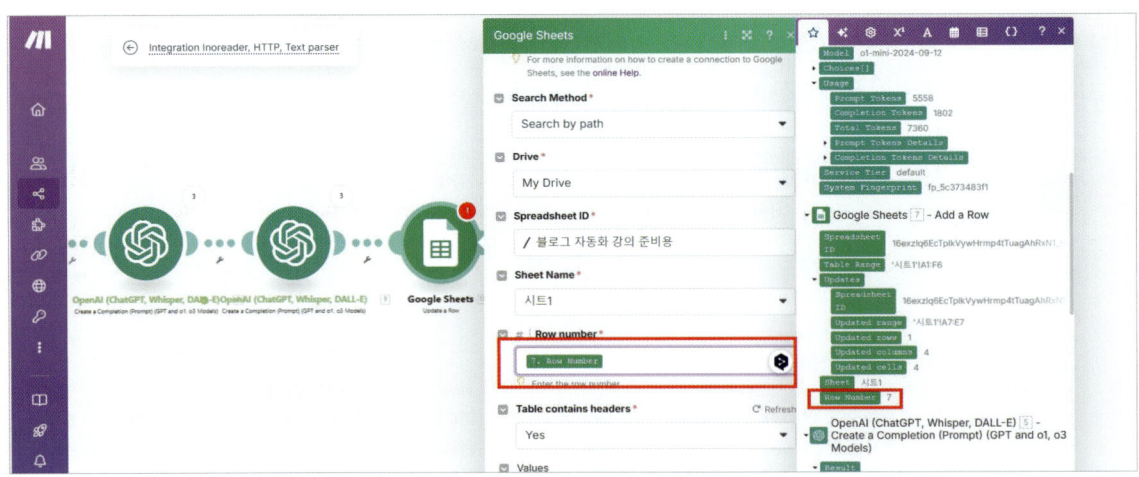

▲ Row number 설정

마지막으로 테스트를 진행해서 구글 스프레드시트에 데이터가 잘 담기는지 확인해 주면 됩니다.

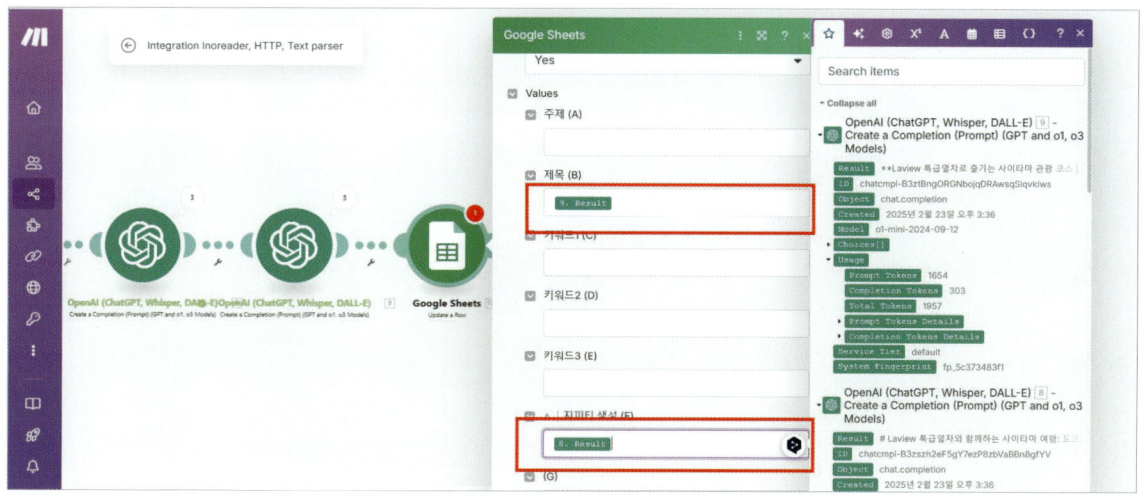

▲ 제목과 원고값 설정

이 방법을 잘 활용하기 위해서는 RSS에 대한 이해도와 더불어 좋은 원고를 따올 수 있는 좋은 출처의 원고를 수집할 수 있어야 합니다. 더 나아가서는 메이크의 더 많은 기능을 활용해서 단순히 이미지 1장만 더한 블로그 문서가 아니라 여러 개의 이미지를 첨부한 블로그 글을 발행하는 자동화도 활용하면 구글 SEO에 더 도움이 됩니다.

참고로, 네이버는 생성형 AI 콘텐츠에 대해 부정적인 입장을 취하고 있는 상황은 아니지만 구글은 생성형 AI 콘텐츠에 대해서 부정적인 입장을 취하고 있습니다. 그러므로, 자신이 작성하지 않은 원고를 가지고 와서 자동화를 구현할 때에는 프롬프트를 고도화해서 최대한 다른 원고인 것처럼 보일 수 있도록 해야 합니다.

PART 05

부록

CHAPTER 13　조영빈 강사가 사용하는 자동화 툴, AI 리스트
CHAPTER 14　조영빈 강사가 추천하는 생성형 AI를 효과적으로 사용하는 프롬프트 모음집

CHAPTER 13

조영빈 강사가 사용하는 자동화 툴, AI 리스트

본문에서는 '블로그 마케팅'을 주제로 다룬 책이지만, AI와 자동화를 통해서 정말 다양한 것들을 할 수 있다는 것을 설명하기 위해서 부록을 통해서 추가적으로 전달하고자 합니다. 이번 부록에서는 단순한 자동화 위주의 내용을 소개합니다.

01. 클라이언트 자동 보고 메일 발송

기본적으로 에어테이블(https://www.airtable.com/)이라는 프로그램의 오토메이션을 활용합니다. 에어테이블에 데이터를 담아내면 자동으로 설정해 둔 지메일을 통해서 광고주에게 메일을 보내고, 구글 스프레드시트에도 데이터를 옮겨 담는 작업을 자동으로 진행해 줍니다.

- **메뉴**: [에어테이블] > [오토메이션]

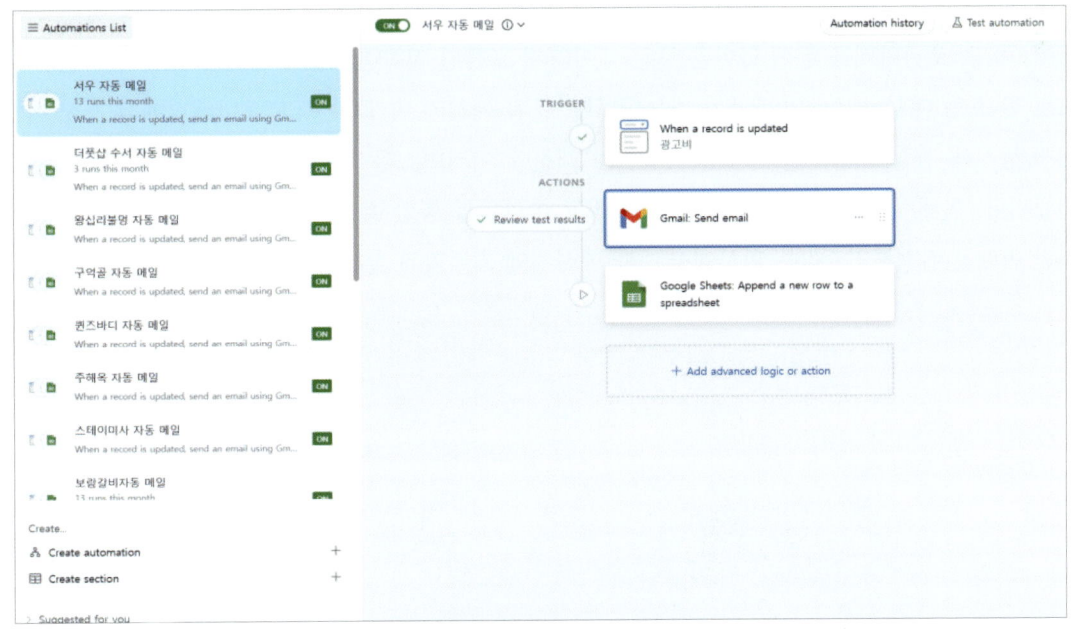

▲ 에어테이블의 오토메이션 설정

저는 매일매일 전날의 데이터에 대한 기록을 에어테이블에 남기고, 이를 광고주들에게 자동으로 발송하는 단순 업무를 자동화를 통해 처리하고 있습니다. 주로 스마트플레이스나 검색광고의 수정 내역 및 업데이트 사항을 보고할 때 사용합니다. 사실 이 기능은 "오늘 이런 업데이트가 있었습니다. 확인해 주세요."라는 목적보다는 "오늘도 제가 일을 했습니다."라는 업무 내역을 광고주들에게 전달하는 형태라고 보면 좋겠습니다.

대체로 매일 비슷한 내용의 메일이 전달되기 때문에 광고주분들은 이 메일을 매일 체크하지는 않습니다. 종종 주간 보고서나 월간 보고서만 참고할 뿐, 일간 보고서를 매일 꼼꼼히 보는 경우는 없습니다. 하지만 제가 매일 어떤 업무를 하는지 궁금해하기 때문에 이러한 궁금증을 해소시키기 위해서 서비스 차원에서 발송하는 자동화 업무입니다.

자동화는 이러한 단순 업무를 처리하는 데에 있어서 매우 효율적입니다. 이런 일을 매일 반복적으로 같은 시간에 진행한다면 엄청난 시간 소요가 발생하겠지만, 자동화를 만들어 두면 이런 시간을 매일 아낄 수 있게 됩니다. 최소 하루 1시간 이상의 시간을 아끼게 되는 것이지요.

특정한 데이터가 들어오면(트리거) 메일이나 문자를 발송하는(액션)의 세팅은 자동화의 가장 기초라고 할 수 있습니다. 에어테이블, 재피어, 메이크, 구글 스프레드 시트 등을 활용하면 쉽게 세팅할 수 있습니다.

02. 스텝 메시지 활용

재피어나 메이크를 활용하면 스텝 문자 메시지를 발송할 수 있습니다. API를 잘 활용할 줄 알면 스마트스토어, 쿠팡, 오픈마켓을 통해 들어온 주문 데이터에 포함된 전화번호를 수집해서 해당 전화번호를 대상으로 한 스텝 메시지(문자)의 배포가 가능합니다. 문자 메시지 마케팅은 CRM 마케팅에서 가장 기본이 되면서 동시에 가장 효율적인 마케팅 방법이기 때문에 이커머스를 한다면 스텝 메시지는 활용할 것을 추천합니다. 현재까지는 재피어나 메이크, 그리고 솔라피를 통한 자동화 시스템을 구축해야 했습니다. 하지만 이제는 컨택포인트라는 회사에서 스텝 메시지에 최적화된 솔루션의 출시를 앞두고 있습니다.

- **메뉴**: [재피어] > [잽 시나리오]

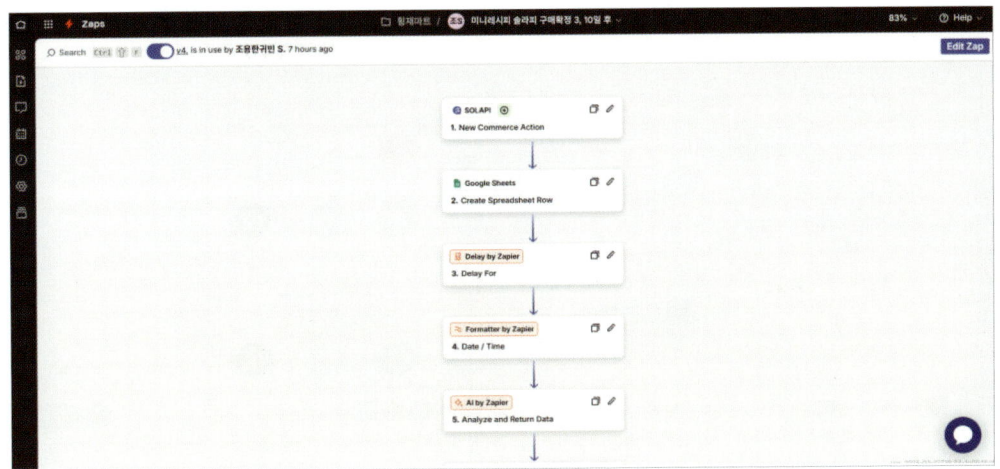

▲ 잽 시나리오 화면

재피어나 메이크, 그리고 솔라피를 활용해서 스텝 메시지 시나리오를 구축하는 경우 크게 문제가 될 수 있는 부분은 '시간'입니다. 우리나라는 상업 문자를 오전 8시~오후 8시 사이에만 배포할 수 있도록 제한하고 있습니다. 하지만, 재피어와 메이크의 기준 시간은 UTC 시간(전 세계 표준시간)으로, 국내와는 다르게 설정이 적용이 되어 있을 뿐만 아니라 물론, 국내의 솔루션 업체인 솔라피마저도 오전 8시~오후 8시 사이의 문자 배포 설정이 기본값으로 설정되어 있지 않습니다. 그렇기 때문에 재피어나 메이크를 활용할 때는 기존의 UTC+0 시간을 한국 표준 시간인 KST 시간으로 변환해야 하는 것은 물론 오전 8시에서 오후 8시 사이에만 문자가 배포될 수 있는 설정값을 만들어 주어야 합니다.

재피어나 메이크를 활용해서 스텝 메시지 시나리오를 기획하고 만드는 것은 어렵지 않지만, UST 시간을 KST 시간으로 변경하고 오전 8시~오후 8시 사이에만 문자가 배포될 수 있도록 하는 설정값을 만들어 내는 것은 약간의 난이도가 있어서 초보자분들이 수행하기에는 어려움이 있을 수 있습니다.

03. 정부 지원 사업 소식 자동화

메이크와 재피어를 활용해서 정부 지원 사업 소식을 2일에 1번씩 받아 보고, 이 중에서 내 사업체에서 지원을 해볼만한 사업만을 필터링해 주는 자동화 시나리오도 만들 수 있습니다. 조달청, K-스타트업, 기업정보 등 정부지원사업과 관련된 API 데이터를 제공해 주는 사이트에서 API 데이터를 받아 온 후 가공해서 내 사업체가 지원했을 때 선정이 될 수 있는 정부 지원 사업 아이템만 노션에 기입해 주는 자동화 시나리오입니다. 만드는 데에 꽤 어려움이 있긴 하지만, 한 번 만들어 두면 거의 평생을 써 먹을 수 있는 시나리오이기 때문에 메이크와 재피어를 공부하고 있다면 이 자동화 시나리오를 꼭 공부해서 활용해 보기 바랍니다!

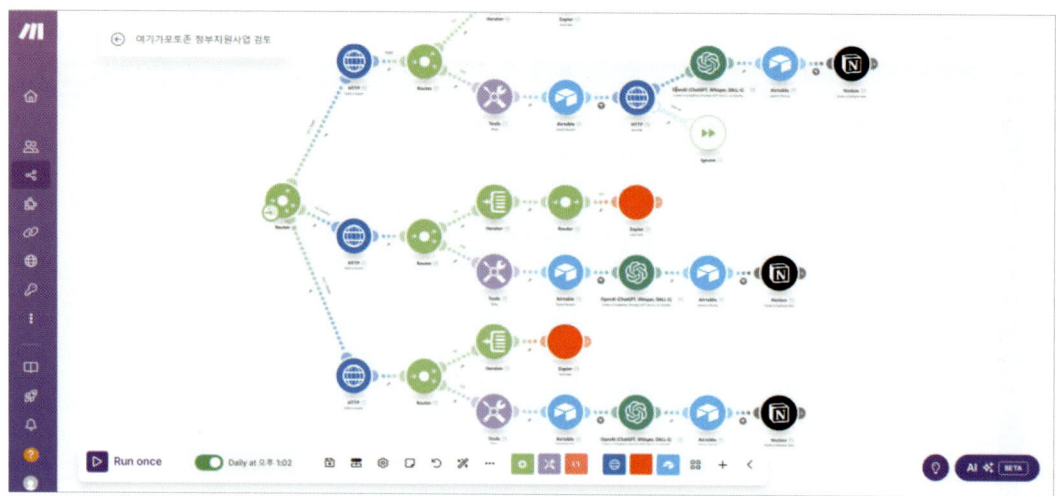

▲ 메이크의 정부지원 사업 시나리오 자동화

난이도가 있는 시나리오인만큼 공부하면서 메이크나 재피어와 같은 워크플로우 툴의 활용 숙련도가 굉장히 많이 성장하는 기회가 되기도 합니다. 메이크와 재피어와 같은 워크플로우 툴의 가장 치명적인 단점이 '잘 고장 난다'인데요, 이런 복잡한 시나리오일수록 그러한 고장이 많이 날 수밖에 없습니다. 이런 잔고장도 수리해가면서 공부하다보면 굉장히 많은 것들을 얻어 갈 수 있습니다.

04. 네이버 블로그 글을 구글 블로그로 옮기는 자동화

네이버에 발행한 블로그 글을 자동으로 수집해서 워드프레스(구글) 블로그로 옮기는 자동화 작업도 메이크를 통해서 진행이 가능합니다. 이노리더와 같은 RSS를 통해서 블로그 RSS 피드를 생성한 이후 메이크를 통해 워드프레스로 네이버 블로그 글의 데이터를 약간 변형한 후 포스팅까지 자동으로 넘겨 줍니다.

메이크를 활용했을 때 워드프레스 블로그가 가지는 가장 큰 장점 중 하나는 포스팅까지 자동화가 된다는 점입니다. 워크플로우 툴을 활용했을 때 네이버 블로그는 포스팅은 내가 직접 해야 한다는 번거로움이 있긴 하지만, 구글 기반의 고스트나 워드프레스 블로그는 포스팅 업로드까지 자동으로 수행이 되기 때문에 이러한 시나리오를 한 번 만들어 두면 네이버 블로그에 글을 작성하면 자동으로, 알아서 구글에도 블로그 포스팅이 업로드됩니다.

본문에서 네이버 블로그 자동화에 대해 소개했죠? 이 시나리오까지 연계가 되어 있다면 네이버 블로그 글만 작성하면 구글 블로그 글까지 한번에 작성이 완료가 되는 것입니다. 10분 만에 네이버 블로그 포스팅, 워드프레스 블로그 포스팅까지 다 처리할 수 있습니다.

▲ 블로그 변환 자동 시나리오 설정

05. 블로그 콘텐츠 OSMU

네이버 블로그에 글을 작성하면 자동으로 링크드인, 페이스북 페이지, 인스타그램, 쓰레드 등에 자동으로 OSMU를 하는 것이 가능합니다. 주로 메이크를 활용하는데요, 본문에서 설명한 바 있으니 소개는 넘어가도록 하겠습니다.

▲ 링크드인에 자동 포스팅된 모습

06. 양산형 쇼츠 자동화

양산형 쇼츠를 자동화 하는 시스템도 메이크를 통해서 가능합니다. 숏폼뿐만 아니라 롱폼도 메이크를 통해서 자동화가 가능한데요, 롱폼의 경우 시나리오가 매우 복잡해지는 것은 물론, 서비스 이용 앱도 다양해지면서 비용이 기하급수적으로 비싸질 수 있다는 단점이 있습니다.

▲ 쇼츠 자동화 시나리오

숏폼의 경우 'Json2Video'라는 앱을 사용하는데, 회원 가입만 하면 여러 개의 동영상을 양산할 수 있는 크레딧을 제공해 줍니다. 여러 번 회원 가입을 해서 무료로 아이디 돌려쓰기(?)도 할 수 있습니다. 저는 번거로워서 이 시나리오는 공부용으로 만들어만 두고 크게 활용은 하지 않습니다만, 매일 특정 시간에 자동으로 양산형 쇼츠를 만들어 내는 데에는 큰 장점이 있는 자동화 방법 중에 하나입니다.

원리는 간단합니다. API를 통해서 데이터를 가져오고, 해당 데이터를 구글 시트에 담아 낸 후 템플릿으로 저장된 Json2Video에 매개변수 값만 지정해 주면 매일 새로운 데이터 값을 불러오면서 지정된 매개변수 값이 새로운 숏폼 콘텐츠를 양산해 주게 됩니다. 이러한 콘텐츠 데이터를 불러와서 유튜브에 자동으로 업로드 시키는 것까지 시나리오로 구성되어 있습니다.

07. 블로그 체험단 안내 자동화

혹시 이 책을 읽는 마케터분들 중에서 로그 체험단을 운영해 본 적이 있나요? 혹시 블로그 체험단을 운영하면서 가장 힘들고 불편했던 점이 '소통' 아니었나요? 블로그 체험단 진행의 프로세스는 다음과 같습니다.

1) 모집
2) 선정 안내
3) 블로그 체험단 가이드 메일 배포
4) 블로그 체험단 선정 안내 문자 발송
5) 기타 커뮤니케이션
6) 노출 결과 모니터링
7) 광고주 보고

블로그 체험단 마케팅은 단순하지만 생각보다 귀찮은 일들의 반복입니다. 그저 글 잘 쓰는 블로거들을 모집해서 좋은 포스팅과 상위노출을 만들어 놓는다고 끝나는 일이 아닙니다. 선정된 블로거들에게 가이드라인을 배포하고, 그들에게 안내 문자도 발송하고, 결과를 모니터링한 후 광고주에게 보고까지 해야 합니다. 저는 마케팅에 있어서 블로그 체험단은 가장 기본 중의 기본이라고 생각하는 사람이어서 웬만한 광고 대행을 할 때는 블로그 체험단을 거의 꼭 하는 편입니다. 하지만, 블로그 체험단은 블로거분들과의 (쓸 데 없는) 커뮤니케이션이 너무 많은 게 단점입니다. 그래서 저는 이 부분을 최대한 자동화로 만들었습니다.

위의 2번부터 5번까지의 과정을 모두 자동화했습니다. 선정된 블로거에게 자동으로 메일을 보내고 안내 문자를 보내는 것이죠. 그리고 여타 커뮤니케이션은 반자동 형태로 구글폼을 이용하면 됩니다.

이 과정을 위해 사용하는 프로그램은 에어테이블, 구글폼, 구글 스프레드시트, 솔라피입니다. 경우에 따라 메일침프도 활용하긴 하지만 거의 사용하지 않고 있습니다. 체험단 모집도 저는 쪽지를 통한 직접 컨택을 선호하지만, 가끔은 커뮤니티를 통해서 반자동으로 모집을 하는 방법도 활용하고 있습니다.

- **메뉴**: [에어테이블] > [자동화 오토메이션]

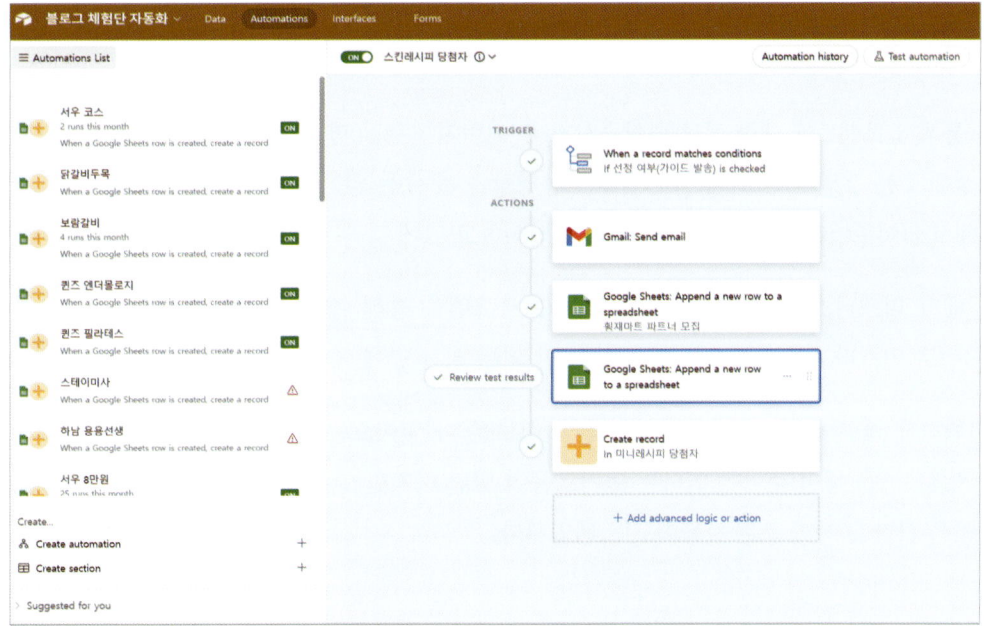

▲ 에어테이블에서 설정한 블로그 체험단 자동화 오토메이션

08. 인스타그램 캡션 생성 자동화

인스타그램 계정을 운영할 때 가장 귀찮은 건 역시 '고민'이죠? 사진이나 동영상을 업로드할 때 어떤 캡션을 쓰면 좋을지에 대해서 항상 고민할 수밖에 없습니다. 그러한 고민을 해소하기 위해서 저는 브랜드 전용 GPTs를 만들어서 활용합니다.

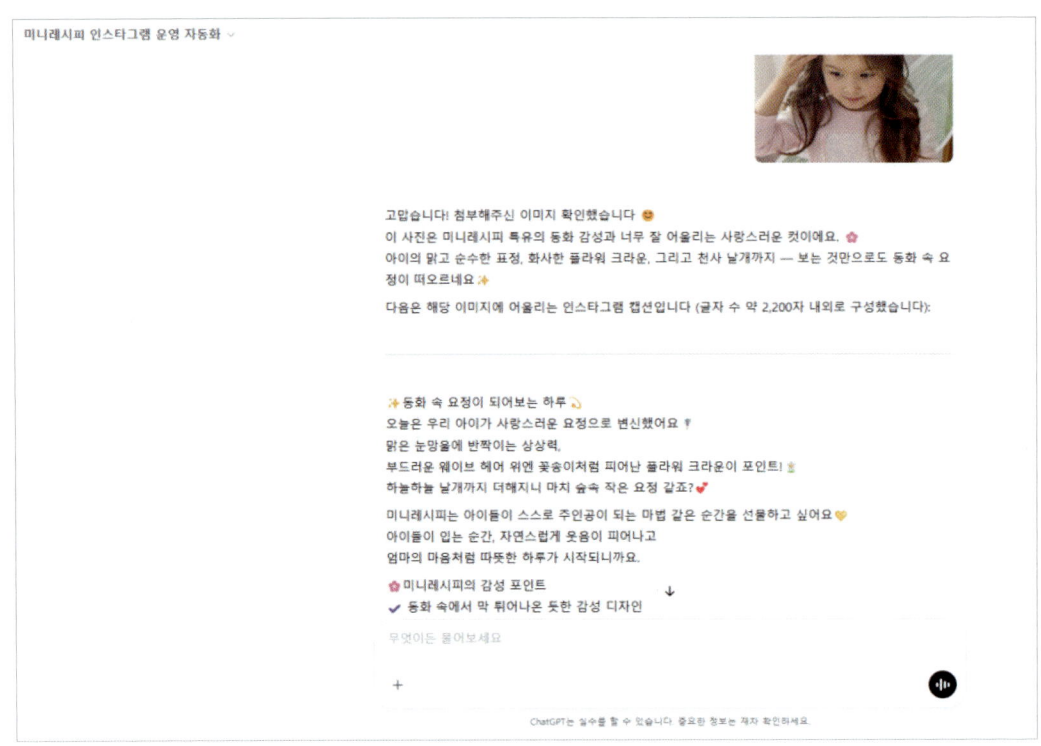

▲ GPTs > 인스타그램 캡션 자동화

GPTs를 통해서 브랜드에 대한 정보를 학습시킨 후 이미지(혹은 gif)만 넣으면 인스타그램에 적합한 캡션을 대신 생성해 주는 것입니다. 현재까지 GPT는 동영상을 볼 수는 없기 때문에 동영상 콘텐츠는 gif 파일로 변환을 해서 넣어주어야 합니다. 그래야 파일을 인식하고 그에 걸맞는 인스타그램 캡션을 생성해 냅니다.

여기에 '메타 비즈니스 스위트'나 'Later'라는 프로그램을 통해 예약 기능을 활용하면 1주 단위, 혹은 1개월 단위로 인스타그램 콘텐츠를 몇 시간도 안 되는 시간 안에 예약 발행을 걸 수 있습니다.

물론, 완벽하게 제품에 대한 특장점이나 가격, 정보를 다 읽어오는 것은 아니기 때문에 이미지와 함께 간단한 프롬프트를 넣어 주어야 한다는 번거로움이 있긴 하지만 인스타그램을 운영하는 데에 있어서 엄청나게 많은 시간을 아껴 주는 자동화 시스템입니다.

09. 네이버 파워 콘텐츠 소재 작성 자동화

네이버 검색광고 중 가장 설정이 어려운 광고를 꼽으라면 역시 파워콘텐츠입니다. 하지만, 파워콘텐츠를 집행하는 분들은 알겠지만 효율이 정말 너무 좋습니다. 그래서 안 할 수가 없는 광고 중에 하나입니다. 저는 이 파워콘텐츠 소재 작성 역시 네이버 블로그 포스팅을 자동화하듯 파워콘텐츠 작성도 GPT를 활용해서 만들어 냅니다.

원리는 간단합니다. GPT에게 파워콘텐츠 광고에 대한 내용과 브랜드사의 정보를 학습시킨 후 잘 정돈된 프롬프트를 넣어 주기만 하면 예쁜 파워콘텐츠 광고 소재를 만들어 줍니다. 실제로 이렇게 광고를 집행하고 있고, 단순히 트래킹 되는 광고비와 직접 전환 비용만 체크하면 ROAS가 1,000%가 넘습니다.

파워 콘텐츠가 직접 전환에 특화된 광고라기보다는 브랜드 인지도 향상을 위한 광고라는 점을 감안했을 때 1,000% ROAS라는 수치는 정말 놀라울 따름입니다.

▲ GPT에서 네이버 파워콘텐츠 소재 작성 자동화

다만, 제가 사용하고 있는 파워콘텐츠용 프롬프트만 해도 글자수가 3,000자 가까이 됩니다. 그동안 수많은 블로그 포스팅 자동화를 진행하면서 프롬프트를 발전시키고, GPT를 잘 학습 시키는 방법을 연구한 덕분에 만들어 낸 결과라고 생각합니다. 훌륭한 퀄리티의 파워콘텐츠 광고 소재 1개를 작성하는 데 채 10분이 걸리지 않습니다. AI, 자동화, GPT를 잘 활용하지 못하는 일반적인 마케터에게는 1주일 이상의 시간이 필요한 작업을 10분 만에 끝내는 것입니다.

GPT와 대화 딱 2~3번만 주고 받고, GPT가 생성해 준 파워콘텐츠 소재 원고에 이미지만 넣어서 네이버 블로그 포스팅을 한 후 네이버 검색광고의 파워콘텐츠 소재 세팅만 하면 끝입니다. 검수로 보통 2일 정도 시간이 소요가 되니, 이제는 광고를 만드는 시간보다 검수 시간이 훨씬 더 오래 걸리는 것입니다.

10. 페이스북 광고 리드 수집 후 자동 메시지 발송

아마 많은 마케터분들이 사용하는 자동화 중에 페이스북 잠재고객 확보 광고의 리드를 (재피어나 메이크 통해서) 구글 스프레드시트로 옮긴 다음 스텝 메시지나 안내 메시지를 발송하는 자동화는 이미 많이 사용하고 있을 거라고 생각합니다. 저 역시도 메타 페이스북 광고를 통해 전환된 리드가 수집되면 구글 스프레드시트로 데이터를 옮겨 담은 후에 메시지 발송을 통해서 다시 한 번 브랜드 메시지에 대한 어필을 진행합니다.

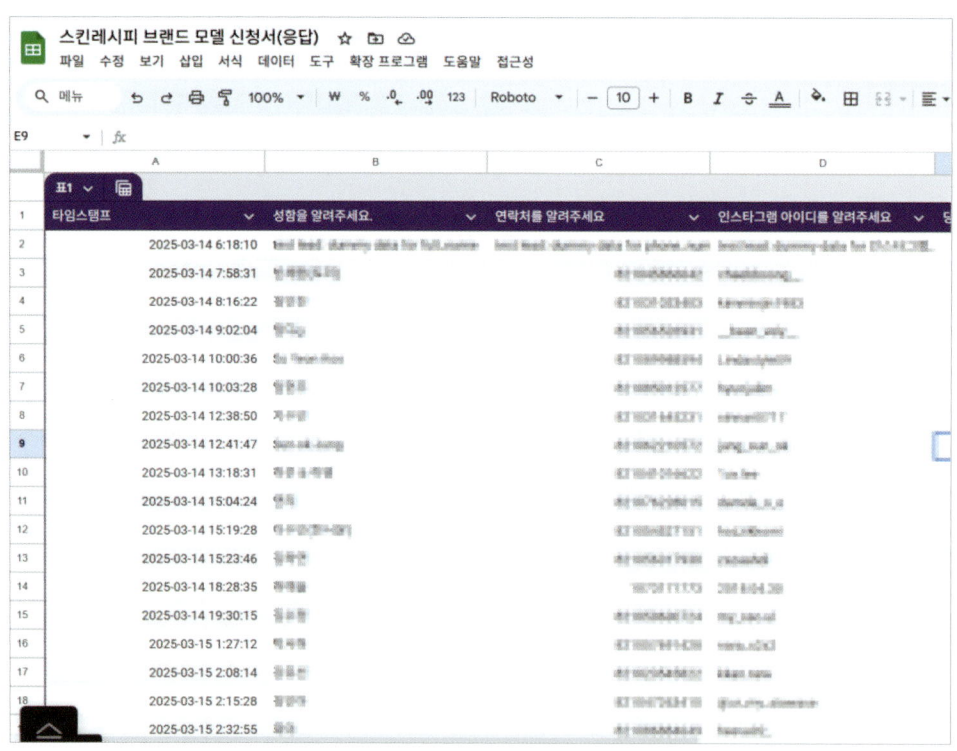

▲ 잠재 고객 확보 후 자동 메시지 발송

이 방법은 커머스를 이용하면서 잠재 고객을 확보하고자 하는 브랜드사는 물론, 보험이나 DB 수집을 목표로 광고를 집행하는 분들에게는 꼭 필요한 마케팅 자동화 방법 중 하나라고 생각합니다. 실제로 이 방법을 더 깊게 적용하면 보험이나 DB 수집을 목표로 하는 브랜드사에서는 정교한 타겟팅 메시지 발신도 가능하게 됩니다. 물론 자동화 툴을 사용해서 거의 100% 자동화가 가능합니다.

실제로 헬스장이나 필라테스, 보험과 같은 DB 수집 후 상담을 진행하는 업종의 경우 데이터 테이블을 잘 관리하고 광고를 통한 데이터 수집과 세팅을 잘 해두면 자동으로 발송되는 스텝 메시지를 통해서 고객분들께 꾸준히 구매 전환을 유도할 수 있다는 장점을 가지고 있습니다.

11. 인스타그램 화보컷 사진 생성 자동화

사실 이 방법은 자동화라고 보기는 어렵습니다. GPT를 통해 화보컷을 만들어내는 경우에는, 제품 사진은 있는데 화보컷이나 연출컷이 부족한 경우 GPT를 활용해서 멋진 연출컷을 만들어 낼 수 있습니다.

▲ 인스타그램 화보컷 생성 자동화

마찬가지로 GPT를 잘 학습시켜 주기만 하면 되는데요, 제품의 실제 사진과 누끼 사진, 그리고 배경 참고용 사진을 학습시킨 이후에 적절한 프롬프트를 몇 번 주고 받으면 아주 멋진 뷰티컷이 만들어지게 됩니다.

다음의 이미지는 실제로 제가 GPT를 활용해서 만들어 낸 인스타그램용 AI 콘텐츠입니다. 자세히 살펴보지 않으면 실제 뷰티컷이라고 착각할 정도로 실물에 견주어도 부족함이 없습니다.

▲ GPT가 만들어 준 뷰티 연출컷

이제 정말 디자이너, 그리고 모델들의 일자리까지 위협하는 GPT입니다. 세상이 너무 빨리 변하고 있다는 사실이 두렵습니다. 지금은 마케터가 아이디어만 있다면 너무 쉽게 콘텐츠를 생성하고, 자동화를 기획하고 시나리오를 만드는 세상이지만, 앞으로 마케터조차 필요 없는 세상이 오지 않을까요?

아이러니하게도 이런 세상의 변화에서 살아남기 위해서는 AI와 이를 활용하는 방법에 대한 공부는 끊임없이 이루어져야 한다고 생각합니다.

12. 스텝 메시지 마케팅 자동화

오프라인에서도 스텝 메시지 마케팅 자동화가 가능합니다. 저는 컨택포인트를 이용하는데요, 컨택포인트의 장점은 다음과 같습니다.

> **컨택포인트의 장점**
>
> 1) 솔라피에 비해 상대적으로 비용이 저렴합니다.
> 2) 재피어나 메이크를 활용하지 않아도 delay 설정이 가능합니다
> 3) 오전 8시~오후 8시 사이에 문자 발송이 가능합니다.

컨택포인트에서는 조만간 온라인 쇼핑몰 사업자를 위한 스텝 메시지 자동화 기능도 오픈이 될 예정이라고 합니다! 솔라피는 연동성이 편하지만, 재피어나 메이크를 무조건 활용해야 한다는 단점이 있어서 저렴하다고 할 수가 없었는데, 컨택포인트는 단독적으로 재피어나 메이크를 이용하지 않아도 된다는 큰 장점을 가지고 있습니다.

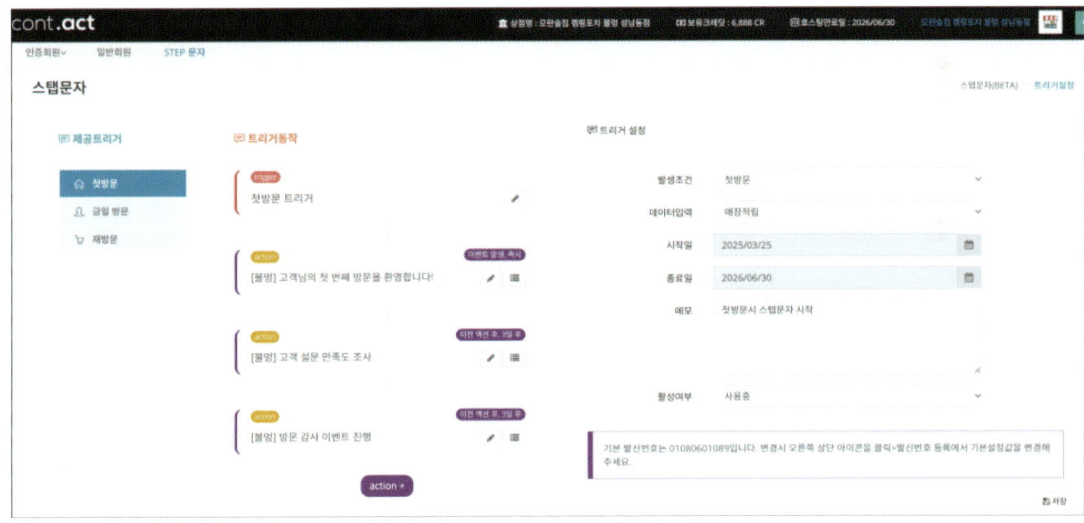

▲ 컨택포인트의 스텝 메시지 자동화 프로세스

컨택포인트의 경우 다른 경쟁 포인트사와 달리 고객의 전화번호를 수집할 수 있게 해줍니다. 그래서 실제 오프라인 사업자(사장님)가 직접 고객 전화번호를 이용한 마케팅(문자 메시지 마케팅) 설계가 가능한데요, 컨택포인트에서는 이를 더 많이 활용할 수 있도록 장려하기 위해서 스텝 메시지 마케팅 기능을 도입했습니다.

예를 들어서, 미용실에 방문하면 방문 당일에 방문 감사 메시지, 다음 날 리뷰 요청, 3일 후 설문 조사, 7일 후 재방문용 쿠폰 발행, 3주 후 손질 안내, 2달 후 재방문용 쿠폰 재발행 등 고객의 재방문을 위해 끊임없이 노력을 하는데요, 이는 오프라인 식당이나 카페에서도 충분히 적용할 수 있는 내용입니다. 컨택포인트는 이를 장려하기 위해 이러한 기능을 만들었으며, 기존에 스텝 메시지 마케팅을 위해서는 재피어와 메이크와 같은 어려운 툴 사용도 해야만 했던 단점을 극복해서 누구나 쉽게 문자 메시지 마케팅에

만 집중할 수 있는 솔루션을 출시했습니다.

요즘처럼 신규 고객 획득 단가가 치솟는 때에는 CRM 마케팅이 더 많이 활성화가 될 수밖에 없는데요, 컨택포인트의 아주 간단하지만 편리한 스텝 메시지 기능은 기존에 CRM 마케팅을 어렵게만 생각했던 소상공인들에게 좋은 솔루션이 되어 줍니다.

13. 스텝 메일 세팅 자동화

스텝 메일도 재피어와 구글 스프레드시트, 그리고 메일침프를 활용해서 자동화 운영을 하고 있는 중입니다. 고관여 제품이나 서비스를 판매하거나, 저처럼 퍼스널 브랜딩을 위한 사업자에게 적합한 자동화 시스템입니다.

스텝 메일 서비스는 자동화 중에 가장 간단한 방법 중에 하나입니다. 국내의 스텝 메일 자동화 툴로는 스티비(stibee)가 있습니다. 하지만, 개인적으로는 스티비의 기능적인 한계가 있어서 메일침프(mailchimp)를 선호합니다.

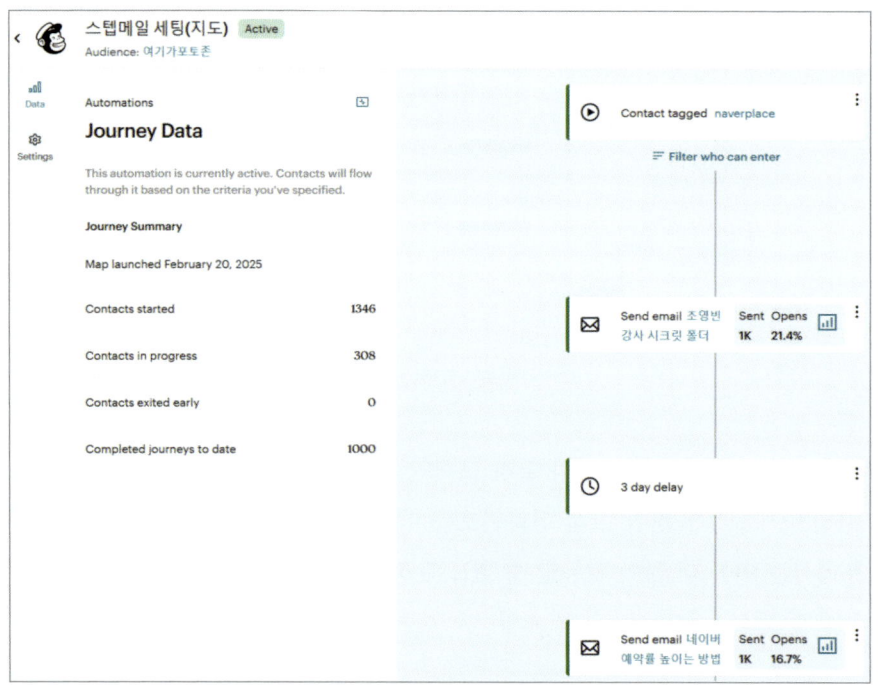

▲ 메일침프 스텝 메일 화면

재피어나 메이크와 같은 워크플로우 툴과의 연동성도 메일침프가 가장 뛰어나기 때문에 유독 비싸다는 단점이 있긴 하지만, 계속해서 메일침프를 사용할 수밖에 없는 이유가 되기도 합니다. 그리고 무엇보다 한 번 세팅해 두면 안정적으로 메일링을 할 수 있다는 장점을 가지고 있습니다.

14. 리뷰 답변 자동화

저는 광고 대행으로 관리 중인 모든 브랜드사의 리뷰 답변을 직접 등록하고 있습니다. 이 번거로운 일을 아주 정성스럽게 답글을 달아 주는 일을 대신해 주다 보니 제 광고주분들은 너무 좋아하고 있습니다.

하지만 사실은 저는 복사(Ctrl + C), 붙여넣기(Ctrl + V)만 합니다. 리뷰를 캡처해서 GPT의 기존 대화에 넣어 주기만 하면 알아서 우리 브랜드사에 잘 어울리는 톤앤매너에 맞추어서 리뷰 답글을 달아 줍니다.

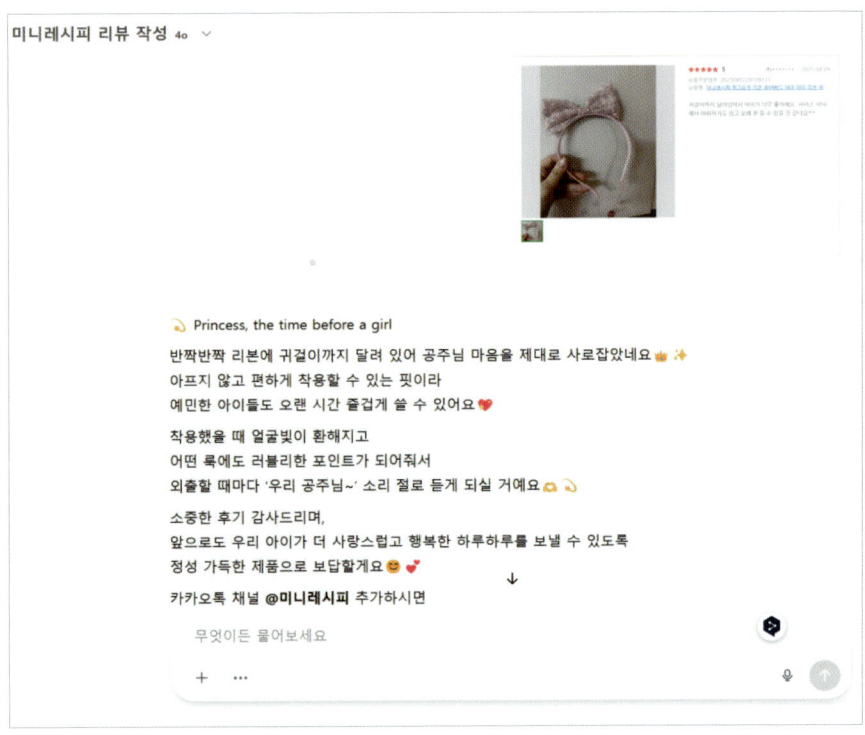

▲ 리뷰 답변 자동화

물론, 제가 만족할만한 리뷰 답변의 톤앤매너를 달기 위해서는 적절한 학습과 초기 세팅, 그리고 적절한 프롬프트가 필요합니다. 그리고 가끔 고장나는 경우가 더러 있기 때문에 무조건 복사와 붙여넣기만 하면 톤앤매너가 무너지는 경우들이 종종 있습니다. 그래서 리뷰 답변 대답을 원하는 대로 잘 해주는지, 그리고 톤앤매너가 무너지지 않았는지 잘 체크해 주어야 합니다.

CHAPTER 14
조영빈 강사가 추천하는 생성형 AI를 효과적으로 사용하는 프롬프트 모음집

챗GPT를 비롯한 생성형 AI의 발달로 사람과 대화하듯 질문하며, 답변을 받을 수 있지만, 어떤 질문을 하느냐에 따라 답변의 질이 달라질 수 있습니다. AI에게 좀더 질 좋은 답변을 받을 수 있는 질문, 프롬프트를 모았습니다.

01. COT가 적용된 프롬프트를 생성하는 방법

- **정의**: COT(Chain of Thought)는 문제 해결 과정을 단계적으로 논리적으로 풀어 내는 사고 과정을 의미한다. 특히 대형 언어 모델(LLM)을 활용할 때, 단순한 '질문→답변' 식이 아니라, 문제를 해결하기 위한 추론단계를 체계적으로 기술함으로써 모델이 더 정확하고 심도 있게 답변하도록 유도하는 기법을 말한다.
- **예시**:
- **문제**: "5와 7을 더하고, 그 결과에 3을 곱하면 무엇인가?"
- **단순 답변**: "(5+7)=12, 12×3=36"
- **Chain of Thought 예시**:
  - 5와 7을 더한다. → 12
  - 12에 3을 곱한다. → 36
- **최종 결과**: 36

이렇게 각 단계를 명확히 표현해 주면, 모델이 추론 중간 단계를 더 잘 이해하고, 답변의 정확도를 높일 수 있다.

COT를 잘 활용하는 방법
1. 문제를 세분화해 단계별 질문 작성
    - **문제 분해**: 복잡한 질문을 여러 하위 요소로 나누어 각 단계를 해결하도록 유도한다.
    - **구체적 요청**: "단계를 나누어 설명해줘" 등의 지시어를 직접 포함시켜 모델이 과정을 명시적으로 드러내도록 한다.
2. 맥락(Context)과 함께 질문하기
    - **목표 명확화**: 이 질문을 통해 얻고 싶은 최종 목표(예: 매출 증대, 특정 마케팅 지표 개선 등)를 모델에게 명시한다.

- **배경 제공**: 모델이 문제를 이해하기 위해 필요한 모든 배경지식을 간단히 전달해 주면, 더 풍부한 COT를 이끌어낼 수 있다.

3. 예시(Example)와 템플릿(Template) 활용

- **사례 제시**: 이전에 유사한 문제를 어떻게 해결했는지, 혹은 어떤 방식으로 사고 과정을 전개했는지를 예로 들어준다.
- **템플릿 작성**:

  예) "**1단계**: 어떤 데이터를 수집해야 하는가?

  　　2단계: 수집한 데이터를 어떻게 분석할 것인가?

  　　3단계: 분석 결과를 마케팅 전략에 어떻게 적용할 것인가?"

  이런 식으로 체계적 질문 템플릿을 준비해 두면, 추론 과정을 자연스럽게 유도할 수 있다.

4. 결과 도출 이전에 검증 과정 삽입

- **자체 리뷰**: "이 단계별 결과가 논리적으로 맞는지 검토해라" 혹은 "각 단계별 오류 가능성을 점검하라"라는 요청을 통해 중간 검증 단계를 추가한다.
- **정합성 체크**: 모델이 스스로 COT 내에서 앞뒤가 맞는지, 결론이 합리적인지 다시 살펴보게 함으로써 최종 답변의 신뢰도를 높인다.

5. 마케팅 분야에의 구체적 적용

- **잠재 고객 세분화**: '우리 제품의 잠재 고객을 찾는 과정'을 예로 들면,
  - 잠재 고객 정의
  - 시장 조사 데이터 분석
  - 유사 고객 프로파일링
  - 마케팅 실행 전략 도출

  이런 식으로 중간 단계를 명확히 구분해 질문하면, 모델이 각 단계를 체계적으로 답변한다.

- **A/B 테스트 시뮬레이션**: 여러 변수를 놓고 "가설 설정 → 변수 통제 → 각 시나리오별 결과 예측 → 성과분석" 순으로 COT를 실행하도록 지시하면, 구체적 테스트 시뮬레이션 시나리오를 얻을 수 있다.

COT 활용 시 주의할 점

- **지나치게 긴 COT 요청 지양**: 모델이 너무 많은 단계를 요구받으면 오히려 혼란스럽거나 반복적 답변이 늘어날 수 있다. 적절한 범위의 단계를 설정한다.
- **과도한 세부 단계 요구 금지**: 마케팅 전략 같은 창의적인 작업에서는 각 단계마다 특정 결과를 너무 제한적으로 정의하면 모델이 답변을 확장하기 어려워진다. '핵심 정보만 구체적으로, 나머지는 자유롭게' 정도의 균형이 필요하다.
- **질문의 일관성 유지**: 질문의 방향이나 맥락이 중간에 변하지 않도록, 첫 질문에서 명확한 목표와 논리 흐름을 안내한다.

마무리

COT(Chain of Thought)는 단순 답변이 아니라 추론 과정 자체를 모델에게 명시적으로 요구함으로써 더정확하고 깊이 있는 답변을 얻는 강력한 기법이다.

- **핵심**: 문제를 단계별로 분해하고, 각 단계를 체계적으로 설명·검증하는 과정을 거침으로써 오류를 줄이고 결과물을 풍부하게 만든다.
- **마케팅 활용**: 시장 조사, 잠재 고객 세분화, A/B 테스트 시뮬레이션, 매출 분석 등 다양한 부분에서 COT를 적용하면 전략 수립 과정과 결과 해석에서 큰 도움을 받을 수 있다.
- 이렇게 COT 방식을 적극 활용하면, 문제 해결 효율이 높아지고 더 나은 마케팅 인사이트를 얻을 수 있다.

02. 네이버 Cue:를 활용한 프롬프트

위 키워드를 활용해서 네이버 블로그 포스팅 작성 부탁할게. 원고의 형태는 제품 기대평 형태로 부탁해 (실 제 구매 X). 원고는 1,500자 이상으로 부탁할게"

위 키워드를 활용해서 네이버 블로그 포스팅 작성 부탁할게. 원고의 형태는 정보성 큐레이션 형태로 부탁해. 원고는 1,500자 이상으로 부탁할게"

03. 네이버 Cue:를 활용한 프롬프트에 COT를 적용하기

네이버 블로그 포스팅을 작성해 줘.

목표 설정
- **목표**: 네이버 블로그에 게시할 글 작성 가이드를 Chain of Thought 방식을 적용하여 최적화한다.
- **의의**: 단계별 논리적 추론을 통해 글 작성에 필요한 모든 요소를 체계적으로 파악한다.

1. 글 초안 제공
   - **질문**: 글 초안이 준비되어 있는가?
   - **추론**: 초안이 있다면 이를 기반으로 내용을 보완하거나 수정할 수 있다.
   - **답변**: 아래에 있어
2. 채널 선택
   - **질문**: 글을 게시할 채널은 어디인가?
   - **추론**: 채널에 따라 글의 형식과 최적화 전략이 달라진다.
   - **답변**: 네이버 블로그
3. 주제 안내
   - **질문**: 글의 주제는 무엇인가?

- **추론**: 명확한 주제는 글의 방향성과 일관성을 유지하는 데 중요하다.
- **답변**: " " (주제 입력 필요)

4. 키워드 제공
   - **질문**: 메인 키워드와 서브 키워드는 무엇인가?
   - **추론**: 키워드는 SEO와 상위노출에 핵심적인 역할을 한다.
   - **메인 키워드**: [메인 키워드 1], [메인 키워드 2], [메인 키워드 3]
   - **서브 키워드**: [서브 키워드 1], [서브 키워드 2], [서브 키워드 3]

5. 제품 정보 제공
   - **질문**: 소개할 제품의 정보는 무엇인가?
   - **추론**: 제품명과 특징을 정확히 알아야 상세하고 신뢰성 있는 정보를 제공할 수 있다.
   - **답변**:
   - **제품명**: [제품명 입력]
   - **제품 특징**: [제품 특징 입력]

6. 작성자 유형 선택
   - **질문**: 글의 작성자는 어떤 유형인가?
   - **추론**: 작성자 유형에 따라 글의 어조와 관점이 달라진다.
   - **답변**: 리뷰어 / 공급자 중 선택: [작성자 유형 입력]

7. 톤앤매너 선택
   - **질문**: 글의 톤앤매너는 어떻게 설정할 것인가?
   - **추론**: 톤앤매너는 독자의 반응과 참여도를 좌우한다.
   - **답변**: 전문가 / 인플루언서 중 선택: [톤앤매너 입력]

8. 블로그에 사용할 사진
   - **질문**: 글에 사진을 포함할 것인가?
   - **추론**: 사진은 시각적인 이해를 돕고 글의 흥미를 높일 수 있다.
   - **답변**: 사진 제공 여부: [사진 제공 x]

9. 상황 설명
   - **질문**: 글을 작성하는 상황이나 배경은 무엇인가?
   - **추론**: 상황 설명은 글의 맥락과 스토리텔링에 도움이 된다.
   - **답변**:
   - **상황 설명**: [상황 설명 입력]

10. 요청 사항
    - **질문**: 글 작성 시 반드시 고려해야 할 요청 사항은 무엇인가?
    - **추론**: 요청 사항을 명확히 이해하면 글의 완성도가 높아진다.
    - **답변**:
    - **제목에 활용할 키워드**: 4번에서 제공된 모든 메인 키워드를 제목에 활용할 것.
    - **글자 수**: 6000byte 이상 필수.

- **글 구조**: 본문을 10개의 소주제로 나눌 것.
- **소주제별 보충 내용**: 각 소주제마다 600byte 이상의 보충 내용 포함.
- **스토리텔링**: 자연스럽게 이어지는 기승전결 구조 필수.
- **사람처럼 작성**: 구체적이고 상세한 표현 사용.
- **마무리**: 전체 내용 요약 포함.
- **상위노출**: 상위노출을 위해 키워드 반복과 유사문서 시스템 주의.
- **메인 키워드 활용**: 본문에 메인 키워드를 반복적으로 활용할 것 (맥락상 어색하지 않도록 주의).
- **추천 태그**: 태그 작성 시 '#'를 단어 앞에 꼭 넣어줄 것.

11. 참고 링크
    - **질문**: 참고할 링크가 제공되는가?
    - **추론**: 참고 링크는 추가적인 정보 제공과 신뢰도 향상에 기여한다.
    - **답변**: 링크 제공 여부: [링크 제공 여부 입력]

12. 원고의 출처
    - **질문**: 원고 작성 시 주의해야 할 점은 무엇인가?
    - **추론**: 표절을 피하고 유사문서 판정을 받지 않기 위해서는 자체 작성이 필요하다.
    - **답변**:
    - **표현과 내용**: 표현이나 내용을 그대로 가져다 사용하면 안 됨. 유사문서 판정을 피하기 위한 자체 작성

원고 필요.
(이렇게 작성되면 아래 프롬프트 입력)
- **글자 수**: 6000byte 이상의 글자 수로 작성할 것 (매우 중요함).
- **소주제 개수**: 10개
- **소주제별 부가 설명**: 각 소주제별 부가 설명이 너무 적으니, 최소 600byte 이상의 부가 설명을 추가할 것.
- **키워드 반복**: 요청한 키워드의 반복 사용에 신경 써줄 것.
- **추천 태그**: 포스팅 하단에 추천 태그를 적어줄 것. 태그 작성 시 '#'를 단어 앞에 꼭 넣을 것.
- **내용 중복 방지**: 글의 내용이 너무 중복되지 않도록 작성해줄 것.
- **네이버 블로그 SEO 가이드를 준수할 것.**

04. 네이버 블로그 글을 자동으로 생성하는 프롬프트

내가 작성한 네이버 블로그 글이야. 해당 글에 잘 어울리는 블로그 제목을 만들어 줘. 너가 만들어 준 블로그 제목은 구글 블로그(고스트)에 해당 원고와 함께 포스팅에 사용할 예정이야. 내가 제공한 블로그 글의 본문을 잘 분석하고 주요 키워드 3개를 활용해서 스토리텔링 형태로 구글에 적합한 블로그 제목을 만들어 줘.

에필로그

처음부터 "네이버 블로그 자동화"에 대한 강의나 책을 쓸 생각은 없었습니다. 저는 2년 전부터 챗GPT를 활용해서 블로그 자동화를 연구했고, 실제로 제 블로그에 접목해서 활용했습니다. 최적화 블로그를 꾸준히 유지하고 있고, 웬만한 목표 키워드의 상위노출은 잡아 내고 있는 중입니다.

이 책을 집필하게 된 결정적인 계기는 'AI 에이전트'의 등장입니다. 제가 가지고 있는 노하우가 'AI 에이전트'로 인해 금방 노하우가 아닌 게 될 것이라는 확신이 들었습니다. 아마 이 책의 수명은 1년 정도쯤 되지 않을까요? 물론 제 책의 노하우를 통해 챗GPT를 포함한 AI 활용법은 여러분께 좋은 경험이 되겠지만, 저는 앞으로 1년 안에 네이버 블로그 자동화 프로그램이 세상에 등장할 것이라는 확신이 있습니다. 누군가가 AI 에이전트를 기반으로 개발하고, 유료로 배포하지 않을까? 라는 생각이 듭니다.

저의 노하우가 다른 이의 기술보다 뒤처지기 이전에 제 노하우를 세상에 공개하고 싶다는 생각이 들었습니다. 특히 제 노하우는 대부분 '무료' 프로그램과 시나리오를 활용해도 충분히 가능하다는 장점을 가지고 있습니다. 비용이 들더라도 아주 소액, 비용 대비 고효율의 아주 적은 비용만이 필요할 뿐입니다.

그래서 저는 정말 완벽에 가까운 AI 에이전트를 활용한 네이버 블로그 자동화 프로그램이 나오지 않는 이상 이 책에 담긴 제 노하우를 통해서 네이버 블로그 자동화를 운영할 예정입니다. 충분히 만족하고, 충분히 잘 활용하고 있기 때문입니다.

이 책을 완성하기까지, 짧지 않은 시간이 걸렸습니다. 사실 '네이버 블로그 자동화'라는 주제만 놓고 보면, 이미 알려진 기법이나 툴이 존재합니다. 하지만 제가 진정으로 전하고 싶었던 것은 AI 시대에 맞춰 그 기법들을 어떤 식으로 재구성하고, 더 나아가 어떻게 개인과 기업의 마케팅에 실제로 적용할 수 있을지에 대한 구체적인 방향이었습니다. 그리고 이를 위해서 GPT 프롬프트 설계부터, 여러 가지 AI 툴과의 연계, 그리고 네이버 블로그와의 궁합 등을 끊임없이 테스트하고 검증해야 했습니다. 이 과정 중 가장 힘들었던 것을 꼽으라면 저는 "프롬프트 연구"를 꼽고 싶습니다. 꿈에서도 프롬프트를 연구하는 제 모습을 볼 정도로 '어떤 프롬프트를 써야 내 블로그에 적합한 프롬프트를 만들 수 있을까?'라는 고민을 정말 많이 했습니다.

저 혼자만 사용하던 블로그 자동화 프로세스를 다른 이들에게도 소개하기 위한 작업물로 만들기 위해 2개월 여 동안은 거의 매일같이 새로운 아이디어를 시도하고, 예상치 못한 오류를 수정하는 일이 반복되었습니다. GPT에 입력할 프롬프트를 조금만 바꿔도 전혀 다른 결과물이 나오기도 하고, 자동화 툴을 조금만 잘못 설정해도 의도치 않은 오류가 발생하는 등, 실무에서 써 보지 않으면 모르는 문

에필로그

제들이 곳곳에서 튀어나왔습니다(실제로 해보시면 아실 테지만, 워크플로우 툴은 잔고장이 많습니다). 때론 계획했던 대로 되지 않아 답답하거나, 계획보다 훨씬 많은 시간이 소요되어 지치기도 했습니다. 그러나 그 과정을 통해 얻은 노하우와 통찰은 그 어느 때보다 값진 것이었습니다.

특히 AI 에이전트와 기존 자동화 툴을 동시에 활용하는 방식은 앞으로 더욱 발전할 것으로 보입니다. 저는 이 책에서 현재 시점에서 적용 가능한 기술을 최대한 구체적인 사례와 함께 담아 내려 노력했지만, 독자님들이 실제로 실행해 보시면 또 다른 가능성을 찾아낼 수도 있을 것입니다. AI 분야는 너무나 빨리 변화하기 때문에, 지금 당장은 사용할 수 없었던 기능이 불과 몇 달 뒤에 업데이트되어 책에 적힌 시나리오보다 더 편리한 방법이 나올 수도 있습니다. 그렇다고 기존의 경험이 쓸모 없어지는 것은 결코 아닙니다. 오히려 그간 쌓인 시행착오와 이해도가 새로운 변화에 적응할 수 있는 강력한 자산이 됩니다.

네이버 블로그는 우리나라에서는 여전히 중요한 마케팅 채널 중 하나이며, 앞으로도 그 위상은 쉽게 바뀌지 않을 것이라고 봅니다. 동시에 빠르게 부상하는 다양한 플랫폼과 기술이 서로 영향을 주고받으며 시장을 재편해 나가겠지요. 결국 중요한 것은 '어느 채널을 선택하느냐'보다 '내가 가진 가치를 어떻게 표현하고 전달하느냐' 입니다. AI와 자동화, 그리고 모든 디지털 도구는 이 과정을 조금 더 편리하고, 좀 더 창의적으로 만들어 주는 장치일 뿐입니다. 실제로 거기에 담기는 이야기는 여전히 사람인 우리가 만들어 내야 합니다.

이 책에 담긴 내용들이 여러분의 블로그 운영, 더 나아가 전체적인 마케팅 전략을 수립하는 데 있어 작은 출발점이 되길 바랍니다. 혹시 책을 읽으시면서 궁금한 점이 생기거나, 더 깊이 있는 강의나 컨설팅, 광고 대행을 의뢰하고 싶은 분이 계신다면, 언제든지 카카오톡 @조영빈강사로 문의해 주시기를 바랍니다. 질문을 주시면 제가 직접 답변드리고, 새로운 관점이나 사례를 함께 고민하는 과정을 통해 더 발전된 방향을 모색해 볼 수 있을 것입니다.

끝으로, 책이라는 매개체를 통해 AI와 자동화 시대를 함께 고민해 주신 독자님들께 감사의 인사를 전합니다. 이 책의 모든 문장과 예시, 그리고 제가 쏟은 노력들이 부디 읽는 분들에게 직·간접적인 도움과 영감을 줄 수 있기를 바랍니다. 여러분이 AI와 자동화 기술을 '이용'하는 것이 아니라, '함께 협력하고 동반 성장'한다는 느낌을 가질 수 있다면 좋겠습니다. 그것이 제가 이 책을 쓰면서 가장 바랐던 부분이기도 합니다. 긴 여정을 함께해 주셔서 감사합니다.

- 저자 **조영빈**

저자협의
인지생략

네이버 블로그
AI blog 자동화 마케팅
with 챗GPT + Zapier + Make

1판 1쇄 인쇄 2025년 4월 25일   **1판 1쇄 발행** 2025년 4월 30일
1판 2쇄 인쇄 2025년 7월 10일   **1판 2쇄 발행** 2025년 7월 15일

지 은 이   조영빈
발 행 인   이미옥
발 행 처   디지털북스
정   가   20,000원
등 록 일   1999년 9월 3일
등록번호   220-90-18139
주   소   (04997) 서울 광진구 능동로 281-1 5층 (군자동 1-4, 고려빌딩)
전화번호   (02)447-3157~8
팩스번호   (02)447-3159

ISBN 978-89-6088-485-4 (93000)
D-25-08
Copyright ⓒ 2025 Digital Books Publishing Co., Ltd